扫描右侧二维码，
免费获取图书配套课程

中 学
教育知识与能力

（最新修订版）

《中学教育知识与能力》编写组◎主编

高清大屏课程
考点系统讲解
云端移动学习

中国人民大学出版社
·北京·

随着国家教育战略的一系列改革，教育行业作为朝阳行业越来越受到人们的重视，一方面国家、社会与家庭持续增加教育的投入，另一方面社会各界也对教育的提供方，尤其是教师职业的入门及发展越来越重视。

2015 年教育部宣布，我国全面推行教师资格全国统考，提高教师入职门槛，同时打破教师资格终身制，实行定期注册制度；2018 年 8 月发布的《教育部办公厅关于切实做好校外培训机构专项治理整改工作的通知》明确要求，"经过教师资格考试未能取得教师资格的，培训机构不得继续聘用其从事学科类培训工作"。这就明确指出只要想成为一名公办学校或私立学校（机构）的教师，就必须拥有教师资格证书，因而教师资格考试作为通往教师职业的门槛、必经之路，其含金量越来越高。

据教育部新闻办微信公众号"微言教育"发布的数据，2019 年下半年中小学教师资格考试（笔试），共计 28 个省（自治区、直辖市）的考生参加全国统考，考试报名人数高达 590 万，比 2018 年同期考生人数增加约 32％，创下历史新高。教师资格考试报名人数的急剧上升，一方面体现出教师区别于其他职业的特殊优势，另一方面也反映出市场对于教师人才的极大渴求。与此同时教师资格的考试难度与范围也在逐年提高，建议广大考生及早准备，争取早日通关。

我们一直致力于帮助广大考生实现自身伟大的教师梦，通过近十年的教师资格考试专项研究，基于历年全国教师资格考试真题的大数据分析，严格按照考试大纲及最新的考试标准，编写了本书，供各位考生使用。总的来说，本书具有如下特点：

一是体系的权威性。本书严格按照教师资格考试大纲及最新考试标准编写。

二是内容的规律性。本书基于历年考试真题，精准把握出题规律，把握最新的考试命题动向，全面系统地梳理、归纳、讲解各个考点。

三是学习方法针对性强。本书采用专项密集训练的方法，各位考生在学习过程中可以单拿出任何一个考点作为专项知识复习。建议先仔细阅读每章节知识点，然后抽出每章内的大标题，形成章节知识体系，将书中具体的知识点系统化、体系化，通过知识逻辑记忆而非机械记忆。

真诚感谢人大芸窗王海明老师对本书构架的中肯意见以及对本书的鼓励支持；感谢中国人民大学出版社的各位编辑老师，他们的辛勤劳动使本书精益求精；更要感谢全国各地的考生，是你们的进取精神与鼎力支持鞭策着我们最终完成这本书。但因水平有限，书中难免存在不足和错漏，真心希望广大读者能对此不吝赐教。

最后希望这本书能最有效地帮助你，让我们一起，开启你的教师之旅。

李胜双

2019 年 12 月

目 录

模块一　教育基础知识和基本理论 ·· 1
　考点1　教育的产生与发展 ·· 2
　考点2　教育学的产生与发展 ·· 8
　考点3　教育与社会的关系 ·· 15
　考点4　教育与个体发展的关系 ·· 21
　考点5　教育制度 ·· 27
　考点6　教育目的 ·· 31
　考点7　中学教育科学研究方法 ·· 36

模块二　中学课程 ·· 44
　考点1　课程概述 ·· 45
　考点2　课程组织 ·· 50
　考点3　基础教育课程改革 ·· 58

模块三　中学教学 ·· 66
　考点1　教学概述 ·· 67
　考点2　教学过程 ·· 69

模块四　中学生学习心理 ·· 93
　考点1　认知过程 ·· 94
　考点2　学习心理 ·· 107
　考点3　学习理论 ·· 117
　考点4　知识与技能学习 ·· 125

模块五　中学生发展心理 ·· 131
　考点1　中学生的身心发展 ·· 132
　考点2　中学生的情绪、情感发展 ·· 134
　考点3　中学生的意志过程 ·· 141
　考点4　中学生的人格发展 ·· 143
　考点5　中学生的认知发展 ·· 151

模块六　中学生心理辅导 ·· 156
　考点1　中学生的心理健康 ·· 157
　考点2　中学生心理辅导的方法 ·· 160

模块七　中学德育 ⋯⋯⋯⋯⋯⋯⋯⋯⋯⋯⋯⋯⋯⋯⋯⋯⋯⋯⋯⋯ 163
　　考点1　德育概述 ⋯⋯⋯⋯⋯⋯⋯⋯⋯⋯⋯⋯⋯⋯⋯⋯⋯⋯⋯ 164
　　考点2　中学生品德发展 ⋯⋯⋯⋯⋯⋯⋯⋯⋯⋯⋯⋯⋯⋯⋯⋯⋯ 168
　　考点3　德育理论 ⋯⋯⋯⋯⋯⋯⋯⋯⋯⋯⋯⋯⋯⋯⋯⋯⋯⋯⋯⋯ 173
　　考点4　中学德育过程 ⋯⋯⋯⋯⋯⋯⋯⋯⋯⋯⋯⋯⋯⋯⋯⋯⋯⋯ 178
　　考点5　中学德育的原则、途径与方法 ⋯⋯⋯⋯⋯⋯⋯⋯⋯⋯⋯ 180

模块八　中学班级管理与教师心理 ⋯⋯⋯⋯⋯⋯⋯⋯⋯⋯⋯⋯⋯⋯ 187
　　考点1　班级及班级管理 ⋯⋯⋯⋯⋯⋯⋯⋯⋯⋯⋯⋯⋯⋯⋯⋯⋯ 188
　　考点2　班主任工作 ⋯⋯⋯⋯⋯⋯⋯⋯⋯⋯⋯⋯⋯⋯⋯⋯⋯⋯⋯ 198
　　考点3　中学课内外活动 ⋯⋯⋯⋯⋯⋯⋯⋯⋯⋯⋯⋯⋯⋯⋯⋯⋯ 203
　　考点4　学校与家庭、社会的关系协调 ⋯⋯⋯⋯⋯⋯⋯⋯⋯⋯⋯ 207
　　考点5　师生关系 ⋯⋯⋯⋯⋯⋯⋯⋯⋯⋯⋯⋯⋯⋯⋯⋯⋯⋯⋯⋯ 208
　　考点6　教师职业发展 ⋯⋯⋯⋯⋯⋯⋯⋯⋯⋯⋯⋯⋯⋯⋯⋯⋯⋯ 215
　　考点7　教师心理 ⋯⋯⋯⋯⋯⋯⋯⋯⋯⋯⋯⋯⋯⋯⋯⋯⋯⋯⋯⋯ 219

附录一　"教育知识与能力"（中学）考试大纲 ⋯⋯⋯⋯⋯⋯⋯⋯⋯ 223
附录二　国家教师资格考试题型解析 ⋯⋯⋯⋯⋯⋯⋯⋯⋯⋯⋯⋯⋯ 227

模块一 　教育基础知识和基本理论

考纲呈现

1. 了解国内外著名教育家的代表著作及主要教育思想。

2. 掌握教育的含义及构成要素；了解教育的起源、基本形态及历史发展脉络；理解教育的基本功能，理解教育与社会发展的基本关系，包括教育与人口、教育与社会生产力、教育与社会政治经济制度、教育与精神文化等的相互关系；理解教育与人的发展的基本关系，包括教育与人的发展，教育与人的个性形成，以及影响人发展的主要因素——遗传、环境、教育、人的主观能动性等及它们在人的发展中的各自作用；了解青春期生理的变化，包括中学生的身体外形、体内机能、脑发育、性发育和成熟。

3. 理解义务教育的特点；了解发达国家学制改革发展的主要趋势；了解我国现代学制的沿革，熟悉我国当前的学制。

4. 掌握有关教育目的的理论；了解新中国成立后颁布的教育方针，熟悉国家当前的教育方针、教育目的及实现教育目的的要求；了解全面发展教育的组成部分（德育、智育、体育、美育、劳动技术教育）及其相互关系。

5. 了解教育研究的基本方法，包括观察法、调查法、历史法、实验法和行动研究法等。

复习导引

通过考纲要求以及查阅历年考试真题可知，本模块考查重点在于教育的基础知识与基本能力。

从知识本身来看，本章节内容多属于基础类型知识，包括教育的发展、教育学的发展、中学教育研究的基本方法。其中，教育研究的基本方法是对教师教研工作的指导，重在理解与应用；教师专业发展的基础知识是中学教师必须具备的专业素养，重在掌握。

从题型上来看，以选择题、简答题为主，也会涉及辨析题与材料分析题，难度系数不高。考生在复习准备时，一定要紧密联系实际内容，了解和掌握教师应该如何开展工作，同时通过理解记忆、联想记忆等方式识记知识点，精准扎实地记住各种小知识的考查点。

知识架构图

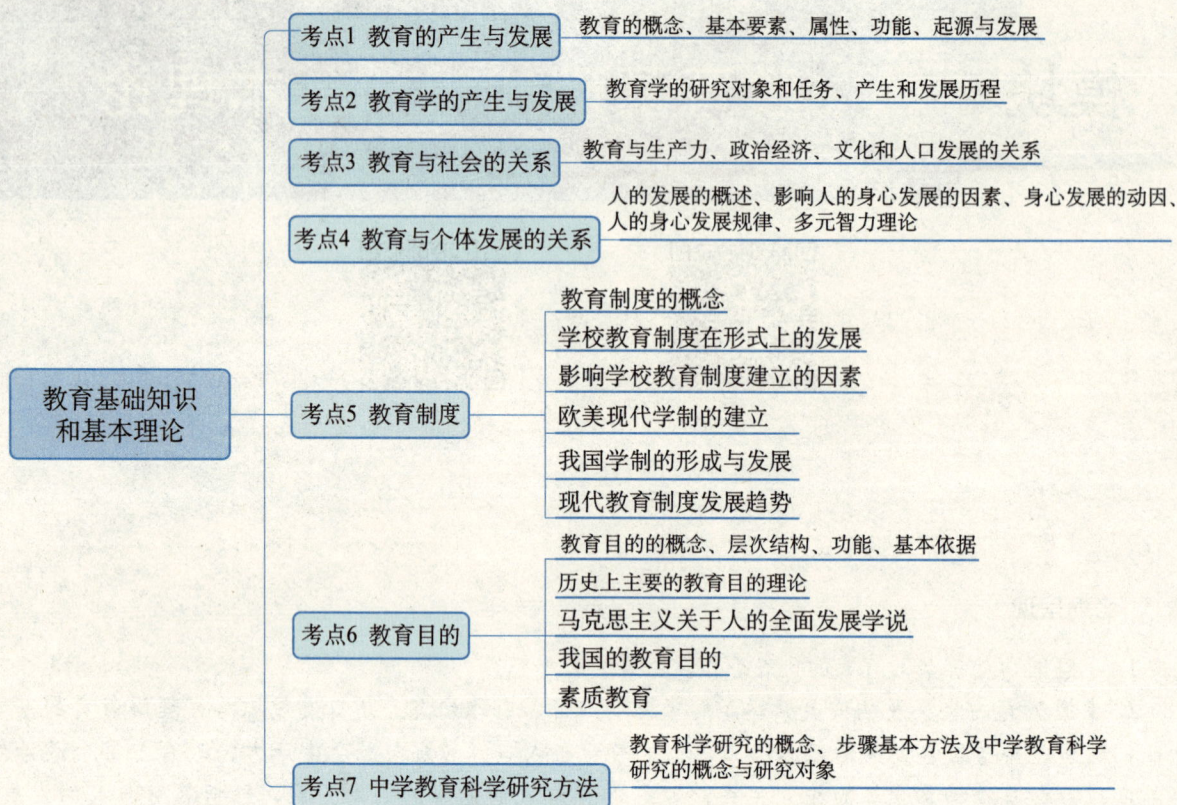

```
                    考点1  教育的产生与发展 ── 教育的概念、基本要素、属性、功能、起源与发展
                    考点2  教育学的产生与发展 ── 教育学的研究对象和任务、产生和发展历程
                    考点3  教育与社会的关系 ── 教育与生产力、政治经济、文化和人口发展的关系
                    考点4  教育与个体发展的关系 ── 人的发展的概述、影响人的身心发展的因素、身心发展的动因、
                                                人的身心发展规律、多元智力理论

                                        ┌ 教育制度的概念
                                        │ 学校教育制度在形式上的发展
                                        │ 影响学校教育制度建立的因素
教育基础知识        考点5  教育制度 ────┤ 欧美现代学制的建立
和基本理论                              │ 我国学制的形成与发展
                                        └ 现代教育制度发展趋势

                                        ┌ 教育目的的概念、层次结构、功能、基本依据
                                        │ 历史上主要的教育目的理论
                    考点6  教育目的 ────┤ 马克思主义关于人的全面发展学说
                                        │ 我国的教育目的
                                        └ 素质教育

                    考点7  中学教育科学研究方法 ── 教育科学研究的概念、步骤基本方法及中学教育科学
                                                研究的概念与研究对象
```

考点1 教育的产生与发展

一、教育的概念

(一)"教育"一词的由来

在我国,"教育"一词最早见于《孟子·尽心上》:"君子有三乐,而王天下不与存焉。父母俱存,兄弟无故,一乐也;仰不愧于天,俯不怍于人,二乐也;得天下英才而教育之,三乐也。"东汉著名的经学家、文字学家许慎在其作品《说文解字》中提出:"教,上所施下所效也;育,养子使作善也。"这是我国对教育的最早的解释,即"教"告诉受教者怎么做,"育"告诉受育者做什么。在西方国家,"教育"一词源于拉丁语 educare,意思是"引出"。

社会根据受教育程度选拔人才,人通过受教育实现社会地位的变迁。教育伴随着人类社会产生和发展,与人类社会共始终。

(二)教育的概念

教育是人类独有的活动,且是培养人的社会活动,这是教育区别于其他事物与现象的根本属性,其可分为广义的教育和狭义的教育。

广义的教育:涵盖社会教育、学校教育和家庭教育,凡是能增进人的知识和技能、发展人的智力和体力、影响人的思想和品德的活动,都具有教育作用。

狭义的教育：指学校教育，是教育者根据一定的社会要求，有目的、有计划、有组织地对受教育者的身心施加影响，将其培养成一定社会所需要的人的活动。

二、教育的基本要素： 教育者、 受教育者、 教育影响

要素是指构成活动必不可少的、最基本的因素。认识教育的基本要素是认识教育内部结构的基础。教育的基本要素主要包括教育者、受教育者和教育影响。

（一）教育者

教育者是在教育活动中承担教的责任，施加教育影响的人。包括：学校教师，教育计划、教科书的设计者和编写者，教育管理人员以及参与教育活动的其他人员。其中，学校教师是教育者的主体，是最直接的教育者。

（二）受教育者

受教育者是在教育活动中承担学习的责任，以一定的方式接受教育影响的人。受教育者是教育的对象，在教育活动中居于主体地位。

（三）教育影响

教育影响是连接教育者与受教育者的纽带，包括教育内容和教育手段（教育措施）。其中，教育内容包括教科书、教学参考书及相关的电视影像资料、报刊、广播等信息载体以及教育环境等；教育手段包括黑板、粉笔、多媒体、教师的语言等。

（四）教育三要素之间的关系

教育者与受教育者之间的关系是教育活动过程中最主要的关系，二者分别作为教与学的主体存在于同一教育实践活动中，共同构成了教育活动的复合主体；同时，二者又具有互为主客体的关系。在教的过程中，教育者是主体，受教育者是客体；而在学的过程中，受教育者又是学习活动的主体。

教育者与受教育者之间有共同的教育活动对象——教育内容；共同的活动目的——受教育者素质的全面发展。总之，教育者、受教育者和教育影响这三个基本要素既相互独立，又相互联系。

三、教育的属性

（一）教育的本质属性（教育的质的规定性）

教育是有目的地培养人的活动，这是教育区别于其他事物与现象的根本特征，是教育的本质属性。它有以下四方面的特点：

（1）教育是人类所特有的一种有意识的社会活动，是个体在社会的生存需要。

（2）教育是有意识、有目的、自觉地传递社会经验的活动。

（3）教育是以人的培养为直接目标的社会实践活动。

（4）在教育这种培养人的活动中，存在着教育者、受教育者及教育影响三种要素间的矛盾活动。

（二）教育的社会属性

1. 教育具有永恒性

教育是人类所特有的活动，并且是培养人的活动，只要人存在，教育就会存在，充分体现了教育的永恒性。

2. 教育具有历史性

教育的历史性是指教育是一定历史时期的产物，反映一定历史时期的特点。比如，封建时期的教育具有封建性、等级性等封建社会的特征。

3. 教育具有相对独立性

教育的相对独立性，是指教育具有自身的规律，对政治、经济制度和生产力具有能动作用。教育

的相对独立性主要表现在以下三个方面：

（1）教育具有继承性。

任何时代的社会意识，都和前一时代的社会意识有联系，它的产生和发展要以前人所积累的思想材料为前提，继承前人的思想成果。在社会意识的发展过程中，新的社会意识的形成和发展，不是对旧的社会意识的全盘否定，而是既克服又保留，克服其陈腐落后的东西，保留其合理的因素。社会意识如此，教育亦如此，教育随着历史的发展不断继承优秀摒弃糟粕，这充分体现了教育的继承性。教育的继承性具体表现如下：

1）教育内容与方式的继承。如自然科学知识、语言文字知识等成为各个历史时期教育的共同内容；遵守教育规律及人的身心发展规律的教育方式也得到继承，如个别教学、因材施教等。

2）教育理论与教育经验的继承。符合儿童、青少年认知规律的教育、教学原则和方法，如中国古代提出的"因材施教""教学相长""循序渐进""长善救失"等，西方文艺复兴时期提出的"直观性原则""量力性原则"等，仍被现代教育所沿用；某些反映教育客观规律的先进教育思想和理论，如和谐发展的思想、教育与生产劳动相结合的思想等，都被继承和发展。

（2）教育要受其他社会意识形态的影响。

意识形态对教育的影响表现在两个方面：教育观点与教育内容。回顾一下社会主义教育与资本主义教育，我们会发现其教育观点与教育内容会有不同的表现。

（3）教育与社会政治经济发展不平衡。

教育的发展与社会的发展并不是完全同步的，这种不平衡主要表现为教育超前于政治经济发展水平（促进作用）或者落后于政治经济发展水平（阻碍作用）。

四、教育功能

教育功能是教育者在教育教学活动中通过教育影响，对受教育者的个体发展和社会发展所产生的作用与影响。从不同的角度可以对教育功能进行不同的分类。

（一）按教育功能作用的对象划分，分为个体发展功能与社会发展功能

个体发展功能：又称为教育的本体功能，指教育对个体发展的影响和作用。它由教育活动的内部结构特征所决定，在教育活动内部发生。

社会发展功能：指教育对社会发展的影响和作用。教育作为社会的子系统，通过对人的培养进而影响社会（人口、经济、政治、文化等）的生存与发展。

教育的本体功能（基本功能）是影响人的发展，而教育的拓展功能是对社会的影响。教育功能经历了从古代教育的政治伦理功能到近代教育的个体发展功能再到现代教育的社会改造功能的演变。

（二）按教育功能作用的方向划分，分为正向功能与负向功能

正向功能：教育有助于社会进步和个体发展的积极影响和作用。如教育的政治功能、经济功能、文化功能与育人功能。

负向功能：教育阻碍社会进步和个体发展的消极影响和作用。由于教育与政治经济发展不相适应、教育者的价值观与思维方式不正确、教育内部结构不合理等因素，教育在某种程度上对社会和人的发展起到了相应的阻碍作用。

（三）按教育功能作用的呈现划分，分为显性功能与隐性功能

显性功能：教育活动依照教育目的在实际运用中所出现的与之吻合的结果。显性功能的主要特征是计划性，如促进社会进步、促进人的全面发展。

隐性功能：指伴随显性功能所出现的非预期的功能。

显性功能和隐形功能的区分是相对的，一旦潜在的功能被有意识的开发、利用，就可以转变成显

性的功能。

五、教育的起源与发展

（一）教育的起源

1. 神话起源说

受人类早期生产力发展水平低下的影响，人类无法科学解释各种现象，只能借助于神的帮助，教育也如此，教育的神话起源说成为最早的教育起源观点。

2. 生物起源说

教育的生物起源说是教育史上第一个正式提出的有关教育起源的学说。

以利托尔诺、沛西·能为代表的生物起源论者从生物的角度理解教育，将教育归入生物范畴的行为，而不再只是针对人。教育的生物起源论者认为，人类教育发源于动物界中各类动物的生存本能活动。他们把教育的起源归于天生的、像动物本能那样原本具有的生物行为，教育过程即按生物学规律进行的本能过程，这就完全否认了人与动物的区别，否认了教育的社会性。

3. 心理起源说

以美国教育家孟禄为代表的心理起源论者认为，教育起源于儿童对成人无意识的模仿，把全部教育都归于无意识状态下的模仿行为。

生物起源说和心理起源说从不同角度揭示了教育的起源，其共同缺陷是都否认了教育的社会属性，否认了教育是一种自觉的、有意识的活动，把动物的本能和儿童无意识的模仿同有意识的教育混为一谈，都是不正确的。

4. 劳动起源说

马克思主义唯物史观批判了生物起源说和心理起源说否认教育社会性的观点，认为教育起源于人类社会的生产劳动实践。恩格斯的著作《劳动在从猿到人的转变过程中的作用》是劳动起源说的直接理论依据和方法论基础。劳动起源说认为，教育起源于劳动，起源于劳动过程中社会生产需要和人的发展需要的辩证统一。

（二）教育的发展历史

根据社会生产方式的构成特点来划分，可把教育划分为原始社会的教育、古代社会的教育和近现代社会的教育。

1. 原始社会的教育

原始社会的教育具有以下特点：

（1）教育呈现无阶级性、公平性。所有成员都平等地接受教育，教育的内容只因年龄、性别和劳动分工不同而有差别。

（2）教育与生产劳动、社会生活相结合。原始社会教育的目的主要是传递生产经验，帮助年轻一代适应社会生活，教育内容主要包括制造生产工具的经验、公共生活的规范、艺术和宗教教育等。

（3）教育内容简单，教育方法单一。原始社会的教育活动是在生产生活实践中进行的，没有特定的教育场所和专职教育人员，教育的手段仅限于言传身教，主要采用口耳相传的形式。

（4）教育是为了生产和生活。原始社会的教育并没有从生产劳动和原始礼仪中分离出来，教育活动在生产、生活中进行。教育活动与生产劳动、社会生活融为一体，处在什么样的环境中，过什么样的社会生活，就受什么样的教育，教育直接为生产和生活服务。

2. 古代社会的教育

古代社会的教育包括奴隶社会的教育和封建社会的教育。

在我国奴隶社会时期，夏代出现了学校，教育具有鲜明的阶级性，学习内容多为"六艺"，即礼、乐、射、御、书、数等，最终目标是培养为统治阶级服务的人才或统治者。

在我国封建社会时期，教育的阶级性继续加强并带有明显的等级性，以"四书""五经"作为学习内容，教学方法方面则在单一教学的基础上更加强调学习的纪律约束与自我修行，最重要的是初步形成了比较系统的教育体系，积累了丰富的教育经验与教育思想。

奴 隶 社 会				
	历史分期	学校名称	教育内容	教育目的
中国	夏、商、西周	庠、序、校（西周出现了国学、乡学）	六艺（礼、乐、射、御、书、数）	培养为奴隶社会服务的人才；政教合一，学在官府
外国	古印度		以《吠陀》为主的经典、经义	宗教教育（婆罗门教、佛教）
	古埃及	文士学校	文字、书写、执政能力	以僧为师，以吏为师
	古希腊 斯巴达		军事体育教育	培养军人与武士
	古希腊 雅典		政治、哲学、文学、艺术、体操等	培养奴隶主后代综合能力（政治家和商人）

封 建 社 会				
	历史分期	学校类型	课程特征	选拔制度
中国	春秋战国	私学盛行	以儒、墨为主的显学盛行 百家争鸣	
	汉代	官学、私学	"罢黜百家，独尊儒术"	察举制、征辟制
	魏晋南北朝	官学、私学	"上品无寒门，下品无士族"	九品中正制
	隋唐	官学、私学	分科教学（经、史、律、书、数）	科举制
	宋朝	中央官学、地方私学及书院	程朱理学（四书、五经）	科举制
	明朝	中央官学、地方私学及书院	中央官学：六经、诸史 地方官学：儒学、社学	科举制（八股取士）
	清朝末年	学堂	中体西用	废除科举（1905年）

	教育类型	课程内容	教育目的
西方国家	中世纪 教会教育 僧侣教育	七艺（三科：文法、修辞、辩证法；四学：算术、几何、天文、音乐）	培养教士和僧侣
	骑士教育 世俗教育	七技：骑马、游泳、投枪、击剑、打猎、下棋、吟诗	培养封建骑士

古代学校教育的基本特征：

（1）古代学校教育具有鲜明的阶级性和等级性。

（2）古代学校教育与生产劳动相分离。

（3）古代学校教育的内容相对丰富但比较刻板，形式多为个别教学，教学方法多采用机械灌输与死记硬背，具有明显的保守性。

（4）古代学校教育反映统治阶级的政治思想和伦理道德思想，天道、神道和人道合为一体，具有明显的道统性。

（5）古代学校教育的象征性功能占主导地位，出现了职业教育、专科教育雏形。

3. 近现代社会的教育

近现代教育萌芽于文艺复兴时期，包括资本主义教育和社会主义教育。

（1）资本主义教育的特征。

第一，初等教育普遍实施，教育日益大众化。

义务教育起源于德国，宗教领袖马丁·路德是最早提出义务教育概念的人。宗教改革胜利后，为使人们都有学习《圣经》的能力，路德颁布了义务教育法。1619年，德国魏玛公国公布的学校法令规定：父母应送其6～12岁的子女入学，这是最早的义务教育。在1763年到1819年，德国基本完善了义务教育法规。

第二，教育内容具有生产性和科学性。在课程内容上增加科学知识与学科，为社会培养各级各类人才。

第三，班级授课制成为教学的基本组织形式，科学的教学方法和现代化教学手段得到广泛推广，基础教育逐渐普及。

（2）社会主义教育的特征。

第一，依据马克思主义人的全面发展学说，尊重人的全面发展，提高个体的德、智、体、美、劳等各方面，最终培养社会主义建设者和接班人。

第二，注重生产劳动与教育相结合。

第三，加强国家对教育的领导，逐步实现教育平等，广大劳动人民掌握教育权。

（3）20世纪以后教育的新特点。

第一，教育的终身化。教育由"管用一生"开始"贯穿一生"。终身教育是适应科学知识和人的持续发展的要求而逐步形成的一种教育思想和教育制度，其本质为，现代人应该终身学习与发展。

第二，教育的全民化。人人拥有受教育的权利。实行全民教育，其目标是满足全面的基本教育要求，向人们提供知识、技术、价值观等，使他们能够自尊、自立地生活。

第三，教育的民主化。教育的民主化是对教育等级化、特权化和专职化的否定，一方面，更多人享受更多的教育机会与教育内容；另一方面，教育自由化，涵盖教育自主权范围的扩大，根据社会的不同需求设置不同的课程等。

第四，教育的多元化。教育的多元化是对教育的单一性和统一性的否定，它是世界物质生活和精神生活多元化在教育上的体现。教育的多元化具体表现为培养目标、办学形式、教学内容、评价标准及管理模式等的多元化。

第五，教育的现代化。随着生产力的发展、科学技术的进步，教育的观念、功能、内容、手段等都会呈现现代化的模式。

第六，教育的国际化。教育不单单是一个民族、一个国家的事情，随着全球化的进一步深入，国家间的教育交流与合作，包括教育研究、教育资助都越来越紧密。

（4）现代教育的发展趋势。

第一，加强学前教育并重视与小学教育的衔接。

第二，强化普及义务教育，延长义务教育年限。

第三，普通教育与职业教育朝着相互渗透的方向发展。

第四，高等教育的类型日益多样化。

第五，学历教育与非学历教育的界限逐渐淡化。

第六，教育制度有利于国际交流。

【典型真题】马克思关于人的全面发展学说指出，造就全面发展的人的唯一方法是（　　　）。

A. 脑力劳动与体力劳动相结合

B. 智育与体育相结合

C. 知识分子与工人农民相结合

D. 教育与生产劳动相结合

【答案】D

【解析】马克思认为实现人的全面发展的唯一方法就是教育与生产劳动相结合。

【典型真题】旧的社会制度下，可能出现新教育的萌芽；新的社会制度下，也可能有旧教育的延续。这种现象表明教育发展有（　　）。

A. 相对独立性 　　　　　　　　　　　　　B. 历史局限性

C. 社会制约性 　　　　　　　　　　　　　D. 社会能动性

【答案】A

【解析】本题考查教育的社会属性。教育的相对独立性强调教育具有自身特点和规律以及能动性。主要表现在教育内容、教育方式等方面的继承，同时也与社会之间具有能动性。

【典型真题】我国在世界各地开办孔子学院，向各国人民介绍中国文化。这说明教育对文化具有（　　）。

A. 传递功能 　　　　　　　　　　　　　　B. 创造功能

C. 更新功能 　　　　　　　　　　　　　　D. 传播功能

【答案】D

【解析】这道题考查教育功能知识点，题目类型属于现象反映理论题，解题时应注意现象要能直接准确反映出知识点。通过孔子学院传播中国文化，体现了教育对文化具有传播功能。

【典型真题】孟禄认为"全部教育都归于儿童对成人的无意识模仿"，这种观点是教育起源论中的（　　）。

A. 生物起源论 　　　　　　　　　　　　　B. 交往起源论

C. 心理起源论 　　　　　　　　　　　　　D. 劳动起源论

【答案】C

【解析】该题考查的知识点是教育的起源。从历年真题来看，该部分知识点基本上以选择题出现，相对简单，大家只要了解这几种起源学说和代表人物即可。美国教育家孟禄提出了教育的"心理起源说"，认为教育起源于日常生活中儿童对成人的无意识模仿。

【典型真题】辨析题：动物界也存在教育。

【参考答案】错误。

教育有广义和狭义之分，狭义的教育指学校教育，是教育者根据一定的社会要求，有目的、有计划、有组织地对受教育者的身心施加影响，促使他们朝着所期望的方向发展的活动。教育是一种有目的地培养人的活动，这是教育区别于其他事物与现象的根本特征，是教育的质的规定性。由此可知，教育是人类所独有的社会现象，教育是有意识、有目的、自觉地对受教育者进行培养的过程。动物界所谓的"教育现象"只是动物的一种生存本能，不符合教育的本质，所以动物界不存在教育。

考点2　教育学的产生与发展

一、教育学的研究对象和任务

教育学是以教育现象、教育问题为研究对象，不断探索并揭示教育规律的科学。教育学的研究对象是教育现象、教育问题，研究任务是揭示教育规律，目的是深化人们对于教育的认识，更新人们的教育观念，并为教育的发展和改进提供依据。

二、教育学的产生和发展历程

（一）教育学的萌芽阶段

国别	人物	代表作及影响	主要教育观点
中国	孔子	《论语》，创办私学	孔子是中国古代伟大的教育家、思想家，他的教育思想主要反映在《论语》一书中。 1. 教育思想：核心是"仁"。孔子认为"仁者爱人"，而"仁"的核心是"爱人"。 2. 教育对象：主张"有教无类"，强调教育公平。 3. 教育目的：主张"学而优则仕"。 4. 教育内容：文、行、忠、信。文主要是指六经（诗、书、礼、乐、易、春秋）；行指品行；忠指忠诚；信指守信用。孔子的教学内容偏重社会人事、文事，轻视科技与生产劳动，这是其教育特征。 5. 教学方法、原则。 （1）启发诱导："不愤不启，不悱不发；举一隅不以三隅反，则不复也。"大意是：教师应该在学生认真思考，并已达到一定程度时恰到好处地进行启发和引导。 （2）因材施教：因材施教的前提是承认学生间的个体差异，了解学生的特点后有针对性地进行教育。孔子是在教学实践中最早采用因材施教方法的教育家。 （3）温故知新："温故而知新，可以为师矣。"强调学习之后的复习非常重要。 （4）学思行结合：把学习过程概括为学习、思考与行动的统一过程。 6. 教育作用。 （1）社会功能：庶、富、教。庶指充足的劳动力，富指生活富裕，教指伦理教育。"庶、富、教"的论述反映了孔子关于教育与经济发展关系的思想。庶与富是实施教育的先决条件，只有在庶与富的基础上开展教育，才会取得社会成效。 （2）个体功能："性相近，习相远"。"习"就是指后天的教育。孔子认为后天的教育和社会环境才是导致人的发展差异的主要原因。
	乐正克（据郭沫若考证）	《学记》，既是中国也是世界上最早的教育专著，被称为"教育学的雏形"	总结我国先秦时期的教育教学经验，论述教育与政治的关系、教育的作用、目的、任务、教师的地位、师生关系、教学内容及程序等诸多问题，提出了教学相长、启发诱导、预时孙摩、长善救失、藏息相辅五大原则，并提出了尊师严师的思想。
古希腊	苏格拉底	《申辩篇》（由柏拉图记录）	苏格拉底以其雄辩和与青年智者的问答法（产婆术）著名。这种问答法由讥讽、助产术、归纳和定义四个步骤组成。讥讽是就对方的发言不断追问，迫使对方自陷矛盾、无辞以对，最终承认自己的无知。助产术即帮助对方自行得到问题的答案。归纳即从各种具体事物中找到事物的共性、本质，通过对具体事物的比较寻求"一般"。定义是指把个别事物归入一般的概念，得到关于事物的普遍概念。
	柏拉图	《理想国》	总结当时雅典和斯巴达的教育经验，提出比较系统的教育制度，规定了不同阶段的教育内容，是后世公共教育的源头。"寓学习于游戏"最早由柏拉图所倡导。
	亚里士多德	《政治学》	古希腊百科全书式的哲学家。最早提出教育要适应儿童的年龄特点，进行德智体多方面和谐发展教育的思想。提倡追求理性就是追求美德，这是教育的最高目的。提倡对学生进行和谐全面发展的教育，主张按照儿童心理发展的规律对儿童进行分阶段教育。在历史上首次提出了"教育遵循自然"的原则。

续表

国别	人物	代表作及影响	主要教育观点
古罗马	昆体良	《雄辩术原理》（又称《论演说家教育》），西方教育史上第一部教育专著，也是世界上第一部研究教学法的书	将学习过程概括为模仿、理论、练习三个阶段。

知识拓展 ★

　　《学记》是古代中国典章制度专著《礼记》（《小戴礼记》）中的一篇，写作于战国晚期，相传为西汉戴圣编撰。据郭沫若考证，作者为孟子的学生乐正克。

　　《学记》言简意赅，喻辞生动，系统而全面地阐述了教育的目的及作用，教育和教学的制度、原则和方法，教师的地位和作用，教育过程中的师生关系以及同学之间的关系。同时，《学记》比较系统和全面地总结、概括了先秦时期的教育经验，是中国也是世界上最早的专门论述教育和教学问题的论著，被称为"教育学的雏形"。

　　"君子如欲化民成俗，其必由学"揭示了教育的重要性。君子如果要教化人民，形成良好的风俗习惯，一定要从教育入手。

　　"古之王者，建国君民，教学为先"阐述了教育与政治的关系。意为古代的君王建立国家、治理民众，都把教育当作首要的事情。

　　"道而弗牵，强而弗抑，开而弗达"阐释了启发式教学。教学不是教师直接灌输知识，而是创设情境，言此而意彼，让学生感悟、发现，从而达到教师"举一"而学生"反三"的教学效果。

　　"学不躐等""不陵节而施"要求教学要遵循学生心理发展特点循序渐进。"学不躐等"指学习不能超越次第，应循序渐进；"不陵节而施"指不能超过人的接受范围来施教。

　　"时教必有正业，退息必有居学""藏息相辅"指出了课内和课外相结合。"时教必有正业，退息必有居学"是指按照时序进行教育，必须有正式的课业，课后休息时也得有课外练习。也就是说，在教学形式上，既要有按时传授的正课，又要有正课之外的课余学习。"正业"必须伴以"居学"，"居学"是配合"正业"的。"时教"要求教师认真进行课堂教学，"退息"则要求学生自觉复习巩固，做好课外作业。"藏息相辅"中的"藏"，原为"臧"，通内脏的"脏"，"息"是指呼吸的气息，人自身的内脏和气息相配合，才能呼吸自如。在这里喻指教育原则，即不能死记硬背，教师的讲解要与学生的理解相结合才能消化吸收知识。

（二）教育学的创立阶段

国别	人物	代表作及影响	主要教育观点
英国	培根 1561—1626	《论科学的价值与发展》（1623）	把学校教育理解为"指导阅读"的科学（教育学是胚胎） 1. 经验化教学：知识源于感觉，重视经验的作用。 2. 科学归纳法：真理的获得源于科学的归纳。 3.《论科学的价值与发展》首次指出应该把"教育学"作为一门独立的学科。

续表

国别	人物	代表作及影响	主要教育观点
英国	洛克 1632—1704	《教育漫话》 (1693)	洛克的思想是18世纪法国唯物主义教育思想、自然主义教育思想和德国理性主义思想的重要源泉之一。 1. 提出了著名的绅士教育思想体系。 2. 阐发了反对天赋观念的"白板说",主张教育万能论。 3. 重视体育,反对体罚。
	斯宾塞 1820—1903	《教育论》(1861)	斯宾塞扫除了学校教育中装饰主义的弊病,使教育与现实生活紧密联系起来。他的科学主义教育思想直接影响了欧美国家和19世纪下半期出现的科学教育运动,促进了课程和教学方法改革,成为杜威教育思想的坚实基础。 1. 教育的目的是"为完满生活做准备"。 2. 实现完满生活的科学课程体系包括五个方面的教育:准备直接保全自己的教育;准备间接保全自己的教育;准备做父母的教育;准备做公民的教育;准备闲暇生活的教育。
捷克	夸美纽斯 1592—1670	《大教学论》 (1632),西方近代教育学的雏形,是教育学从哲学中分化出来的标志	1. 教学原则:提出"教育要遵循人的自然发展"原则,强调教育要适应自然的原则,教育要依据人的自然本性,即儿童的天性和年龄特征。 2. 教学思想:提出"泛智教育",主张把广泛的自然知识传授给普通的人。 3. 教学内容:规定了百科全书式的教学内容。 4. 教学方法:首次提出并论证了直观性、系统性、量力性、巩固性和自觉性等系列教学方法。 5. 教学制度:系统论述了班级授课制的方法和实施内容,并对学年制进行了概括与总结。
法国	卢梭 1712—1778	《爱弥儿》(1762)	1. 提出自然主义教育理论,其理论核心是"归于自然,顺其自然发展",即教育要遵循自然,顺应人的自然本性。 2. 高度尊重儿童的善良天性,提倡儿童本位的教育观。
德国	康德 1724—1804	《康德论教育》 (1803)	1776年,在哥尼斯堡大学第一次开设教育学讲座。
	赫尔巴特 1776—1841	《普通教育学》,标志着教育学作为一门规范、独立的学科正式诞生	1. 教学原则:教育性教学原则(道德教育),"我想不到有任何无教学的教育,正如相反方面,我不承认有任何无教育的教学"。他强调既要重视知识教育,又要注重品德培养。 2. 教育基础:将伦理学和心理学作为教育学的理论基础。 3. 传统三中心:强调教师的权威作用,强调教师的中心地位,形成"教师中心、教材中心、课堂中心"传统教育三中心理论。 4. 四段教学法: (1) 明了:为学生明确地讲解新知识。 (2) 联想:将新知识与旧知识建立联系。 (3) 系统:做出概括和结论。 (4) 方法:将所学知识应用于实际(书面作业、习题解答等)。 5. 教育目的:提出教育的目的是完善道德,培养良好的社会公民。
	福禄贝尔 1782—1852	《人的教育》 (1825)	第一个创办了幼儿社会教育机构——幼儿园,构建了教育理论研究的新领域——幼儿教育学。
	第斯多惠 1790—1866	《德国教师教育指南》(1834)	1. 提出了"人生来就应发展为一个全人"的教育思想。 2. 总结了33条教学规律与规则。 3. 对教师提出了"要自我教育、自我完善"的建议。 4. 在强调教育普遍规律的同时,探讨了教育的民族性。

续表

国别	人物	代表作及影响	主要教育观点
瑞士	裴斯泰洛齐 1746—1827	《林哈德与葛笃德》(1781—1787)	西方教育史上第一位将"教育与生产劳动相结合"这一思想付诸实践的教育家。从资产阶级民主主义和人道主义思想出发，通过自己的终生教育实践，身体力行了自己的教育主张，创办了教师发展学校。 1. 自然主义教育思想。 2. 和谐教育思想。 3. 最早提出"教育心理学化"的主张。 4. 提倡情感教育、爱的教育。

（三）教育学的多元化发展

学派	国别	人物	代表作或代表性理论	主要教育观点
马克思主义教育学派	苏联	凯洛夫 1893—1978	《教育学》	凯洛夫主编的《教育学》总结了苏联社会主义教育的经验，构建了新的教育学理论体系，论述了全面发展的教育目的，是世界上第一部马克思主义教育学。这本书对新中国成立初期的教育产生了很大的影响。 凯洛夫阐述了教育的本质问题，指出教育起源于劳动。他明确提出教学过程的六个阶段：感知、理解、概括、巩固、熟练、测验；提出五大教学原则，即直观性原则、学生自觉与积极性原则、巩固性原则、系统性和连贯性原则、通俗性和可接受性原则。
		马卡连柯 1888—1939	《教育诗》	总结了劳动教育、纪律教育和集体主义教育的实践经验，在集体主义教育思想中，他创立了"明日欢喜论"和"严格要求与尊重信任""平行影响"等教育原则，这些原则至今仍是我国德育的重要原则。在十月革命后，卓有成效地实施了"工读教育"，对流浪儿和少年违法者进行了成功的教育改造工作，并在这场特殊的教育中形成了自己的教育理论体系，推进了教育科学化的进程。
		维果茨基 1896—1934	最近发展区理论	首先将"最近发展区"（又译为"潜在发展区"，是指"儿童独立解决问题的实际发展水平与在成人指导下或在有能力的同伴合作中解决问题的潜在发展水平之间的差距"）这一概念引入儿童心理学的研究，为教育教学改革提供了更为科学的心理学指导。
		赞可夫 1901—1977	《教学与发展》	认为教学的任务是促进儿童的一般发展。所谓一般发展，即学生的整个身心都得到发展，其中既包括身体因素又包括心理因素，既包括智力因素又包括非智力因素。一般发展的五大教学原则是：高难度进行教学的原则，高速度进行教学的原则，理论知识起主导作用的原则，使学生理解学习过程的原则，使全体学生包括差生都得到发展的原则。 "一般发展"的教学理论对苏联的教育实践和教学论发展曾起了积极的推动作用，并对其他一些国家的教学论发展也有一定的影响，被视为现代教学理论的三大流派之一。
		苏霍姆林斯基 1918—1970	《给教师的建议》《把整个心灵献给孩子》《帕夫雷什中学》	从多角度论述教育目的，提出"培养共产主义建设者""培养全面发展的人""培养合格的公民"等。其中最核心的一个观点是要把青少年培养成为"全面和谐发展的人，社会进步的积极参与者"。

续表

学派	国别	人物	代表作或代表性理论	主要教育观点
实用主义教育学派	中国	蔡元培 1868—1940	全面发展教育	提出"皆今日教育所不可偏废"的军国民教育、实利主义教育、公民道德教育、世界观教育和美感教育五育并举的全面发展教育思想。在1917年至1926年任北京大学校长期间,提出了"思想自由、兼容并包"的大学理念,使北京大学成为著名的高等学府。
		陶行知 1891—1946	教学做合一	倡导教、学、做合一的教育理念,主张"生活即教育""社会即学校""教学做合一"。创办晓庄学校。被毛泽东誉为"伟大的人民教育家"。
	美国	杜威 1859—1952	《民主主义与教育》	1. 教育本质:教育即生活,教育即生长,教育即经验的改造,学校即社会。 2. 教育目的:教育的过程就是教育目的,除此之外再无其他目的。 3. 课程与教学:主张以活动经验、经验性的主动作业来取代传统的书本式教材,即活动课程。提出从做中学的教学原则,强调从儿童的现实出发,利用儿童游戏的本能,让他们在活动中学习知识。活动课程的教学组织形式是活动教学。 4. 五步教学法:创设疑难情境,确定疑难所在,提出解决问题的种种假设,推断哪个假设能解决这个问题,验证这个假设。 5. 新三中心论:即儿童中心、活动中心、经验中心,这是与传统教育相对的儿童中心论。认为教师是学生的辅助者,教学活动要根据儿童的兴趣进行。
		布鲁纳 1915—2016	《教育过程》	主张学校要教"学科的基本结构",以适应现代社会知识总量激增、知识更新速度加快的需要。提倡"发现学习",调动学生的积极性,培养学生独立解决问题的能力。认为学习任何一门学科,都有一连串的新知识,每个知识的学习都要经过获得、转化和评价这三个认知学习过程。
		布卢姆 1913—1999	《教育目标分类学》	把认知领域的目标分为六个主要类别,依次是知识、领会、运用、分析、综合、评价。其教育目标分类理论具有两大特征:一是具有可测性;二是目标有层次结构。 提出了掌握学习理论。所谓"掌握学习",就是在"所有学生都能学好"的思想指导下,以集体教学(班级授课制)为基础,辅之以经常、及时的反馈,为学生提供所需的个别化帮助以及所需的额外学习时间,从而使大多数学生达到课程目标所规定的掌握标准。
		瓦根舍因 1896—1988	《物理课程的教育之维》《理解学习》	在物理课程教学中提出"范例教学"理论并率先实践,认为要发展学生的能力就应教给学生基本的知识,即基本概念、基本科学规律或知识结构。要达到这一目的,就要改革教材,使学生借助精选过的材料,与"范例"接触,训练独立思考和判断能力。瓦根舍因与布鲁纳和赞可夫被称为课程现代化三大代表人物。
	德国	拉伊 1862—1926	《实验教育学》	运用自然科学的范式研究教育现象,主张把自然科学实验方法和技术应用于教育问题研究,让数理统计和心理测量等学科的发展成果为教育统计和测量奠定基础,从而为教育实验提供科学的手段和方法,形成科学的教育实验模式。
	苏联	巴班斯基 1927—1987	《教学过程最优化(方法原理)》	提出教学过程最优化理论,是指在全面考虑教学规律、原则、现代教学的形式和方法,以及该系统的特征与内外部条件的基础上,组织对教学过程的控制,以保证过程(在最优化的范围内)发挥从一定标准看来最有效的作用。

续表

学派	国别	人物	代表作或代表性理论	主要教育观点
实验教育学派	法国	保罗·朗格朗 1910—	《终身教育引论》	保罗·朗格朗在20世纪60年代问世的《终身教育引论》中首次提出了终身教育概念。终身教育并不是指一个具体的实体，而是泛指某种思想或原则，或者说，是指某种一系列的关系与研究方法。概括而言，即指人的一生的教育与个人及社会生活全体的教育的总和。
	美国	霍华德·加德纳 1943—	《艺术和人的发展》	霍华德·加德纳在1983年提出多元智能理论。他认为，每一个孩子都是一个潜在的天才儿童。随着智能课程的实施，教师们发现，每一个孩子都有自己的"学习风格"，所以教师应注意尊重学生的学习风格，认识学生的长处，发挥学生的智能所长。在具体的评价操作方法上，加德纳推荐了"学习档案"的评价方法。

（四）教育学在中国的发展

年份	主要事件
1901	王国维的《教育学》（译自日本应花跣三郎讲述的"教育学"）刊登在《教育世界》上。
1902	京师大学堂设立师范馆并开始讲授教育学。
1909	商务印书馆编的《教育学》教科书和中国图书公司出版的《教育史》作为师范学校教科书发行。
1912	蔡元培发表《对于教育方针之意见》，提出了军国民教育、实利主义教育、公民道德教育、世界观教育和美感教育五育并举的全面发展教育思想。
1919	杜威来华宣介、传授其实用主义教育学，几乎红遍中国，直至1921年。
1929	杨贤江（笔名李浩吾）所著的《新教育大纲》出版，这是我国第一部以马克思主义为指导的教育学著作。这本著作阐述了教育的本质和作用，批判了教育超政治、超阶级的观点和教育万能论。
1934	钱亦石的《现代教育原理》出版，这里力图用唯物论来说明教育原理的教育学著作，强调教育的社会性和现实性，并在参考书目和附注中巧妙地暗示人们如欲完整地把握教育学的规律，就应当阅读马克思主义著作中的有关章节。
1949年后	凯洛夫的《教育学》被引进，该书促进了中国教育的科学化、规范化，但也存在过分机械、缺乏辩证性、片面强调教师主导作用的弊端。
1961	刘佛年成立了"高等学校文科教材编选工作组"，组织全国教育学知名学者编写高校适用教材，出版了《教育学》等著作。
1978	教育学研究恢复，各种版本的教育学著作相继出版，逐步形成了教育学的繁荣局面，伴随着基础教育改革的不断深入，教育学研究逐步理性化、科学化和生活化。

【典型真题】提出了普及初等教育思想，论述了班级授课制，被认为是近代最早的教育学著作是（　　）。

A. 《普通教育学》　　　　B. 《大教学论》　　　　C. 《教育论》　　　　D. 《教育漫画》

【答案】B

【解析】本题考查教育学的产生与发展。最早对班级授课制进行系统阐述的是夸美纽斯的《大教学论》。

【典型真题】主张让儿童顺其自然地发展，甚至摆脱社会影响的法国教育家是（　　）。

A. 杜威　　　　　　　　B. 卢梭　　　　　　　　C. 裴斯泰洛齐　　　　D. 洛克

【答案】B

【解析】本题考查的知识点为儿童身心发展概述。杜威主张"教育即生活""学校即社会""从做中学"。卢梭主张让儿童顺其自然发展，他认为，人的本性是善的，但被现存的环境和教育破坏了，假如能造就新的、适合人性健康发展的社会、环境和教育，人就能在更高阶段回归自然。因此，人为的、根据社会要求加给儿童的教育是坏的教育，让儿童顺其自然发展的才是好的教育。裴斯泰洛齐教育思想中最突出的一点就是强调情感教育、爱的教育，教育者首先必须具有一颗慈爱之心，以慈爱赢得学生的爱和信赖。洛克提出"白板说"，认为人的心灵如同白板，观念和知识都来自后天，并得出结论：天赋的智力人人平等，"人类之所以千差万别，便是由于教育之故"。

【典型真题】 第一本独立形态时期的教育学著作是（　　　）。

A. 《雄辩术原理》　　　　　　　　　　B. 《康德论教育》

C. 《大教学论》　　　　　　　　　　　D. 《论科学的价值和发展》

【答案】 C

【解析】 本题考查的知识点为教育学概述。在教育学史上，一般把夸美纽斯的《大教学论》看成是第一本教育学著作，此后，人们开始了教育学的独立探索时期。

【典型真题】 被毛泽东称为"伟大的人民教育家"的陶行知提出的主要教育主张是（　　　）。

A. 因材施教　　　　B. 遵循自然　　　　C. 教、学、做合一　　　　D. 官能训练

【答案】 C

【解析】 本题考查美育领域内名人名家相关常识知识点。陶行知的"教、学、做合一"的主张和小先生制等教育思想深入人心，指导着人们的教育实践。

【典型真题】 辨析题：杜威继承并弘扬卢梭的自然教育思想的精华，猛烈地批判了旧教育的理念与做法，并在教育界首次将其称为"传统教育"，这就是"传统教育"概念的由来。他还系统阐述了新的教育思想，进行了新的教育实践，后来，人们把与传统教育相对立的以杜威为代表的教育理论与实践称为"现代教育"。

【参考答案】 正确。

杜威的重要教育著作《民主主义与教育》写于1916年，他在此书中首次提出了"传统教育"的概念，并对之进行了猛烈的批判。他继承和弘扬了卢梭的自然教育思想的精华，系统阐述了新教育思想，进行了新的教育实践。

考点3　教育与社会的关系

一、教育与生产力的关系

（一）生产力对教育的决定和制约作用

1. 生产力发展水平决定教育的规模和速度

生产力发展水平对教育的发展规模和速度有着直接和最终的决定性作用。从世界教育发展的历程看，第一次工业革命后，普及初等教育的要求被提出来了；第二次工业革命后，普及初级中等教育的要求被提出来了；第三次工业革命后，普及高级中等教育的要求被提出来了；信息革命后，高等教育大众化的要求被提出来了。

2. 生产力发展水平制约着教育结构的变化

生产力的发展决定培养什么样的人才，其要求受教育者必须具有某种程度的文化水平和生产上所需的知识技能。生产力的发展必然引起教育结构的变化，如学校结构，该设置何种学校、何种专业都受生产力发展水平和产业结构的制约。

3. 生产力发展水平制约着教育的内容和手段

生产力的发展要求课程设置和教学内容不断调整与更新，使课程门类由少到多，使教学内容越来越丰富和深化，更多更新的知识不断被纳入学校的教学内容。在古代社会，由于生产力低下，学校采取

个别教学的组织形式，教学方法是口耳相传。随着生产力的发展，出现了班级授课制，多媒体技术、信息技术成为重要的教学手段。教学方法与教学组织也不断更新，以便更好地为教学服务。

（二）教育对生产力的促进作用（教育的经济功能）

1. 教育再生产劳动力

通过教育，可以使人掌握一定的知识、生产经验和劳动技能，把可能的劳动力转化为现实的劳动力，从而形成新的劳动力，提高劳动生产率，促进生产力发展。

2. 教育再生产科学知识

通过教育，科学知识与技术被劳动者所掌握，变成劳动者的知识与技能，从而在生产中创造物质财富。教育特别是高等教育承担着教学与科研双重任务，通过科学研究产生许多新的科学知识，把这些新的科学知识转化为技术应用到生产生活中，促进生产力发展和社会进步。

（三）人力资本理论

20世纪60年代，以美国的舒尔茨为代表的一些西方经济学家提出了人力资本理论。他认为，"人力资本"是人所拥有的诸如知识、技能以及其他类似的可以影响从事生产性工作的能力。舒尔茨的人力资本理论说明教育可以通过提高劳动者素质促进经济发展。

教育资本储量是指国家在某一时期内教育支出的总额，因为教育支出是一种投资活动，教育支出与资本形成及国民收入有密切关系。要探讨教育对经济增长的贡献，可从测定教育资本储量入手。

二、教育与政治经济的关系

（一）政治经济制度对教育的制约作用

1. 政治经济制度决定着教育目的

占统治地位的阶级总是要控制教育目的的制定，使教育目的符合统治阶级的要求，为统治阶级培养人才。培养具有什么政治方向、思想观念的人是由一定社会的政治经济制度决定的。

2. 政治经济制度决定教育的领导权

政治经济制度通过影响教育方针、政策的颁布，教育目的的制定，教育经费的分配，教育内容特别是意识形态教育内容的规定，教师和教育行政人员的任命聘用等，从而实现对教育领导权的控制。

3. 政治经济制度决定着受教育的权利

政治经济制度决定一个国家设立何种教育制度，什么人接受什么样的教育，进入不同教育系列的标准怎样确定。在不同的社会，不同的人享有不同的受教育权。

（二）教育对政治经济制度的影响（教育的政治功能）

1. 教育为政治经济制度培养所需要的人才

首先，通过培养人才实现对政治经济制度的影响，是教育作用于政治经济制度的主要途径。其次，教育通过促进个人社会化为一定的政治经济制度服务。

2. 教育是一种影响政治经济的舆论力量

学校自古以来就是宣传、灌输、传播一定阶级的思想体系、道德规范、政策路线的有效阵地。学校又是知识分子集中的地方，学校的教师和学生的言论及行为、教材、文章等，是宣传某种思想，借以影响群众，服务于一定政治经济的现实力量。

3. 教育可以促进民主

一个国家的民主程度直接取决于这个国家的政体，但又间接取决于这个国家人民的文化程度及教育事业发展的程度。

三、教育与文化的关系

教育与文化是相互依存、相互制约的关系。教育是一种特殊的文化现象，是整个人类文化的有机组成部分，并受到文化中其他因素的影响，同时它也对整个文化起着保存、传承、改造、创新的作用。任何文化特性或形态，如果没有教育就难以延续。从广义上说，教育是文化的一部分，是文化的继承者和传递者。同时它也对整个文化起着保存、传承、改造、创新的作用。教育是"社会文化进步、改革的基本方法"，是文化控制的"最有效工具"。

（一）文化对教育发展的制约作用

1. 文化影响教育目的

教育目的的确立，除了取决于社会的政治经济制度和生产力发展水平之外，还受文化的影响。

2. 文化影响教育内容

教育的内容就是人类的文化，不同时期的文化和不同国家与民族的文化，影响着教育内容的不同选择。首先，文化的发展影响教育内容的选择，主要表现在教育内容的选择范围上。当文化发展水平低、积累少时，教育内容的选择范围就小；反之，当文化发展水平高、内容丰富时，教育内容的选择广度和深度、课程的种类和变革频率也随之增加。其次，不同国家与民族的文化也使不同国家和民族的教育内容具有一定的倾向性和特色。因此，社会文化是教育内容的重要来源，社会文化制约着教育内容的选择。

3. 文化影响教育教学方法

不同的文化影响着人们对知识及其来源的认识，也影响着人们对人与人之间关系的认识，在教育上影响着人们对师生关系的认识，由此决定了人们对教育教学方法的不同应用。

4. 文化影响教育模式

教育模式的形成不是任意的，它既受教育自身规律的制约，也受一定的历史文化的制约，特别是受一个民族特定的文化模式的制约。教育模式和一定的文化模式相适应，有什么样的文化模式，就有什么样的教育模式。当社会发展变化时，文化系统一方面要积极调整自己的模式来适应社会的新要求，另一方面又要求教育系统调整自身模式与之相适应。

从不同文化的比较来看，一个国家的教育模式是与这个国家的文化模式相一致的。例如：中国古代文化模式是一种伦理型的文化模式，而西方文化模式则是一种知识型文化模式，这使得中国古代教育与西方教育在目标模式上明显不同。中国古代强调通过修己正人，达到"明人伦"的目的；西方则注重通过知识的学习达到对真理的认识。在社会组织形式上，中国强调"大一统"，而西方则强调"多元化"。这直接导致东西方办学模式和教育管理模式的不同：中国强调国家办学，集中统一；西方则强调地方办学，开放多样。

5. 文化传统制约着教育传统

文化传统对教育的影响也是十分明显的。即使是处于同等的发展水平和实行的是同样社会制度的国家和民族，由于文化传统的差异，也会形成不同的教育传统。

（二）教育对文化发展的促进作用

1. 教育具有继承文化的作用

教育通过培养人来传承人类积累的文化，为特定社会服务，实现个体的社会化，这就决定了教育必须按照社会的要求和人的身心发展规律及特点来选择教育的内容。选择文化的过程，就是整理文化的过程。教育将被选择为教育内容的文化"刻画"在年青一代身上,实现文化的传递和保存。

2. 教育具有选择文化的作用

教育是有目的、有计划、有系统地培养人的过程。这一过程离不开确定的教育内容。而确定教育内容的过程,实际上就是选择文化的过程。教育选择文化的标准:统治阶级根据自身需要选择主流文化,根据学生发展的需要选择系统的、科学的、基本的文化。

3. 教育具有创造文化的作用

文化是人类创造的,教育不仅具有对既有文化的传递功能,还具有更新、创造文化的功能。首先,教育总是基于对既定的社会文化的一种批判和选择,根据人的发展需要而组织起一种特定的文化,这样一个选择、组织、生成、传播的过程,就是文化的重组和更新的过程,教育因此形成了一种新的社会文化因素。其次,教育可以通过科学研究或从事文化创造,产生新的思想、观念和科学文化成果,这是文化创造的一个直接途径。高等学校正在成为文化创造的主力军。最后,教育可以促进社会文化的不断发展,输送具有创新精神的各方面人才,通过这些人才再去创造新的文化,从而使学校间接成为文化的创造地。

4. 教育具有融合文化的作用

文化是一定时期特定地域的人们的思想、行为的共同方式,从这个意义上看,任何文化都具有地域性和封闭性。然而,现代社会生产力的发展、市场经济的形成,使政治、经济、文化已经打破了封闭的格局,走向开放和交流,文化在交流过程中渐趋融合。

现代教育通过以下两个途径促进文化的融合:一个是通过教育的交流活动,如互派留学生、互相进行学术访问、召开国际学术会议等,促进不同文化之间的相互理解、相互吸收,使异域文化之间求同存异;另一个是通过对不同文化、不同思想、不同观点的学习,如引入国外的教材、介绍国外的理论流派和研究成果等,对异域文化进行选择、判断,对已有的文化进行反思、变革和整合,融合成新的文化。不同文化间的交流、融合不是一方对另一方的取代,而是吸收其他文化的有益成分,改造原有文化。不同文化的交流、融合,不仅促进了世界文化的发展,也促进了本民族文化的繁荣。

(三)校园文化

1. 校园文化的概念

校园文化是指学校全体员工在学习、工作和生活的过程中形成的价值观、信仰、态度、作风和行为准则。校园文化具有互动性、渗透性和传承性三个特征。

2. 校园文化的形态

校园文化包含物质文化、组织和制度文化、精神或观念文化。

(1)学校物质文化是校园文化的空间物态形式,是学校精神文化的物质载体。学校物质文化包含学校环境文化和设施文化两种表达方式。

(2)学校组织和制度文化有三种主要的表达方式:保证学校正常运行的组织形态、规章制度以及角色规范。

(3)学校精神或观念文化是校园文化的核心。

3. 校园文化的功能

(1)导向作用。校园文化推动教职工自觉完成国家的教育任务,为把学生培养成为社会需要的人而努力。

(2)约束作用。校风形成价值观,形成行为规范,以此弥补规章制度的不足。

(3)凝聚作用。校园文化使学生对学校产生归属感和认同感,从而形成巨大的凝聚力。

(4)激励作用。形成你追我赶的激励环境,使学生从被动学习到主动学习,化外部动力为内在动力。

四、教育与人口发展的关系

（一）人口对教育的影响

1. 人口数量影响教育发展的规模与教育投入

人口数量决定着教育需求的大小，因此也就决定着教育事业的发展规模。人口的增长必然要求扩大教育的规模。人口增长率过高使得教育经费和师资质量的平均水平降低；学龄人数增长使得班级人数增加，影响教育质量。人口增长还制约和影响着教育发展战略目标的实现和战略重点的选择。

2. 人口结构影响教育的结构

人口结构包括人口的自然结构与社会结构。自然结构指人的年龄、性别等方面；社会结构指人口的阶级、文化、地域、民族等方面。

第一，人口年龄构成制约各级教育的发展规模与进程，影响教育的宏观决策和战略决策。人口的年龄结构会影响各级各类学校在教育结构中的比例。

第二，人口的社会结构对教育的影响则更为显著。在阶级社会里，人的阶级构成直接影响着受教育权的分配。

第三，人口的就业结构制约着学校教育结构。就业结构指在国民经济各部门中就业人员的构成。教育结构指各级各类学校、各种专业教育的构成。近年来，人口就业结构的变化表现为：向服务业转移；向智力劳动转移；从一般技术向高新技术转移。

第四，人口的地域分布制约着学校布局，也制约着教育质量，还制约着教育效率。一般来说，人口分布合理的地区，教育相应地比较发达；人口密度稀疏的地区，常常出现学校布局不够合理的情况，进而影响教育经费的充分使用，影响教育效率的提高。

3. 人口质量影响教育的质量

人口质量体现为人口的身体素质、文化修养和道德水平。人口质量对教育质量的直接影响是指入学者已有的水平对教育质量的影响，间接影响是指年长一代的人口质量对新生一代的人口质量的影响。

4. 人口流动对教育提出挑战

人口流动通常可分成三种类型：一是城乡之间的流动；二是国内贫困地区与国内经济发达地区之间的流动；三是经济不发达国家与经济发达国家之间的流动。人口流动会对教育产生很大的影响，一方面是将教育进行不同区域的传递，另一方面则是对当地教育资源进行稀释或争夺。如若当地教育资源有限，大量新进入人口则会对当地教育资源造成某种程度的压力。

（二）教育对人口的作用

1. 教育可以控制人口数量

（1）社会和教育事业的发展对劳动力的文化要求提高，刺激了家庭对教育的需要，而家庭对教育需要的提高增加了抚养儿童的费用，从而抑制了生育率。

（2）教育程度的提高，能改变人们传统的"多子多福"的生育观和家庭观。

（3）受过一定程度教育的人更重视自身价值的实现和对人生幸福的追求，不愿意因多生育而耽误自身发展和人生美满。

2. 教育可以提高人口素质

教育具有改善人口质量、提高民族素质的功能。教育在提高人口质量方面的功能首先表现在对青年一代的培养上，其次表现在对成年人的教育上。

3. 教育可以优化人口结构

教育能够有效促进人口结构调整，实现人口的有序流动，使人口结构趋于合理化。

4. 教育可以促进人口合理流动

受教育程度与人口迁移成正相关，即受教育程度越高，人口的迁移倾向越强烈。在农村，从文化程度与劳动力转移的关系上看，高中以上文化程度的劳动力每百人中有9.2人转移，初中文化程度为每百人8.3人，小学文化程度为每百人4人，文盲半文盲为每百人1.5人。教育可使无序流动变为有序流动，使人口结构趋于合理化。

【典型真题】中学开展经典诵读活动时，对传统文化要取其精华、去其糟粕，这说明教育对文化具有（　　）。

A. 继承功能　　　　　　　　　　　　B. 传递功能

C. 选择功能　　　　　　　　　　　　D. 创造功能

【答案】C

【解析】学校教育的本质是一种文化价值的引导工作，它撷取文化的精华，提供适应社会发展变化需要的观念、态度与知识、技能。我国传统文化既包含先进和高雅的部分，也有落后和粗野的内容，在教育过程中应发挥教育的选择功能，"取其精华，去其糟粕"。故本题选C。

【典型真题】良好的学校文化氛围能够促使师生员工认同学校的办学理念和办学目标，自觉为实现学校的目标而努力，这主要体现了学校文化的（　　）。

A. 激励功能　　　　　　　　　　　　B. 凝聚功能

C. 约束功能　　　　　　　　　　　　D. 教化功能

【答案】A

【解析】本题考查校园文化知识点。学校文化氛围促使师生员工认同学校的办学理念和办学目标，自觉为实现学校的目标而努力，主要体现了学校文化的激励功能。

【典型真题】在当代，教育被人们视为一种投资、一种人力资本，这是因为教育具有（　　）。

A. 政治功能　　　　　　　　　　　　B. 经济功能

C. 文化功能　　　　　　　　　　　　D. 人口功能

【答案】B

【解析】题干中表达了人力资本论的观点，教育能够促进劳动力扩大再生产，对经济发展具有促进作用，这是教育的经济功能。故选B。

【典型真题】一个国家的文盲率、义务教育普及的年限、高等教育普及的程度和这个国家的经济发展水平相关，说明（　　）。

A. 经济发展是教育发展的物质基础

B. 经济发展决定着教育发展的规模和速度

C. 经济发展引发的经济结构变革影响着教育结构的变化

D. 经济发展水平制约着教育内容和教育手段

【答案】B

【解析】这道题考查的知识点是教育与经济之间的关系。经济发展影响教育的内容和方法、教育发展的规模和速度、教育结构、教育体制等。一个国家的文盲率、义务教育普及的年限、高等教育普及的程度体现着教育发展的规模和速度。

考点 4 教育与个体发展的关系

一、人的发展概述

（一）人的身心发展

人的身心发展是指人随着年龄的增长，在身心两方面不断发展和完善的过程，具体涵盖身体的发展和心理的发展两方面。

（二）中学生身体形态的发育

身体形态是指身体及其各部位的状态。身体形态的发育是指身体及其各部位的生长和发育情况，包括身高、体重等身体各方面，这是人的生理发展的重要指标之一。

1. 初中生身体形态的发育

在初中阶段，初中生的身体形态发生剧变，身体各部分迅速变化，但发育不均衡。表现为：

（1）骨骼的发育最快，但各部分发育不平衡，脊柱、胸廓、骨盆和四肢骨化均未完成，骨骼含钙质较小，比较柔软、富有弹性、容易弯曲。两腿比躯干长得快，因而初中生大多是瘦长体型。

（2）体重的发育快。

（3）出现第二性征。

2. 高中生身体形态的发育

进入高中后，学生身高的增长趋于稳定。体重的增长反映在身体内脏的增大、肌肉的发达以及骨骼的增长和变粗上。高中生的体型已经比例协调，男女生在体型上的性别差异最终定型。第二性征发育完成。

（三）中学生身体机能的发展

身体机能是指人体呼吸、循环、消化、代谢、免疫、神经、内分泌、运动和生殖等器官系统的功能。

1. 初中生身体机能的发展

初中生各种生理机能迅速增强，逐渐接近成人。具体表现为：

（1）呼吸系统的发育。12岁前后是肺发育的飞跃期，肺活量增长显著，接近成人水平，并表现出男女的性别差异。

（2）循环系统的发育。初中生的心脏发育很快，已接近成人。脉搏一般为80次/分钟，稍快于成人；血压为90～110毫米汞柱/60～75毫米汞柱。

（3）神经系统的发育。初中阶段，人的脑细胞结构和机能逐渐完善、趋于成熟。具体表现为：脑重量在12岁时已达1 400克，达到成人的平均脑重量；脑体积在12岁时已经接近成人的脑体积；大脑皮层的沟回组织已经完善分明，神经元也已完善化、复杂化，传递信息的神经纤维已经完成发育，内抑制机能也已发育成熟。

2. 高中生身体机能的发展

高中阶段后期，学生的心脏重量接近成人水平，心脏收缩能力提高，心血管功能不断增强，心率逐步下降，胸围、胸腔扩大，肺活量急速发展，可达到成人水平；骨骼生长趋缓，肌肉纤维的生长由纵向为主转为横向为主，肌肉纤维横断面增大，肌肉体积增加，弹性增强。高中学生的神经系统发育基本完成，大脑的容量与重量增长不显著，大脑的结构与成人大致相等，功能接近，智力水平接近成人状态。专家认为，脑和神经系统要到20～25岁以后才完全成熟，所以在这个阶段要特别加强脑机能的开发和锻炼。

（四）性器官日趋成熟

1. 初中生的性成熟

到了初中阶段，生长激素和性激素急剧增加，促进了性机能的发展和性成熟的到来。性机能基本健全的标志是女子的月经初潮和男子的首次遗精。

2. 高中生的性成熟

高中生性激素增多，性腺发育成熟；性器官发育成熟，具有同成人一样的性征；性机能成熟，已具有了生育能力。女生性器官发育处在直线上升的后期，一般到 18 岁时，女生性机能已基本成熟；男生性器官发育滞后女生约一年，但到 18 岁时性器官及其机能也接近成人水平。

二、影响人的身心发展的因素

（一）内因（遗传＋主观能动性）

1. 遗传因素

遗传是指亲子之间以及子代个体之间性状存在相似性，表明性状可以从亲代传递给子代。如身体的结构、形态、外貌和神经系统等。遗传因素的作用如下：

（1）遗传为人的身心发展提供可能性，是人身心发展的生理基础。

（2）遗传具有可塑性。

（3）遗传的差异性对个体的身心发展具有一定的影响。

（4）遗传的发展过程制约着年青一代身心发展的年龄特征。

2. 主观能动性

主观能动性亦称"自觉能动性"，它指人的主观意识和实践活动对于客观世界的反作用或能动作用。任何外部因素只有通过个体的身心活动才会起作用。例如，学生如果想要自己的成绩得到提高，除了需要老师和同学的帮助外，自己必须坚持努力学习，否则，不会有任何结果。人的主观能动性是个体身心发展的动力。

（二）外因（环境＋教育）

1. 环境

环境是相对于某一事物来说的，是指围绕着某一事物（通常称其为主体）并对该事物会产生某些影响的所有外界事物（通常称其为客体）。环境包括自然环境和社会环境，其作用如下：

（1）环境为人的身心发展提供外部条件，对人的身心发展起着一定的制约作用。

（2）人的社会实践对人的发展起着决定作用。

2. 学校教育在人的发展中起主导作用

学校教育是由承担教育责任的教师和接受教育的学生共同参与和进行的。学校教育的环境具有极大的人为性。学校教育具有明确的目的，有指定的教育内容，有系统的组织和特殊的教育条件，弥漫着科学、文化和道德规范的气息，这构成了学校教育环境的特殊性。从人的个体活动的角度看，学校中的个体活动与其他社会活动的区别在于有教师的指导，活动的结果还要接受检查。这种特殊性使学校教育在人的发展中具有独特的功能，起着主导作用。

（1）学校教育在人的发展中的独特功能。

1）学校教育对个体发展作出社会性规范。从总体来看，社会对个体的基本要求不外乎体质、道德、知识水平与能力等方面，并提出一系列规范。这些规范的具体内容对学校教育来说，又随着社会性质与发展水平、不同教育阶段的人才培养要求而变化，并有意识地以教育目标和目的的形成去规范学校的其他工作，通过各种教育活动使学生达到规范的目标。

2）学校教育具有加速个体发展的特殊功能。在日常生活和工作实践中，个体的身心同样会发展。学校教育的作用在于尽可能加快这一变化的速度和缩短实现发展目标的时间。这是因为学校教育是目标明确、时间相对集中、有专人指导并进行专门训练的社会活动。此外，学校教育使个体处于一定的学习群体中，个体之间的发展水平有差异，这也有助于个体的发展。如果学校教育能正确判断学生的最近发展区，这种加速将更明显、更有意识和富有成效。

3）学校教育对个体发展的影响具有即时和延时的价值。学校教育的内容具有普遍性和基础性，提高了人的需要水平、自我意识和自我教育能力，帮助个体形成对自身发展的自主能力，使个体的发展由自发提高到自觉阶段，从而对人今后的进一步学习和发展具有长远的价值。

4）学校教育具有开发个体特殊才能和发展个性的功能。在开发特殊才能方面，学校教育内容的多面性和同一学生集体中学生之间的差异性，有助于个体特殊才能和个性的发展。

（2）学校教育在人的发展中起主导作用。

1）学校教育是一种有目的、有计划、有系统、有组织的由教育者对受教育者的发展实施影响和指导的活动。学校教育是环境的一个组成部分，却是一种特殊的环境。学校教育与一般的家庭及儿童周围的社会环境的自发的、偶然的、零星的影响不同，它是一种有目的、有计划、有组织的培养人的工作。因此，它在促进青少年的身心发展，使之获得系统化的知识技能，形成比较完善的阶级意识与世界观的过程中，起着十分重要的作用。

2）学校教育是通过教师培养学生的活动。教师是受过专门训练的人，有明确的教育目的，掌握了教学内容，懂得教育科学和教育方法，可以按照青少年的年龄特征与个别差异，做到因材施教。

3）学校教育可以把遗传素质提供的发展可能性、自发的环境影响及个人的主观努力纳入教育轨道，以促进个体发展。

4）现代学校教育有了更雄厚的物质基础和科学技术作为依托，能为人的发展提供更便利的条件、更先进的技术手段、更科学的方式方法和更丰富深刻的教育内容。

5）学校教育具有良好的纠偏机制。教育者可以通过观察、测验、检查等方式，发现受教育者在身心发展方面的不足、缺陷或偏差，进而采取有针对性的手段弥补受教育者在发展方面的不足。特殊儿童（盲、聋、哑、智障者）的教育在宏观上反映了学校教育的这种机制，而学校中普遍存在的个别教育、纠偏教育则在微观上体现了学校教育的这种机制。

知识小结 考查题型：单选题、简答题、材料分析题

因素	作用	
遗传	提供发展的可能性； 生理前提，物质前提，不能决定人的发展	
环境	提供了多种可能； 影响有积极和消极之分（近朱者赤，近墨者黑；白沙在涅，与之俱黑）； 人在接受环境影响和作用时的主观能动性	
教育	主导作用 有目的、有计划、有组织地培养人； 由经过专门训练的教师来进行； 能有效地控制、影响学生发展的各种因素	独特功能 对个体发展作出社会性规范； 具有加速个体发展的特殊功能； 对个体发展有即时和延时的价值； 开发特殊才能和发展个性的功能。
主观能动性	从潜在的可能状态转向现实状态的决定性因素（出淤泥而不染）	

三、身心发展的动因

(一) 内发论

内发论强调人的身心发展的力量是由自身需要决定的，身心发展的顺序也是由身心成熟机制决定的。该理论强调了遗传在人的发展中的决定作用，忽略了外在因素对人的影响，忽略了环境、人的能动性以及教育等的作用。

代表人物：

(1) 孟子，认为"人之初，性本善"。

(2) 弗洛伊德，认为人的性本能是最基本的自然本能，它是推动人发展的根本动因。

(3) 威尔逊，认为"基因复制"是决定人的一切行为的本质力量。

(4) 格赛尔，提出"成熟势力说"，认为成熟机制对人的发展起决定作用，并通过双生子的爬梯实验来证明观点。格赛尔认为不仅人的机体机能发展程序受到成长规律的制约，而且"所有其他的能力，包括道德都受成长规律的制约"。

(5) 霍尔，认为"一两的遗传胜过一吨的教育"。

(6) 高尔登，"优生学"的代表人。

知识拓展 ★

双生子的爬梯实验

美国心理学家格赛尔曾经做过一个著名的实验，被试者是一对出生 46 周的同卵双生子 A 和 B。格赛尔先让 A 每天进行 10 分钟的爬梯训练，B 则不进行此种训练。6 周后，A 爬 5 级梯只需 26 秒，而 B 却需 45 秒。从第 7 周开始，格赛尔对 B 连续进行两周爬梯训练，结果 B 反而超过了 A，只要 10 秒就爬上了 5 级梯。

格赛尔原来认为这只是个偶然现象，于是他就换了另一对双生子，结果类似；又换了一对，仍然如此。这样反复做了上百个对比实验，最终得出的结果是相同的，即孩子在 52 周左右，学习爬楼梯的效果最佳，能够用最短的时间达成最佳的训练效果。

此后几年，格赛尔又对其他年龄段的孩子在其他学习领域进行实验，比如识字、穿衣、使用刀叉，都得出了类似的结论，即任何一项训练或教育内容针对某个特定的受训对象，都存在一个"最佳教育期"。

(二) 外铄论

外铄论认为人的发展主要依靠外在力量，诸如环境的刺激和要求、他人的影响和学校的教育等。

代表人物：

(1) 荀子，认为"人之初，性本恶"。

(2) 洛克，提出"白板说"。

(3) 华生，提出"给我一打健康的婴儿，不管他们祖先状况如何，我可以任意把他们培养成从领袖到小偷等各种类型的人"。

四、人的身心发展规律

人的身心发展是指个体随年龄增长而发生的身心的有规律的连续变化过程，包括生理和心理两方面的发展。人的身心发展的一般规律包括：顺序性、阶段性、个体差异性、互补性和不平衡性。

（一）顺序性

人的身心发展具有一定的方向性和先后顺序，既不能逾越，也不会逆向发展，是一个由低级到高级、由简单到复杂、由量变到质变的过程。例如，个体运动的发展就遵循自上而下、由躯体中心向外围、从粗大动作向精细动作发展的顺序。所以，教育者应按照发展的序列施教，循序渐进，不能"拔苗助长""陵节而施"。

（二）阶段性

个体在不同的年龄阶段表现出身心发展不同的总体特征及主要矛盾，面临着不同的发展任务。即不同阶段有不同阶段的特点，有不同的任务。教育者要尊重不同年龄阶段学生的特点，并根据这些特点提出不同的发展任务，进行有针对性的教育，不能搞"一刀切"。

（三）个体差异性

个体差异性在不同层次上存在。从群体的角度看，首先表现为男女性别的差异，它不仅是自然性上的差异，还包括由性别带来的生理机能和社会地位、角色、交往群体的差别。其次，个别差异表现在身、心的所有构成方面。其中，有些是发展水平的差异，有些是心理特征表现方式上的差异。需要说明的是，个体发展水平的差异不仅是由于个人的先天素质、内在机能的差异造成的，它还受到环境及发展主体在发展过程中的努力程度和自我意识的水平、自主选择的方向的影响。在教育工作中发现和研究个体间的差异特征，做好因材施教工作是非常重要的。

（四）互补性

一方面，生理与生理互补，比如盲人的听觉或嗅觉会比较灵敏；另一方面，心理还可以弥补生理机能的缺失，俗称身残志坚。互补性要求教育者结合学生实际，扬长避短，注重发现学生的自身优势，促进学生的个性化发展。

（五）不平衡性

人的身心发展的不平衡性主要表现在两个方面：（1）同一方面的发展在不同的年龄阶段是不均衡的；（2）不同方面所达到的某种发展水平或成熟的时期是不同的。

不平衡性归根结底考虑的就是速度的问题，既然个体在不同时期发展的速度不同，那么自然有一个发展速度最快的时期，我们称之为关键期。在教育过程中抓住关键期能够事半功倍。

知识拓展 ★

关键期

奥地利习性学家劳伦茨（K. Z. Lorenz）发现，小雁、小鹅、小鸭等在出生后数小时就能跟随自己的母亲。但是，如果刚出生时就把它们与母亲分开，不久，这些小动物就再也不会跟随自己的母亲了。这说明动物某些行为的形成有一个关键时机，错过了这个时机，有关行为就再也不能形成。小动物的其他行为也有类似的情况。劳伦茨将这种现象叫作"印刻"（Imprinting），印刻发生的时期就叫作关键期。一般认为，印刻行为只能在关键期内形成。但是，近年来许多学者的研究表明，关键期虽然非常重要，但是某些行为即使错过关键期，只要经过一定的再学习，仍然是可以形成的。因此，关键期实际上是学习的最敏感、最容易的时期，也是个体发展过程中环境影响能起最大作用的时期。在关键期内，在适宜的环境影响下，行为习得特别容易，发展特别迅速。但这时如果缺乏适宜的环境影响，也可引起病态反应，甚至阻碍日后的正常发展。有的研究者称关键期为敏感期，也称作"最佳发展期"。

知识小结 考查题型：单选题、简答题、材料分析题

发展规律	内涵	要求教育
顺序性	由低级到高级、由量变到质变的连续不断的过程，具有一定的顺序性	循序渐进
阶段性	在不同的年龄阶段表现出身心发展不同的总体特征及主要矛盾，面临着不同的发展任务	对于不同阶段的学生要有针对性
不平衡性	同一方面，在不同时期发展速度不同 不同方面，发展的起止时间、成熟先后不同	抓住关键期，及时施教
互补性	生理和生理 生理和心理	长善救失，扬长避短
个体差异性	不同儿童的同一方面 不同儿童的不同方面 不同儿童的不同个性心理倾向 群体间差异	因材施教

五、多元智力理论

传统的智力理论认为：人类的认知是一元的，个体的智能是单一的、可量化的。美国教育家、心理学家霍华德·加德纳在 1983 年出版的《智力的结构》一书中提出多元智力理论，认为人的智力结构中存在着七种相对独立的智力：语言智力、逻辑-数学智力、视觉-空间智力、音乐智力、身体动觉智力、人际智力、自知智力。每种智力都有其独特的解决问题的方法，在每个人身上的组合方式不同。加德纳的多元智力理论以多维度的、全面的、发展的眼光来评价学生，该理论为我国新课改"建立促进学生全面发展的评价体系"提供了有力的理论依据与支持。

【典型真题】"唯上智与下想不移""中而知之"等反映了影响人的发展因素的哪一理论？（　　）

A. 环境决定论　　　　B. 遗传决定论　　　　C. 教育万能论　　　　D. 儿童学理论

【参考答案】B

【解析】"唯上智与下想不移""中而知之"表达了人生来就有上、中、下的等级水平，而教育是否能对个体起到良好的作用取决于其生来所属的水平，这属于遗传决定论的思想。

【典型真题】在影响人的身心发展的诸因素中，教育尤其是学校教育在人的身心发展中起（　　）。

A. 决定作用　　　　B. 动力作用　　　　C. 主导作用　　　　D. 基础作用

【答案】C

【解析】影响人的身心发展的因素主要有四个，分别是遗传、环境、教育和个人的主观能动性，其中教育尤其是学校教育在人的身心发展中起主导作用。

【典型真题】高一（2）班班主任王老师在教育教学过程中，从来不采取"一刀切"的办法，因为他深刻地认识到人的身心发展具有（　　）。

A. 阶段性　　　　B. 连续性　　　　C. 差异性　　　　D. 顺序性

【答案】C

【解析】此题非常容易混淆，容易误选"阶段性"。因题中已经限定了高一（2）班，说明学生都是在一个阶段，而对于一个班的学生来说，不能"一刀切"倾向的是个体的差异性。教育工作必须从学生的实际出发，因材施教，针对不同的学生，提出不同的具体任务，考虑到个别差异性，区别对待，

不能搞"一刀切"。

【典型真题】在外部条件大致相同的课堂教学中，每个学生学习的需要和动机不同，对教学的态度和行为也各式各样，这反映了（　　）因素对学生身心发展的影响。

A. 遗传素质　　　　　B. 家庭背景　　　　　C. 社会环境　　　　　D. 个体能动性

【答案】D

【解析】在相同的环境影响中，个体表现出来的不同，是个体具有能动性的表现，学习需要和动机即为主观能动性的体现，故本题选D。

【典型真题】尼克·胡哲天生没有四肢，从小就很自卑和孤独。随着他的成长，在老师和父母的指导下，他有了很大的成就。

问题：请结合材料分析影响人身心发展的主要因素及其作用。

【参考答案】

影响人身心发展的因素主要有遗传、环境、学校教育及个体的主观能动性。

（1）遗传素质为人的发展提供了可能性。但遗传素质仅仅为人的发展提供了生理前提，不能决定人的发展。尼克虽然没有手脚，但他的其他身体机能是正常的，这为他能够正常接受教育提供了可能性。

（2）环境包括自然环境和社会环境两个方面。环境为人的发展提供了现实条件，人是在与环境的相互作用中发展起来的，环境为人的发展提供了对象、手段和机会，但环境不能决定人的发展。尼克的家庭环境和学校环境都非常好，这为他能够取得成就提供了现实条件。

（3）学校教育在人的身心发展中起主导与促进作用，因为学校教育具有特殊性，主要表现在：第一，学校教育具有明确的目的性、计划性、组织性和系统性；第二，学校教育由专业教师来施教；第三，学校的基础教育处在人的身心发展的关键年龄阶段。但学校教育在人的发展中也不能起决定作用。

（4）个体的主观能动性是人发展的直接动力，是内因，环境和教育是外因，外因是变化的条件，内因是变化的根据，外因要通过内因起作用，故在教育中要充分调动学生的积极性。

考点 5　教育制度

一、教育制度的概念

广义的教育制度指国民教育制度，是一个国家为实现其国民教育目的，从组织系统上建立起来的一切教育设施和有关规章制度。

狭义的教育制度指学校教育制度，简称学制，是一个国家各级各类学校的总体系，具体规定各级各类学校的性质、任务、目的、入学条件、修业年限以及它们之间的相互关系。

学校教育制度是国民教育制度的核心，体现了一个国家国民教育制度的实质。

二、学校教育制度在形式上的发展

（一）前制度化教育

前制度化教育始于人类早期的原始社会教育，也是一种实体教育。教育实体的形成具有以下特点：

（1）教育主体确定。

（2）教育对象相对稳定，学生出现。

（3）形成系列的文化传播活动。

（4）有相对稳定的活动场所和设施等。

（5）由以上因素结合而形成的独立的教育形态趋于定型。

教会学校是中世纪欧洲最主要的教育机构；中国古代则以私塾、乡学、书院等为主要的教育机构。

（二）制度化教育

近代学校体系的出现，开启了制度化教育的新阶段。严格意义上的学校教育体系在 19 世纪下半叶基本形成。制度化教育主要指的是正规教育，也就是指具有层次结构的、按年龄分级的教育制度，它从初等学校延伸到大学，既包括普通的学术性学习，也包括全日制职业技术训练。

中国近代制度化教育兴起的标志是清朝末年的"废科举、兴学校"，以及所颁布的全国统一的教育宗旨和学制。正规教育主要是指学校教育，包括全日制和半工半读等多种形式。

（三）非制度化教育

非制度化教育是相对制度化教育而言的，改变的不仅仅是教育形式，更重要的是教育理念。非制度化教育提倡的理想是："教育不应再限于学校的围墙之内。"库姆斯等人所主张的非正规教育、伊里奇所主张的非学校化观念都是非制度化教育思潮的代表。提出构建"学习化社会"的理想正是提倡非制度化教育的重要体现。

三、影响学校教育制度建立的因素

（一）生产力发展水平和科学技术发展状况

在原始社会、奴隶社会及封建社会，生产力水平低，自然科学不发达，不可能出现技术和专业学校。到了资本主义时代，随着大工业机器生产的发展，普及义务教育制度的建立，才出现了现代学校体系。

（二）社会政治经济制度

学校教育制度是社会发展到一定历史阶段的产物，反映一定社会的政治经济要求，并为统治阶级利益服务。因此，学校教育制度中的专业设置、入学条件和教育目的等内容必然受到一定社会政治经济制度的制约。

（三）人的身心发展规律

青少年身心发展具有一定的规律，成长经历不同的年龄阶段。每一阶段，各有其年龄特征，在确立学校教育制度时必须适应这种特征。

（四）本国学校教育制度的历史发展和外国学校教育制度的影响

每个国家的学校教育制度都有自己的形成和发展过程。建立学校教育制度时，既要吸收原有学校教育制度中有用的部分，也要参照和吸收外国学校教育制度中有益的经验。

四、欧美现代学制的建立

（一）双轨制

19 世纪，欧洲把学校分为两个互不相同的轨道：一轨是为资产阶级子女设立的，从小学、中学到大学，具有较强的学术性；另一轨是为劳动人民子女设立的，从小学到中等职业学校，是为培养劳动者服务的。两轨之间互不相通、互不衔接。英国是双轨制的典型代表。

（二）单轨制

单轨制是 19 世纪末 20 世纪初在美国形成的一种学制，其特点是所有的学生在同样的学校系统中学习，从小学、中学到大学，各级各类学校相互衔接。相对于双轨制来说，单轨制是历史的一个进步，有利于普及教育，有利于提高国民素质。美国是单轨制的典型代表。

（三）分支制

分支制于 20 世纪上半叶由苏联建立，是一种在初等教育阶段强调共同的基础性教育，到中等教育阶段分职业教育和普通教育两个分支的学制。其特点是上通（高等学校）下达（初等学校）、左右（中等专业学校和中等职业学校）通畅。分支制既有利于教育的普及，又使学术性保持较高水平，但由于课时多、课程复杂及教学计划、大纲和教科书必须统一而使教学不够灵活。

五、我国学制的形成与发展

我国古代的学制，萌芽于西周，如最早设立的庠、序、校；形成于西汉，到唐宋时期较完善。现代学制的建立从清末开始，清政府采取"废科举、兴学堂"的措施，标志着中国现代学制改革的开始。从形态上看，我国现行学制是从单轨制发展而来的分支制，由纵向划分的学校阶段与横向划分的学校系统所构成。

横向划分的学校系统：普通教育、职业教育、成人教育等。

纵向划分的学校阶段：学前教育、初等教育、中等教育、高等教育等。

学制名称	颁布时间	颁布者	特点	地位
壬寅学制（《钦定学堂章程》）	1902 年	清政府	—	首次颁布的第一个现代学制，但只是颁布并没有实行。
癸卯学制（《奏定学堂章程》）	1904 年	清政府	主要承袭了日本的学制，反映了"中学为体，西学为用"的思想。规定男女不许同校，轻视女子教育。	开始实施的第一个近代学制（实行新学制的开端）。
壬子癸丑学制	1912—1913 年	南京临时政府	第一次规定男女同校，废除读经，充实了自然科学的内容，并将学堂改为学校。	我国教育史上第一个具有资产阶级性质的学制。
壬戌学制	1922 年	北洋政府	以美国学制为蓝本，规定小学六年、初中三年、高中三年，又叫新学制或六三三学制。	
《中华人民共和国教育法》	1995 年	全国人民代表大会	以法律形式规定了我国基本教育制度。	
《中共中央、国务院关于深化教育改革，全面推进素质教育的决定》	1999 年	中共中央国务院	第一次明确提出教育目的，提出"两基"目标，即全国基本普及九年义务教育和基本扫除青壮年文盲。	
《2003—2007 年教育振兴行动计划》	2004 年	教育部	继续推进"三教统筹"（普通教育、职业教育、成人教育）和"农科教"结合；努力提高普及九年制义务教育的水平和质量，为2010年全面普及九年制义务教育和全面提高义务教育质量打好基础。	

六、现代教育制度发展趋势

（1）义务教育的范围逐渐扩展，年限不断延长。各国的义务教育年限长短不一，大多在 9 年左右，包括小学和初中教育阶段。随着知识社会的到来，为了提高人才素质，大多数国家义务教育的范围有进一步扩大的趋势。这主要表现在义务教育的一端在逐渐向学前教育方向扩展，而另一端则向初中后教育阶段延伸，加强学前教育并重视与小学教育的衔接，同时延长义务教育年限。

（2）普通教育与职业教育朝着相互渗透的方向发展。

（3）高等教育大众化、普及化。

（4）终身教育体系的建构。

【典型真题】我国制度化学校教育体系包括（　　）。

①幼儿教育②初等教育③中等教育④成人教育⑤高等教育

A. ①②③④　　　　　B. ①②③⑤　　　　　C. ①②④⑤　　　　　D. ②③④⑤

【答案】B

【解析】幼儿、初等、中等、高等教育是学校教育体系的基本内容，故选 B。

【典型真题】通常把一个国家各级分类学校的总体称为（　　）。

A. 国民教育制度　　　　　　　　　　　　B. 学校教育制度

C. 教育管理体制　　　　　　　　　　　　D. 学校教育结构

【答案】B

【解析】狭义的教育制度指学校教育制度，简称学制，是一个国家各级各类学校的总体系，具体规定各级各类学校的性质、任务、要求、入学条件、修业年限及它们之间的相互关系，故选 B。

【典型真题】《国家中长期教育改革和发展规划纲要（2010—2020 年）》提出，我国教育发展的工作方针包括（　　）。

①优先发展②育人为本③改革创新④促进公平⑤提高质量⑥均衡发展和发展规划纲要

A. ①②③⑤　　　　　B. ③④⑤⑥　　　　　C. ①②④⑤⑥　　　　　D. ①②③④⑤

【答案】D

【解析】《国家中长期教育改革和发展规划纲要（2010—2020 年）》提出坚持把教育摆在优先发展的战略地位，把育人作为教育工作的根本要求，把教育改革创新作为教育发展的强大动力，把促进公平作为国家教育的基本教育政策，把提高质量作为教育改革发展的核心。

【典型真题】下列属于学校教育制度内容的是（　　）。

A. 修业年限　　　　B. 教学大纲　　　　C. 课程标准　　　　D. 课程设置

【答案】A

【解析】本题主要考查学校的运行机制。学校教育制度简称学制，是一个国家各级各类学校的总系统，具体规定各级各类学校的性质、任务、要求、入学条件、修业年限及它们之间的相互关系。

【典型真题】"教育主体确定，教育对象稳定，有相对稳定的活动场所和设施，教育形态趋于定型"这些特征的出现标志着学校教育制度进入（　　）。

A. 前制度化教育阶段　　　　　　　　　　B. 制度化教育阶段

C. 非制度化教育阶段　　　　　　　　　　D. 学校萌芽阶段

【答案】A

【解析】该题考查的知识点是教育制度的发展。前制度化教育始于人类早期的原始社会教育，终于定型的形式化教育，即实体教育。教育实体的出现，意味着教育形态已趋于定型。

考点6 教育目的

一、教育目的的概念

教育是有目的地培养人的活动。教育目的可以说是人们对于教育活动的一种设计。教育目的有广义和狭义之分:

广义的教育目的是指人们对受教育者的期望,即人们希望受教育者通过教育,在身心诸方面发生什么样的变化,或者产生怎样的结果。国家和社会的教育机构、学生的家长和亲友、学校的教师等,都对受教育者寄予这样或那样的期望,这些期望都可以理解为广义的教育目的。

狭义的教育目的是指各级各类学校在国家对受教育者培养的总要求的指导下,对人才培养的质量和规格的具体要求。

教育目的是教育的核心问题,是国家对人才培养的总的要求,它规定着人才的质量和规格,对教育工作具有全程性的指导作用。同时,教育目的也是整个教育工作的方向,是一切教育工作的出发点。教育目的的实现也是教育活动的归宿。

> ### 知识拓展 ★
>
> **教育目的与教育方针、培养目标之间的关系**
>
> 1. 教育方针是国家或者政党根据一定社会的政治经济要求,为实现一定时期的教育目的所规定的教育工作的总方向,是制定各项教育政策的基本依据。主要由三部分构成:一是规定教育的性质与服务方向,即"为谁培养人";二是规定教育的目的,即"培养什么样的人";三是实现教育的根本途径是什么,即"怎样培养人"。
>
> 2. 教育目的是教育方针的核心组成部分,教育方针的内涵比教育目的更广泛。
>
> 3. 培养目标指各级各类学校对受教育者的身心发展所提出的具体标准和要求。教育目的是社会对受教育者总的要求,是由不同阶段、不同类型的学校教育来实现的;而培养目标则是教育目的的具体化,是为了更好地促进教育目的的实现。教育目的具有总体性、统一性,培养目标具有具体性、多样性,二者结合构成一个国家的教育目标体系。

二、教育目的的层次结构

教育目的的层次性包括国家的教育目的、各级各类学校的培养目标、课程目标和教师的教学目标。

(一)国家的教育目的

国家的教育目的是国家对人才培养的总的要求,它规定着各级各类教育人才培养的总的质量规格和标准要求。

(二)各级各类学校的培养目标

(1)培养目标是教育目的的具体化,是结合教育目的、社会要求和受教育者的特点制定的各级各类教育的培养要求。

基础教育的培养目标主要是为人的发展奠定德智体各方面的基础;高等教育的培养目标则是培养

各种专门人才。

（2）教育目的与培养目标之间是普遍与特殊的关系。

教育目的是针对所有受教育者提出的，而培养目标是针对特定的教育对象提出的，各级各类学校的教育对象有各自不同的特点，制定培养目标需要考虑各自学校学生的特点。

培养目标必须依据教育目的来制定，不能脱离教育目的，而教育目的又必须通过各专业的培养目标来实现和落实。一个国家的教育目的是唯一的，而培养目标却是多种多样的。

（三）课程目标

课程目标体系包括结果性目标、体验性目标和表现性目标三类。

（四）教师的教学目标

（1）教学目标是教育者在教育教学的过程中，在完成某一阶段（如一节课、一个单元或一个学期）的工作时，希望受教育者达到的要求或产生的预期变化。

（2）教师的教学目标是微观层次的教育目的，是一切教育活动的基础，也是进一步具体化的培养目标，它具有很强的可操作性。

教学目标与教育目的和培养目标之间的关系是具体与抽象的关系。它们彼此相关，但相互不能取代。目的与目标根本不同，目标能测量，但目的不能测量。我们可以把教育目的和培养目标理解为教育意志，它们落实在一系列实现教学目标的行动上。教学目标有次序地渐进和积累，是向教育目的和培养目标接近。

三、教育目的的功能

（一）导向作用

教育政策的制定、教育制度的确立、教育效果的评价，都是以教育目的为依据和前提的。教育目的无论是对教育者还是受教育者，都有目标导向作用。

（二）协调作用

教育目的可保持教育作用的统一性与一贯性，即在不同的时间、地点进行的教育实践，具有师生双边性的教育活动，以及教育中起作用的众因素，要保证在促进受教育者身心发展过程中前后连贯，并协调整合到一个方向上来。

（三）激励作用

教育目的本身包含对学生成长的期望和要求，能够激励学生为实现共同的目标而努力。

（四）评价作用

教育目的是教育活动的出发点和归结点，是检验教育活动是否成功的根本标准。评价学校的办学方向、办学水平和办学效益，检查教育教学工作的质量，评价教师的教学质量和工作效果，检查学生的学习质量和发展程度，都必须以教育目的为根本标准和依据。

四、制定教育目的的基本依据

（1）教育目的的制定受制于特定的政治、经济、文化背景。
（2）教育目的的确定必须要考虑受教育者的身心发展规律。
（3）教育目的要体现人们的教育理想。
（4）教育目的要体现教育活动中个体的价值取向。

五、历史上主要的教育目的理论

教育目的理论	代表人物	观点
神学教育目的论	夸美纽斯、雅克、马里坦和小原国芳等	从宗教、信仰的角度出发论述教育目的，主张教育要回归宗教教育，以培养青年对于上帝的虔诚信仰作为教育的最高目标。
社会本位论	孔子、赫尔巴特、柏拉图、孔德、涂尔干、凯兴斯泰纳、那笃尔普	从社会发展需要出发，社会需要是确定教育目的的唯一依据，最终培养国家的合格公民。 体现国家功利主义，只是简单看到教育对象存在的条件，而教育活动中的主体——教育对象自身的需要没有得到足够的重视。
个人本位论	卢梭、洛克、罗杰斯、福禄贝尔、裴斯泰洛齐等	从人的本性、本能需要出发，使人的本性和本能得到高度的发展。 具有强烈的个人主义色彩，掩盖了自身的阶级属性，看不到人的社会制约性，抽象地谈论人的先天本性。
教育无目的论	杜威	杜威在《民主主义与教育》中指出："教育的过程，在它自身以外没有目的，它就是它自己的目的。"杜威所否定的是教育的一般的、抽象的目的，强调的是教育过程内有的目的，即每一次教育活动的具体目的，并非主张教育完全无目的，而是认为无教育过程之外的"外在"目的。
文化本位观	狄尔泰、斯普朗格	崇尚精神，关注生命价值，即"教育的核心是人格心灵的唤醒"；强调文化，倡导人与精神文化的融合；强调教育的目的围绕文化这个范畴，用文化来统筹教育、社会、人三者之间的关系。
能力本位观		从职业岗位的需要出发，确定能力目标。强调以能力培养为教学的基础，而不是以学历或学术知识体系为基础，重在实际操作，强调严格的科学管理、灵活多样的办学方式。
知识本位论		"知识本位"是一种知识选择方式，指在知识选择上特别重视学科本身的逻辑和结构。知识本位论是一种把教育的知识目的等同于全部教育目的的教育观念。
社会发展需要与人的自身发展的辩证统一论		教育目的的制定要从社会发展需要和人的自身发展需要两方面出发。

六、马克思主义关于人的全面发展学说

马克思主义关于人的全面发展学说认为：人的全面发展就是指人的体力和智力的充分运用和发展，以及个性的全面和自由发展。马克思主义关于人的全面发展学说是确定我国教育目的的理论基础。

（一）人的全面发展的具体内涵

马克思和恩格斯是在以下两个层面上谈论人的全面发展的：

其一，指劳动能力的全面发展。马克思指出：我们把劳动力或劳动能力，理解为人的身体即活的人体中存在的、每当人生产某种使用价值时就运用的体力和智力的总和。因此全面发展的人必须克服由于旧的社会分工造成的智力和体力的分离，避免"某种智力上和身体上的畸形化"。所以，全面发展是指在劳动过程中实现体力和智力的充分运用和发展，实现体力和智力在充分发展基础上的完整结合。

其二，指克服人发展的一切片面性，实现人的个性的真正全面和自由的发展。马克思认为，在共产主义社会的高级阶段，由于社会生产的高度发展，迫使个人奴隶般服从分工的状况已经消失，体力劳动和脑力劳动的差别也已不再存在，社会成员能够自由和全面地发挥他所拥有的各方面的才能。这种人通晓整个生产系统，可以根据社会需要或个人的爱好"轮流从一个生产部门转到另一个生产部

门"。

马克思对于人的个性全面和自由发展的憧憬虽然是指向共产主义阶段的，但是不同历史阶段应当理解为人的个性全面和自由发展的逐步实现的过程。个性全面和自由发展是马克思主义关于人的全面发展学说的灵魂。

（二）人的全面发展的社会历史条件

马克思、恩格斯对全面发展的人和全面发展的教育的所有论述都是建立在对资本主义社会生产和其他社会历史条件的客观分析基础之上的，所以，要对人的全面发展理论有一个正确全面的理解，就不能不看到这一发展的社会历史条件。

首先，社会生产力及其决定的分工状况是人的全面发展的重要前提。

按照马克思的观点，只有机器大工业时代到来，生产的知识含量和生产岗位的流动性增加，人的全面发展才成为社会发展的迫切和客观需求，才具有一定的可能性。而只有当生产力的发展达到消灭一切分工的基础，个人和整个人类的真正的全面发展才会彻底实现。仅仅依靠精神的力量去解除精神上的束缚是徒劳的，必须大力发展社会生产力，进行物质基础的变革，才可能真正实现人的全面发展。

其次，社会关系是人的全面发展的重要条件。

社会关系中最重要的构成部分是生产关系。马克思、恩格斯一方面谈到了机器大工业为人的全面发展创造了可能性，要求资产阶级的学校教育为工人子女提供较为全面的教育；另一方面他们又清楚地洞察到了资本主义生产关系对上层建筑的制约，在与意识形态联系紧密的德育和美育等价值观教育方面，对资产阶级的学校教育不抱任何幻想。正如真正的全面发展要求生产力上的根本变革一样，人的全面发展同样需要社会生产关系和上层建筑的根本变革。

最后，教育是人的全面发展实现的重要途径，教育与生产劳动相结合是实现人的全面发展的唯一途径。

人的全面发展是整个人类全面发展的总趋势和总目标，也是教育活动的总目标。在社会生产发展允许的条件下，教育只是实现人的全面发展的途径之一，但却是最重要的途径。学校教育培养德智体美全面发展的人，不仅是贡献于每一个教育对象个体，也是对整个人类全面发展历史进程的巨大推动。所以，教育活动的改造与物质基础的变革、社会制度的变革一样，都是人的全面发展目标实现的重要条件，而将人的全面发展理论作为制定学校教育的教育目的的指导思想是社会历史发展的必然要求。

七、我国的教育目的

（一）现阶段我国教育目的及精神实质

1999 年 6 月，中共中央、国务院颁布了《关于深化教育改革，全面推进素质教育的决定》，提出教育要"以培养学生创造精神和实践能力为重点，造就'有理想、有道德、有文化、有纪律'的德、智、体、美等全面发展的社会主义事业的建设者和接班人"。该表述体现了时代特点，反映了现阶段我国教育目的的基本精神：

（1）培养社会主义事业的建设者和接班人，坚持思想政治道德素质与科学文化知识能力的统一。

（2）要求学生在德、智、体等方面全面发展，要求坚持脑力劳动与体力劳动两方面的和谐发展。

（3）强调学生个性的发展，培养学生的创造精神和实践能力。

（二）我国教育目的的理论基础

社会主义教育目的的理论依据是马克思关于人的全面发展学说。简言之，人的全面发展就是指人的智力和体力得到充分的运用和发展，同时个性也得到全面和自由的发展。

（三）我国全面发展教育的基本内容

我国全面发展教育的基本内容由德育、智育、体育、美育和劳动技术教育构成。它们相互依存、相互促进、相互制约，构成一个有机整体，共同促进人的全面发展。德育在全面发展教育中起着灵魂与统帅作用，智育在全面发展教育中起着前提和支持作用，体育是全面发展教育的重要物质基础，美育在全面发展教育中起着动力作用，劳动技术教育可以综合德育、智育、体育和美育的作用。

八、素质教育

（一）素质教育的概念

素质教育，就是全面贯彻党的教育方针，以提高国民素质为根本宗旨，以培养学生的创新精神和实践能力为重点，造就有理想、有道德、有文化、有纪律的德智体等全面发展的社会主义建设者和接班人。

（二）全面推进素质教育

"素质教育"的概念是由国家教育委员会于1997年10月29日颁布的《关于当前积极推进中小学实施素质教育的若干意见》中提出的。

素质教育的基本内涵包括：

1. 素质教育以提高国民素质为根本宗旨

科教兴国靠人才，人才的培养靠教育。所以，教育必须以提高国民素质为根本宗旨。教育是人才培养的基础，发展教育对提高国民素质、促进经济和社会发展具有战略性、全局性、先导性的作用。

2. 素质教育是面向全体学生的教育

素质教育倡导人人有受教育的权利，强调在教育中使每个人都得到发展，而不是只注重一部分人的发展，更不是只注重少数人的发展。

（1）素质教育要求普遍提高教育质量，逐步缩小重点学校与非重点学校、城市学校与农村学校、经济发达地区学校与经济落后地区学校的差别，使不同地区、不同学校的儿童都享受平等的教育。

（2）素质教育要求全体适龄儿童都入学接受现代学校教育，防止因各种原因造成的学生流失，更反对以学生智力、成绩、行为不良为借口强迫学生退学，以促进整个民族素质的提高。

（3）素质教育要求普遍提高学生素质，为每一个学生都成为合格的现代公民奠定基础。

因此，素质教育是面向全体学生的教育，也是全面发展与因材施教相统一的教育。

3. 素质教育是促进学生全面发展的教育

社会主义现代化大生产需要全面发展的新人。实施素质教育就是通过德育、智育、体育、美育等的有机结合，实现学生德、智、体、美、劳等方面的全面发展。

4. 素质教育是促进学生个性发展的教育

每个人由于先天禀赋、环境影响、接受教育的内化过程等方面存在诸多差异，会表现出多样的个性。因此，教育在重视人的全面发展以外，也应当促进学生的个性发展。这两者是相互依存、互为表里的关系。

素质教育是立足于人的个性的教育。它在承认人与人之间个性差异的基础上，从差异出发，以人的个性发展为目标，实质上是一种个性发展的教育。

5. 素质教育是以培养学生的创新精神和实践能力为重点的教育

创新能力是一个民族进步的灵魂，是国家兴旺发达的不竭动力。培养具有创新精神和实践能力的新一代人才，是素质教育的时代特征。

创新教育是素质教育的核心，是教育对知识经济向人才培养所提出挑战的回应。

（1）创新能力不仅是一种智力特征，更是一种人格特征，是一种精神状态。

（2）创新精神与创新能力相辅相成。

（3）重视创新能力的培养，也是现代教育与传统教育的根本区别所在。

【典型真题】（　　）是全部教育活动的主题和灵魂，是教育的最高理想。

A. 教育方针　　　　　　B. 教育政策　　　　　　C. 教育目的　　　　　　D. 教育目标

【答案】 C

【解析】 本题考查的知识点为教育目的。教育目的是教育主体对于其达成结果的设定，具体来说就是教育所要培养的人才总的质量标准和规格要求。由于教育目的要解决的是教育要培养什么样的人这样一个根本问题，所以它是整个教育工作的核心，也是教育活动的依据和评判标准。

【典型真题】 辨析题：教育目的和培养目标是同一概念。

【参考答案】 错误。

教育目的是一个国家对其各级各类学校的总体要求，即不论初等、中等、高等教育，还是理、工、农、医、师等，都要按照这个总的要求培养人。而培养目标是根据教育目的制定的某一级或某一类学校或某一个专业人才培养的具体要求，是国家总体教育目的在不同教育阶段或不同类型学校、不同专业的具体化，二者是一般与个别的关系。

【典型真题】 新课程改革提出的课程目标具有三个维度，它们是（　　）。

①知识与技能　②知识与兴趣　③过程与方法　④情感、态度与价值观

A. ①②③　　　　　　　B. ①②④　　　　　　　C. ①③④　　　　　　　D. ②③④

【答案】 C

【解析】 本题考查的为基础教育课程改革知识点。为了实现学生多元化的发展目标，新课程制定了三大课程目标，即知识与技能，过程与方法，情感、态度与价值观。

【典型真题】 我国最早主张"以美育代宗教"的教育家是（　　）。

A. 陶行知　　　　　　　B. 徐特立　　　　　　　C. 杨贤江　　　　　　　D. 蔡元培

【答案】 D

【解析】 本题考查美育的发展。蔡元培是我国近代美育思想的集大成者，提出美育包括家庭美育、学校美育、社会美育三个方面，主张弃宗教代之美育，认为美育是自由的，而宗教是强制的；美育是进步的，而宗教是保守的；美育是普及的，而宗教是有界的。

【典型真题】 辨析题：美育就是指艺术教育。

【参考答案】 错误。

美育是通过现实美和艺术美的形象化形式打动学生情感，使学生在心灵深处受到感染和感化，从而培养学生正确的审美观，使学生具有感受美、鉴赏美、表现美和创造美的能力的教育。而艺术教育是指为提高人们对美的感受和理解，对人的艺术表现力和创造力的培养。艺术教育必须进行相关的技术培训，不能只停留在单纯的艺术知识传播、感受和鉴赏的层面上。

考点7　中学教育科学研究方法

一、教育科学研究的概念

教育科学研究是以教育问题为对象，运用科学的方法，遵循一定的研究程序，搜集、整理和分析有关资料，以发现和总结教育规律的一种实践活动。它由客观事实、科学理论和方法技术三个基本要素构成，具有解释、预测和控制功能。教育科学研究是教育科学自身发展的基本途径。

二、中学教育科学研究的概念与研究对象

中学教育科学研究就是指运用科学的理论和方法，探索中学教育领域的客观规律的活动过程。其

研究对象为中学教育的特点及规律，侧重于应用和发展研究。

三、教育科学研究的步骤

（一）选题

选题是指在教育范畴内有明确而集中的研究领域和任务，能够通过研究加以解决的，具有普遍意义的问题。

选题是研究活动的起点，也是关系到教育研究全局成效的一个重要环节。选题时要考量自身所面临的主客观条件。主观条件是指可以投入研究工作的人力，即研究者的水平与能力；客观条件是指可以投入研究工作的设备、时间、经费、研究对象等。

1. 选题的来源

（1）从教育实践中发现问题。

（2）从过往文献信息中研究问题。

（3）从教育教学发展趋势或突出矛盾中提炼问题。

（4）从有关课题或专业人员发现的问题中寻找问题。

2. 选题的标准

选题最根本的标准是有价值，可明确研究，有理有据且具有鲜明的独特性。

3. 选题筛选原则

（1）实际需要原则。

（2）可能性原则。

（3）科学性原则。

（4）创造性原则。

4. 选题常用方法

选题常用方法有问题筛选、经验提炼、资料查疑、现状分析、意向转化。

5. 好选题的特征

（1）选题开展计划必须具有可行性。

（2）选题研究内容必须具有研究意义。

（3）选题研究内容必须具体明确。

（4）选题研究内容必须具有独创性。

（5）选题研究方法必须具有科学性。

（二）文献检索

文献是指用文字、符号、图像、音频、视频等为存储和传播手段，以各种物理媒介等为载体的关于观点、理论或者事实的重要记载。文献检索是教育科学研究过程的重要组成部分，其思想与方法贯穿于研究的全过程。

1. 文献的类型

（1）基于文献产生时间划分：古代文献、近代文献、现代文献等。

（2）基于文献知识内容划分：中国文献、外国文献、专科文献等。

（3）基于文献记录方式划分：文字文献、声视频文献、代码文献等。

（4）基于文献存储方式划分：手写文献、印刷文献、磁录文献、光学缩微文献等。

（5）基于文献的原始程度或结构层次划分：零次（级）文献、一次（级）文献、二次（级）文献、三次（级）文献。

2. 文献检索的方法

常见的文献检索方法有顺查法、逆查法、引文查找法（跟踪法）和综合查找法。

顺查法是指以课题研究的时间作为检索始点，按由远及近、由旧到新的顺序查找。一般可以查全。查找时可以随时比较、筛选，查出的结果基本上反映事物发展的全貌。此法多用于范围较广泛、项目较复杂、所需文献较系统全面的研究课题以及学术文献的普查。

逆查法是指以课题研究的时间作为检索始点，按由近及远、由新到旧的顺序查找。这种方法多用于新文献的搜集、新课题的研究，不太关注问题发展的历史渊源和全面系统。

引文查找法又称跟踪法，是指以已掌握的文献中所列的引用文献、附录的参考文献作为线索，查找有关主题的文献。这种方法的优点是文献涉及范围比较集中，获取文献资料方便迅速，并可不断扩大线索，在回溯过程中往往会找出有关研究领域中重要的、丰富的原始资料。缺点是易受原作者引用资料的局限性及主观随意性的影响，资料往往比较杂乱。因此，要注意文献的可靠性。

综合查找法是将各种方法结合加以使用以达到检索的目的。综合查找法的优势是检索出来的资料比较齐全，但是筛选资料的工作量比较大。

3. 文献检索的基本要求

（1）真实准确。

（2）全面具体。

（3）注重积累。

（4）反思分析。

（三）制订计划

制订计划是对整个研究过程的规划，通常按照问题分析与解决的思路展开，即问题是什么，研究问题有何意义，如何解决问题，最后验证问题解决是否有效。

（四）分析研究

分析研究的目的是揭示研究现象和事物本质间的规律性联系，说明所获得的研究结论间的规律性联系，说明获得研究结论的深层次原因，以保证研究结论的科学性和可靠性。

（五）总结与撰写研究报告

总结与撰写研究报告是最后一个环节，是对课题研究工作的全面回顾与总结的过程，通过对课题研究成果的收集整理、归纳提炼，进一步深化研究形成的最终成果；是对研究成果的二次开发过程，通过对散见于各个研究阶段的阶段性成果去伪存真、去粗取精，进一步丰富研究内容。

四、教育科学研究的基本方法

（一）观察法

1. 观察法的定义

观察法是人们有目的、有计划地通过感官和辅助仪器，对处于自然状态下的客观事物进行系统的考察，从而获取经验事实的一种科学研究方法。观察法是教育科学研究中广泛使用的最基本的研究方法。观察不限于人眼的观察、耳听手记，还可以用视听工具，如录音机、录像机等。

2. 观察法的分类

（1）自然情景中的观察与实验室中的观察。

根据对观察的环境条件是否进行控制和改变，可将观察分为自然情景中的观察和实验室中的观察。

自然情景中的观察包括自然行为的偶然现象观察和系统现象观察。自然情景中的观察能搜集到客观真实的材料，但材料往往是观察对象的外部行为表现。

实验室中的观察是研究者根据研究目的，在对观察对象的环境条件加以控制或改变的情况下进行的观察。这种观察有严密的计划，有利于探讨事物内在的因果联系。

（2）直接观察与间接观察。

根据观察是否借助仪器设备，可将观察分为直接观察和间接观察。

直接观察是凭借人的感官，在现场直接对观察对象进行的感知和描述，因此直观具体。

间接观察是利用一定的仪器或其他技术手段对观察对象进行考察。间接观察突破了直接观察的局限，扩展了观察的深度和广度。

（3）参与性观察与非参与性观察。

根据观察者是否直接参与到被观察者所从事的活动，可将观察分为参与性观察和非参与性观察。

参与性观察是观察者直接参加到所观察的群体和活动中去，不暴露观察者的真正身份，在参与活动中进行隐蔽性的研究观察。它的好处是不破坏和影响研究对象的原有结构和内部关系，因而能够获得有关深层结构和关系的材料。但由于观察者主观因素的影响，处理不当易影响观察的客观性。

非参与性观察不要求观察者与被观察对象站到同一地位，而是以"旁观者"的身份，既可以采取公开的方式，也可以采取秘密的方式。每当其一种行为发生时，观察者及时进行观察记录。非参与性观察的结论可能比较客观，但易限于表面化，难以获得深层次的材料。

（4）结构式观察与非结构式观察。

按观察实施的方法（是否对观察活动进行严格的控制），可以将观察分为结构式观察和非结构式观察。

结构式观察是有明确的目标、问题和范围，有详细的观察计划、步骤和合理设计的可控制性观察，能获得真实的材料，并能对观察资料进行定量分析和对比研究。该方法适用于对研究对象有较充分了解的情况。

非结构式观察则是对研究问题的范围、目标采取弹性态度，观察内容、项目与观察步骤没有预先确定，亦无具体记录要求的非控制性观察。非结构式观察比较灵活，但获取的材料不系统完整，适用于探索性研究或对观察对象不甚了解的情况。

3．观察法的一般步骤

（1）明确观察目的和内容。根据课题研究的任务和研究对象的特点，确定观察的目标。对于观察中要了解什么情况，搜集哪方面的事实材料，都要作出明确规定。在此基础上，确定观察内容。

（2）按计划进行实际观察。在观察过程中，要按计划进行，必要时也可根据实际情况进行调整。观察时要选择最适宜的位置，集中精力并及时作记录。

（3）及时整理材料。要先对大量分散的材料进行汇总加工，去伪存真，然后对典型材料进行分析，如有遗漏，及时补充，对反映特殊情况的材料另作处理。

（二）调查法

1．调查法的含义

为了达到设想的目的，制订某一计划全面或比较全面地收集教育研究对象某一方面情况的各种材料，并作出分析、综合，得到某一结论的研究方法，就是调查法。调查法的目的可以是全面把握当前的状况，也可以是揭示存在的问题，弄清前因后果，为进一步的研究或决策提供观点和论据。

2．调查法的分类

（1）依据调查对象的选择范围，可分为普遍调查、抽样调查和个案调查。

普遍调查也叫全面调查，是指对某一范围内所有被研究对象进行调查的一种调查方法，如当前学生厌学情绪的情况调查。

抽样调查，是指从被调查对象的全体范围（总体）中抽取一部分单位（样本）进行调查，并以样本特征值推断总体特征值的一种调查方法。

个案调查，是指在对被调查的教育现象或教育对象进行具体分析的基础上，有意识地从其中选择某个教育现象或教育对象进行调查与描述的一种调查方法。

（2）依据调查内容，可分为现状调查、相关调查、发展调查和预测调查。

现状调查，即对某一教育现象或教育对象的现状进行调查，如当前学生厌学情绪的情况调查。这种类型的调查，其时间特征是"现在"或"当前"。

相关调查，主要调查两种或两种以上教育现象的性质和程度，分析与考察它们是否存在相关关系，是否互为变量，目的是寻找某一教育现象的相关因素，以探索解决问题的办法。

发展调查，即对教育现象在一个较长时间内的特征变化进行调查，以找出其前后的变化与差异。

预测调查，主要揭示某一教育现象随时间变化而表现出的特征和规律，从而推断未来某一时期的教育发展趋势与动向。这类调查难度较大，其结果相对来说准确性不是很高。

（3）依据调查的方法和手段，可分为问卷调查、访谈调查、测量调查和调查表法。

问卷调查，又称问题表格法，是以书面提出问题的方式搜集资料的一种调查研究方法。研究者将所要研究的问题编制成问题表格，通过邮寄、当面作答或追踪访问等方式让被试填答，从而了解被试对某一现象或问题的看法和意见。

访谈调查，指研究者通过与研究对象进行面对面交谈，以口头问答的形式搜集资料的一种调查研究方法。

测量调查，指用一组测试题（标准化试题或自编试题）去测定某种教育现象的实际情况，从而搜集数据资料进行量化研究的一种调查研究方法。

调查表法，指通过向相关的调查对象发放研究要求设计好的各种调查表格来搜集有关事实或数据资料的一种调查研究方法。调查表主要用于搜集各种形式的事实资料，尤其偏重于搜集数据资料。

3．调查法的步骤

（1）确定调查的目的，制订调查计划，并采用合适的调查方法和手段进行调查。

（2）通过各种手段搜集材料，按计划进行调查，以保证调查工作有序、准确。

（3）整理分析调查材料，撰写调查报告。

（三）实验法

1．实验法的含义

实验法是按照实验研究目的，合理地控制或创设一定条件，人为地变革研究对象，从而验证研究假设、探讨教育因果关系、揭示教育工作规律的一种研究方法。

2．实验法的分类

（1）根据实验进行的场所，可分为实验室实验和自然实验。

实验室实验指研究者根据研究的需要，在经过专门设计的、人工高度控制的环境中进行的实验。这类实验的优点是能把实验中的各种量严格分离出来，并给予确切的操作与控制，提高研究结论的准确性和可靠性。

自然实验也叫现场实验，是在实际的教育情境中进行的实验。

（2）根据实验的目的，可分为确认性实验、探索性实验和验证性实验。

确认性实验，也叫试探性实验，其目标主要在于借助实验搜集事实材料，确认所研究的对象是否具有研究假说内容的基本特征，并推动教育实践的发展。因研究的问题来自实际，所以具有直接的实践意义。确认性实验强调的是研究的应用价值，在事实基础上概括经验性规律，追求最大限度的有效性。这类实验在现场情境下进行，在研究方法上带有很大的试探性，操作程序不太规范。因此，内在、外在效度均不高。

探索性实验以认识某种教育现象或受教育者个性发展规律为目标，通过揭示与研究对象有关的因果关系及问题的解决，尝试创建某种理论体系，具有较强的创新性。探索性实验主要研究教育理论体系中的根本性问题，有重要的理论意义和实践指导意义。此类实验的实施者以专门研究人员为主。

验证性实验以验证已取得的实验成果为目标，对已经取得的认识成果用再实践的经验来检验，以期修正和完善。这类实验具有明显的重复性，是在不同环境条件下反复进行的，不仅对实验条件有明确分析，而且实验方案具有可操作性，关注实验结果应用的普遍性，追求实验较高的外在效度。

（3）根据同一实验中自变量因素的多少，可分为单因素实验和多因素实验。

单因素实验，也叫单一变量实验，是指同一实验中研究者只操纵一个自变量。由于单因素实验的变量单一、明确，操纵相对比较容易，实验难度相对较小。

多因素实验，也叫组合变量实验，是指在同一实验中需要操纵两个或两个以上的自变量。这类实验要操纵的实验因素较多，实验的过程比较复杂，变量的观测内容也随之增多，因而研究难度较大。

（4）根据实验控制的程度，可分为前实验、准实验和真实验。

前实验是最原始的一种实验类型，它是对任何无关变量都不进行控制的实验。

准实验是指在实验中未按随机原则来选择和分配被试，只把已有的研究对象作为被试，且只对无关变量作尽可能控制的实验。

真实验是指严格按照实验法的科学性要求，随机选择和分配被试，系统地操纵自变量，全面地控制无关变量的实验。

3. 实验法的步骤

（1）决定实验目的、实验方法，制订实验计划，准备实验用具。

（2）在实验过程中，精确而详尽地记录，在各阶段中要作准确的测验。

（3）处理实验结果，考虑各种因素的作用，慎重核对结论，力求排除偶然因素的作用。

4. 实验法的优势与劣势

实验法的优势如下：

（1）能确立因果关系，认识事物的本质和规律。

（2）能对变量进行控制，提高研究的信度，研究结果客观、准确、可靠。

（3）能将实验变量和其他变量的影响分离，有效控制变量，提高研究信度。

（4）严密的逻辑性是其他研究方法难以比拟的。

实验法的劣势如下：

（1）应用范围有限，有些问题难以用实验的方法来解决。

（2）人为造作，会存在主观故意过错或虚假成分。

（四）历史法

1. 历史法的含义

历史法是通过搜集某种教育现象发生、发展和演变的事实，加以系统客观的分析研究，从而揭示其发展规律的一种研究方法。

2. 历史法的步骤

（1）收集资料。

（2）史料的鉴别。

（3）史料的分析。

（五）教育行动研究

1. 教育行动研究的含义

教育行动研究，亦称"教师行动研究"，是指教师在现实教育教学情境中自主进行反思性探索，并以解决工作情境中特定的实际问题为主要目的，强调研究与活动一体化，使教师从工作过程中学习、思考、尝试和解决问题。

2.教育行动研究的实施步骤

（1）确定研究课题：发现教育工作中亟待解决的实际问题，选定研究主题，并对所研究问题的成因进行分析诊断。

（2）拟订研究计划：明确研究的总目标，并围绕总目标设计研究的方法、程序、监控手段等。

（3）实施行动研究：收集资料，拟定并实施有效的教育措施。

（4）进行总结评价：汇集资料，做好观察记录，根据各种信息反馈认真修正行动计划，再实施新一轮行动研究，直至实现研究总目标。

（六）教育叙事研究

教育叙事，即讲有关教育的故事。教育叙事研究是指教育主体通过叙述教育教学过程中的教育故事，体悟教育真谛的一种研究方法。教育叙事研究并非为讲故事而讲故事，而是通过教育叙事展开对现象的思索，对问题的研究，是一个将客观的过程、真实的体验、主观的阐释有机融为一体的教育经验的发现和揭示过程。

（七）教育个案研究

教育个案研究强调对教育环境中的一个个人、一件事物、一个社会团体或一个社区进行深入全面的研究。教育个案研究能够提供对教育问题成因的理解，对经纬万端的错综关系作周全的涵盖，对动态变化之时空情境条件做适当分析。教育个案研究中常用的研究方法有跟踪法、追因法、临床法、产品分析法和教育会诊法等。

【典型真题】有目的、有计划地对事物或现象进行感知以获取资料的研究方法是（　　）。

A.历史法　　　　　B.问卷法　　　　　C.观察法　　　　　D.文献法

【答案】C

【解析】题干中，"对事物或现象进行感知以获取资料"，说的是通过对事物的观察进行的研究，即观察法。

【典型真题】按学生年龄、性别随机抽取调查样本，这种抽样方法属于（　　）。

A.系统抽样　　　　B.分层抽样　　　　C.目的抽样　　　　D.有意抽样

【答案】B

【解析】本题考查的知识点为中学教育科学研究方法。分层抽样指先将总体按某种特征分为若干层次，再从每一层内进行随机抽样，组成一个样本。题中按学生年龄、性别随机抽样，属于分层抽样。

【典型真题】教育研究主体对有意义的教育教学事件的描述与分析体悟，属于（　　）。

A.经验研究法　　　B.调查研究法　　　C.行动研究法　　　D.叙事研究法

【答案】D

【解析】本题主要考查教育科学研究概述。

【典型真题】研究者关注事件，揭示教育现象，采用"课描"的写作手法，以讲故事的方式呈现研究结果。这种教育研究方法被称为（　　）。

A.实验研究　　　　B.调查研究　　　　C.叙事研究　　　　D.行动研究

【答案】C

【解析】本题考查的知识点为中学教育科学研究方法。根据题干的关键点"以讲故事的方式呈现研究结果"可知，此研究方法为叙事研究。

【典型真题】在自然、真实的教育环境中，教育实际工作者按照一定的操作程序，综合运用多种研究方法与技术，以解决教育实际问题为首要目标的研究方法是（ ）。

　　A. 教育实验法　　　　　B. 行动研究法　　　　　C. 教育调查法　　　　　D. 观察法

　　【答案】B

　　【解析】行动研究法是研究者按照一定的操作程序，在自然、真实的教育环境中，综合运用多种研究方法与技术，以解决教育实际问题为首要目标的一种研究方法。

模块二　中学课程

考纲呈现

1. 了解不同课程流派的基本观点，包括学科中心课程论、活动中心课程论、社会中心课程论等；理解课程开发的主要影响因素，包括儿童、社会以及学科特征等。

2. 掌握基本的课程类型及其特征，其中包括分科课程、综合课程、活动课程；必修课程、选修课程；国家课程、地方课程、校本课程；显性课程、隐性课程等。

3. 了解课程目标、课程内容、课程评价等含义和相关理论。

4. 了解我国当前基础教育课程改革的理念、改革目标及基本的实施状况。

复习导引

中学课程知识体系涉及课程的概念、类型、流派、发展以及我国历次的课程改革，学习时需要思考什么是课程、课程如何发展、为什么要进行课程改革，弄清楚课程的来龙去脉，同时将所学的理论知识与目前实际的教育工作结合起来，这样有助于更好地理解理论知识，用理论知识指导与检验实际教育工作。

"中学课程"模块的主要出题方向为单选题、简答题、材料分析题，考生需要掌握课程的定义、类型、特征及基本理论，同时要了解新课程改革的相关理念。

✎ 知识架构图

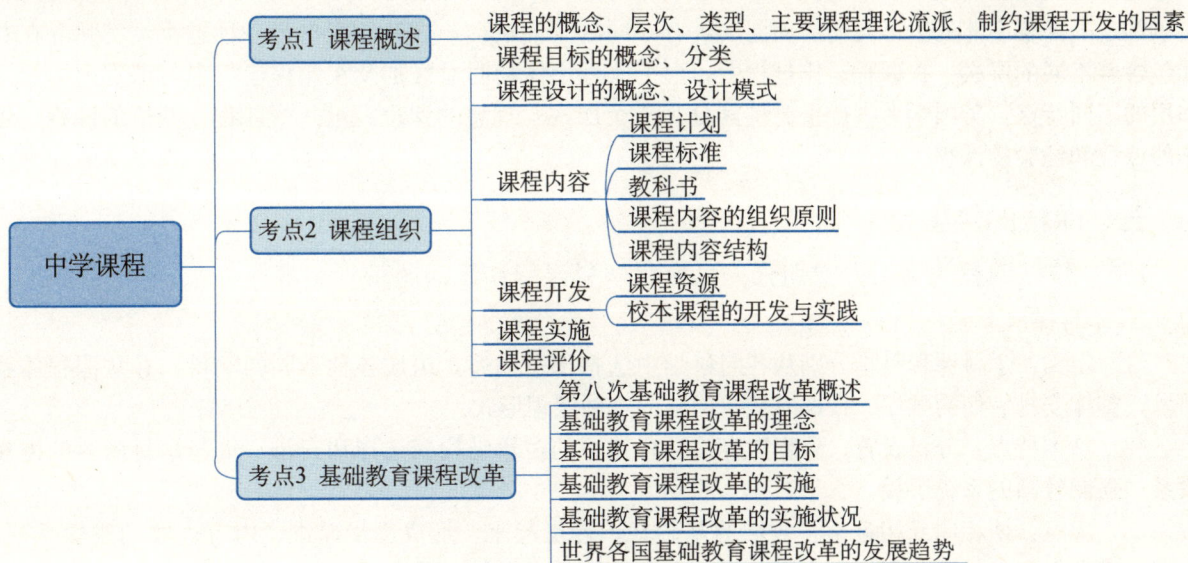

```
                  ┌─ 考点1 课程概述 ──── 课程的概念、层次、类型、主要课程理论流派、制约课程开发的因素
                  │                    课程目标的概念、分类
                  │                    课程设计的概念、设计模式
                  │                              ┌─ 课程计划
                  │                              │  课程标准
                  │                    课程内容 ─┤  教科书
中学课程 ─────────┼─ 考点2 课程组织        │  课程内容的组织原则
                  │                              └─ 课程内容结构
                  │                    课程开发 ─┬─ 课程资源
                  │                              └─ 校本课程的开发与实践
                  │                    课程实施
                  │                    课程评价
                  │                              第八次基础教育课程改革概述
                  │                              基础教育课程改革的理念
                  └─ 考点3 基础教育课程改革    基础教育课程改革的目标
                                                基础教育课程改革的实施
                                                基础教育课程改革的实施状况
                                                世界各国基础教育课程改革的发展趋势
```

考点 1 课程概述

一、课程的概念

　　课程本质是课程理论中的重要问题。目前国内外较有代表性的观点主要有三种：课程是知识，课程是活动，课程是经验。"课程是知识"的观点在教育近代化过程中起过进步作用，但过于强调知识的完整系统，经常凌驾于学习者之上而忽视学习者的需要和发展。"课程是活动"的观点源于活动学说，强调课程是学习者自主活动的总和，突出了学习者是课程主体，但容易与哲学和心理学的研究混淆。"课程是经验"的观点具有较强的理论和实践意义，不仅可以包容用知识定义课程时所含的全部内容，更重要的是能够将学习者主动获取的过程也包括进去。将课程本质的定义从知识转换为经验，是对于课程认识的进步。

　　课程有广义和狭义之分。广义的课程是指实现学校教育目的而规定的教育内容的总和，包括教学科目和有目的、有计划、有组织的课外活动；狭义的课程则指某一门具体的学科。

　　我们所研究的课程是广义的，是某一类学校中所要进行的德、智、体全部教育内容的总和，不仅包括各门学科、课内教学，也包括课外活动、家庭作业和社会实践活动；课程兼有计划、途径、标准的含义，不仅规定了各门学科的目的、内容及要求，而且规定了各门学科设置的程序、课时分配、学制编制、周学时安排。

二、课程的层次

　　课程既是一种非常复杂的复合体，也是一种由多种主体所参与的进程。课程主体大致通过决策和运行两个维度，对课程的产生和存在发挥一定意义上的决定作用，从而导致课程实际上存在不同的层次。

（一）决策层次

　　决策层次是指由处于不同权力层面的主体进行决策而确定的课程所形成的课程层次结构，一般分为国家课程、地方课程和学校课程。它是课程管理体制的结果，是不同权力主体存在和运作的产物。

（二）运行层次

运行层次是指由处于不同层面的课程主体分别研制、操作和运行的课程所形成的课程层次结构。由于客观上课程主体处于不同的活动层次，有不同的意向活动，导致课程作为一种进程，实际存在着和包含着不同的层次。在课程运作过程中，由于课程主体的明显区别及在课程运行中与课程内容相互作用的不同特点，美国学者古德来德将其分为五个层次：理想的课程、正式的课程、领悟的课程、运作的课程和经验的课程。

三、课程的类型

（一）依据课程的组织方式划分，可分为学科课程和活动课程

1. 学科课程

（1）定义：学科课程是指分别从各门科学中选择部分内容，组成各种不同的学科，并从课程体系出发，整体安排它们的顺序、授课时数及期限的一种课程形式。

（2）基本特点：分科设置；课程内容按学科知识的逻辑结构来选择和安排，重视学科内容的内在联系；强调教师的系统讲授。

（3）优点：使相同或相近学科领域的基础知识连贯起来，形成逐步递进、内容连续的逻辑系列，有利于人类文化的传递；所授知识、技能具有完整性、系统性和严密性；便于教师教学和发挥教师的主导作用。

（4）局限：课程内容往往与学生的生活实际相脱离；在教学中容易忽视学生的兴趣及学生全面发展的价值；可能会压抑学生在教学过程中的主动性和积极性。

2. 活动课程

（1）定义：活动课程是指从儿童的兴趣和需要出发，以儿童的经验为基础，由各种不同形式的一系列活动组成的课程。

（2）基本特点：强调学生的自主性和主动性；强调通过学生自己的实践活动获得直接经验；强调训练学生的综合能力及个性养成。

（3）局限：课程内容及安排往往没有严格的计划，不易使学生获得系统、全面的科学知识和技能。

（二）依据课程内容的综合程度划分，可分为综合课程和分科课程

1. 综合课程

综合课程是与分科课程相对应的一类课程，它打破传统的从一门科学中选取特定内容构成课程的做法，根据一定的目的，从相邻相近的几门科学中选取内容并将这些内容相互融合，构成课程。根据综合课程的综合程度及发展轨迹，可分为以下几类：

一是相关课程，就是在保留原来学科独立性的基础上，寻找两个或多个学科之间的共同点，使这些学科的教学顺序能够相互照应、相互联系、穿插进行。

二是融合课程，也称合科课程，就是把部分科目统合兼并于范围较广的新科目。

三是广域课程，就是合并数门相邻学科的教学内容而形成的综合性课程。

四是核心课程，又被称为问题中心课程，即围绕一些重大的社会问题组织教学内容，社会问题就像包裹在教学内容里的果核一样。

前三种课程都是在学科领域的基础上进行的知识综合的课程形式，它们打破了原有的学科界限，是旧的学科课程的改进和扩展；而核心课程则是以解决实际问题的逻辑顺序为主线来组织教学内容的。

综合课程的优点：增强学科间的横向联系，避免完整的知识被人为割裂；符合学生认识世界的特点，有利于学生整体把握客观世界；有利于学生综合地、整体地发现问题、分析问题和解决问题，从

而形成正确的世界观和价值观；有利于解决有限的学习时间与人类科学技术飞速发展的矛盾；能够在一定程度上压缩课时，使学校能够在较短的时间里安排学生学习更多的知识。

2. 分科课程

分科课程是围绕人类基本活动来确定中心学习内容的一种课程。

分科课程的优点：能够较好地兼顾学生发展和社会的需要；增强学科间的联系；有利于照顾学生的兴趣、需要及认知特点。

（三）依据课程的呈现方式或影响学生的方式划分，可分为显性课程和隐性课程

1. 显性课程

显性课程，也称显在课程、正规课程、官方课程，是指为实现一定的教育目标而正式列入学校教学计划的各门学科以及有目的、有组织的课外活动。显性课程的主要特征之一就是计划性，计划性是区分正规课程与非正规课程的主要标志。

2. 隐性课程

隐性课程，也称潜课程、潜在课程、隐蔽课程，即学生在学校情境中无意识地获得经验、价值观、理想等意识形态内容和文化影响。简言之，隐性课程是学校情境中以间接的、内隐的方式呈现的课程，如校风、学风、师生关系。隐性课程具有非预期性、潜在性、多样性、不易觉察性等特点。隐性课程具体包括物质形式的潜在课程、精神形式的潜在课程和制度形式的潜在课程等。

（四）依据课程的自主程度划分，可分为必修课和选修课

1. 必修课

必修课是指学校中学生要修习的课程。必修课分为国家必修课、地方必修课和学校必修课。

2. 选修课

选修课主要指在学校中学习的学生可以有选择地修习的课程。选修课充分体现了课程结构的选择性特征，可以扩大学生的知识面，同时还可以满足学生的兴趣爱好，发展他们某一方面的才能。

选修课可分为限制性选修课与非限制性选修课。限制性选修课也称指定选修课，指学生必须在某一学科门类的领域或一组课程中选修；非限制性选修课也称任意选修课，不受上述规定的限制。为了适应个别差异，因材施教，发挥专长，学生修习的选修课在专业教学计划中应占一定比例，但也不应过多，以免影响培养专门人才的基本规格。

（五）依据课程设计、开发和管理主体划分，可分为国家课程、地方课程和校本课程

1. 国家课程

国家课程是国家教育部门规定的统一课程，它体现了国家意志，反映了国家教育标准，是专门为未来公民接受基础教育后所要达到的共同素质而设计的课程。国家课程根据不同教育阶段的性质与培养目标，制定各科目课程标准，编写教科书。它是基础教育课程框架的主体部分，对基础教育的质量起着决定性作用。

2. 地方课程

地方课程是在国家规定的各个教育阶段的课程计划内，由省一级教育行政部门或所授权的教育部门依据当地政治、经济、文化的发展状况及对学生发展的要求，充分利用地方课程资源而设计的课程。地方课程可以克服国家课程单一，很难全面顾及不同地区教育需求的弊端，是对国家课程的补充。地方课程也是学生了解社会，接触社会，关注社会，学会对社会负责，增强社会责任感的有效途径。

3. 校本课程

校本课程是以学校为基地，以国家及地方制定的课程纲要基本精神为指导，以满足学生需要和体现学校办学理念、特色为目的，在具体实施国家课程和地方课程的前提下，由学校成员自愿、自主、独立

或与校外团体、个人合作，利用校内外现有条件和可挖掘的资源而研制的多样性的可供学生选择的课程。

校本课程是国家课程计划不可缺少的组成部分，它充分尊重和满足学校师生的独特性和差异性，特别是能更好地满足学生在国家课程和地方课程中难以被满足的那部分发展需要，对促进学生最大限度的发展起着不可替代的作用；能更好地满足教师的职业理想、专业发展、教学风格的多种需要，为教师提高素质提供了机会；能更好地满足学校整体发展、凸显特色、弘扬个性的需要，让学校充分利用本校、本社区的教育资源，充分发展学生潜能，全面实现课程的社会职能。

（六）依据课程任务划分，可分为基础型课程、拓展型课程和研究型课程

1. 基础型课程

基础型课程强调促进学生基本素质的形成和发展，体现国家对公民素质的最基本要求。基础型课程由各学习领域体现共同基础要求的学科课程组成，是全体学生必修的课程。

2. 拓展型课程

拓展型课程以培育学生的主体意识、完善学生的认知结构、提高学生自我规划和自主选择能力为宗旨，着眼于培养、激发和发展学生的兴趣爱好，开发学生的潜能，促进学生个性的发展和学校办学特色的形成，是一种体现不同基础要求、具有一定开放性的课程。

拓展型课程由限定拓展课程和自主拓展课程组成。限定拓展课程主要由综合实践学习领域的学校文化活动与班团队活动、自我服务与公益劳动、社区服务与社会实践等各类活动，以及国家规定的各类专题教育组成，是全体学生限定选择修习的课程。自主拓展课程主要由基础型课程延伸的学科课程内容和满足学生个性发展需要的其他学习活动组成，是学生自主选择修习的课程。

3. 研究型课程

研究型课程是学生运用研究性学习方式，发现和提出问题，探究和解决问题，培养学生自主与创新精神、研究与实践能力、合作与发展意识的课程，是全体学生限定选择修习的课程。其内容可以从学生的兴趣与生活经验出发，也可以从学科出发，实施时可以采用主题探究活动、课题研究、项目设计等形式。研究型课程在九年义务教育阶段称为探究型课程。

知识小结　考查形式：单选题

课程任务	基础	三基：读写算
	拓展	开阔视野，发展特殊能力
	研究	探究的态度
组织方式	学科	从各门科学中选择部分内容，分门别类地组织
	活动	从儿童的兴趣和需要出发，以活动为中心组织
综合程度	分科	从不同门类的学科中选取知识
	综合	组合两个或两个以上的学科
自主程度	必修	所有学生都必须学习的科目
	选修	为发展学生的兴趣、爱好和个性特长而开设的课程
呈现方式	显性	以直接、明显的方式呈现的课程
	隐性	以间接的、内隐的方式呈现的课程
设计、开发和管理主体	国家	由国家统一组织开发，体现国家意志
	地方	地方自主开发，体现地方特色
	校本	学校根据本校实际自主开发，体现学校办学宗旨

四、主要课程理论流派

课程理论流派	代表人物	主要观点	评价
活动中心课程论	杜威 克伯屈	1. 课程应以儿童的活动为中心。课程必须与儿童的生活相沟通，应该以儿童为出发点，以儿童为中心和目的。 2. 课程的组织应心理学化，应考虑到心理发展的次序以利用儿童现有的经验和能力。	优点：以学生的活动为中心，有利于调动学生的兴趣，培养社会实践能力。 缺点：过分强调学生的兴趣，课程设置缺乏系统性。
学科中心课程论（又称知识中心课程理论）	斯宾塞 赫尔巴特 布鲁纳	学科中心课程论堪称最古老、影响范围最广的课程理论。从早期斯宾塞的实质主义课程理论、赫尔巴特的主知主义课程理论，到20世纪上叶和中叶要素主义和永恒主义课程理论、布鲁纳的学科结构课程理论，基本上都是立足学科知识本位来阐释课程。	优点：有利于学生掌握系统的科学文化知识，继承优秀的人类文化遗产。 缺点：容易使各门知识发生断裂现象，加重学生的学习负担，忽视学生的兴趣，理论和实践相脱离。
社会中心课程论	布拉梅尔德 金蒂斯 布迪厄	教育的根本价值是社会发展，学校应致力于社会的改造而不是个人的发展。 1. 主张学生尽可能地参与到社会中去。 2. 以广泛的社会问题为中心。	优点：重视课程与社会的联系，有利于为社会需要服务。 缺点：缺乏系统的知识学习，夸大了教育的作用。

五、制约课程开发的因素

课程要反映一定社会的政治、经济的要求，受一定社会生产力和科学文化发展水平及受教育者身心发展规律和特点的制约。因此，社会、知识、学生、课程理论便构成制约课程开发的四大因素。

（一）社会因素

社会对课程的制约是从社会条件和社会要求两方面来发挥作用的。其中，生产力的发展水平、政治制度、经济制度、教育制度、教育目的和具体的学校培养目标对学校课程既提出了发展的条件，又提出了发展的要求，它们对课程的发展起着决定性作用。我们要根据社会所能提供的办学条件，根据社会对各种人才的需求，设计出适应广泛需求的多层次、多类型的课程方案，改革现有课程，使课程与社会同步发展。

（二）知识因素

知识是人类在社会实践过程中认识自然、社会和人的精神产物，是现实世界各种事物的本质和规律的反映，包括自然科学知识、社会科学知识和人文科学知识。课程与知识的关系十分密切，学校课程正是因人类传播知识的需要而产生的，人类积累的知识宝库是学校课程取之不尽的源泉。

（三）学生因素

制约课程的学生因素，包括学生的需要和条件，其中，学生的兴趣、爱好、接受能力和原有的知识能力基础，是影响课程发展的重要因素。课程一方面要受学生身心发展阶段（即年龄特征）的制约，另一方面要受学生心理发展水平个性差异的制约。前者要求我们依据学生不同年龄阶段的认知特点，变知识的科学体系为学科体系，按照循序渐进的原则，设计各级学校的课程和教材；后者要求我们根据不同条件、不同个性学生的兴趣和需要，设计多种多样的课程学习计划，编写多套教科书。

（四）课程理论

课程有自身的独立性，建立在不同教育哲学理论上的课程论及课程的历史传统深刻影响着课程的目标、内容、开发、实施与评价等。

【典型真题】主张课程内容的组织以儿童活动为中心，提倡"从做中学"的课程理论是（　　）。

A. 学科课程论　　　　　B. 活动课程论　　　　　C. 社会课程论　　　　　D. 要素课程论

【答案】B

【解析】活动课程论主张编制课程应与学生的生活经验发展顺序一致，使学生掌握解决实际问题的知识，以活动为中心。代表人物是美国实用主义教育家杜威，他提倡学生"从做中学"。

【典型真题】目前我国普通高中设置的主要课程是（　　）。

A. 分科课程　　　　　B. 综合课程　　　　　C. 活动课程　　　　　D. 探究课程

【答案】A

【解析】本题考查我国新课改的课程结构设置，目前我国普通高中课程实施的主要类型是分科课程。

【典型真题】在中学阶段开设的语文、数学、物理、化学等课程属于（　　）。

A. 学科课程　　　　　B. 综合课程　　　　　C. 活动课程　　　　　D. 社会课程

【答案】A

【解析】学科课程是从相应科学领域中选择部分内容，分门别类地组织起来的课程体系。在中学阶段开设的语文、数学、物理、化学等课程属于学科课程。

【典型真题】主张课程的内容和组织应以儿童的兴趣或需要为基础，鼓励儿童"从做中学"，通过手脑并用以获得直接经验，这反映的课程类型是（　　）。

A. 学科课程　　　　　B. 活动课程　　　　　C. 分科课程　　　　　D. 综合课程

【答案】B

【解析】活动课程提倡打破学科逻辑组织的界限，从儿童的兴趣和需要出发，以儿童的主体性活动经验为中心组织课程。其代表人物杜威提出了"从做中学"的著名论断。

【典型真题】简答题：简述必修课及其特征。

【参考答案】

根据课程的自主程度，可以将课程分为必修课程和选修课程两种类型。

必修课程是某一教育系统或教育机构规定学生必须学习的课程种类。在我国基础教育领域，主要是指同一年级的所有学生都必须修习的公共课程，是为了保证所有学生的基本学历而开发的课程。必修课程还可分为国家规定必修课程、地方规定必修课程和学校规定必修课程等。其主导价值在于培养和发展学生的共性。必修课程的根本特征是强制性，它是社会或机构权威在课程中的体现，具有多方面的功能。

考点2　课程组织

一、课程目标

（一）课程目标的概念

广义的课程目标定位于教育与社会的关系，是一个比较大的视角，涵盖面是全层次的。它就是教育意图，包含了"教育方针""教育目的""培养目标""课程教学目的""教学目标"。

狭义的课程目标定位于教育内部的教育与学生的关系，是一个相对狭窄且具体化的视角，它的涵盖面是特定的，不包含"教育方针"，只包含"教育目的""培养目标""课程教学目的""教学目标"。

（二）课程目标的分类

依据美国课程专家舒伯特的观点，课程目标主要有四种取向：普遍性目标取向、行为性目标取向、生成性目标取向和表现性目标取向，由此可将课程目标分为以下四类。

1. 普遍性目标

普遍性目标是指根据一定的哲学或伦理观、意识形态、社会政治需要，对课程提出的总括性和原则性规范与指导目标，一般表现为对课程有较大影响的教育宗旨或教育目的。它对各门学科都有普遍的指导价值。

我国古代的《大学》提出的"格物、致知、诚意、正心、修身、齐家、治国、平天下"以及"大学之道，在明明德，在亲民，在止于至善"的教育宗旨，即为典型的普遍性目标取向。在古代西方，采用普遍性目标取向的也大有人在，如柏拉图提出培养"哲学王"（理想国的统治者），视"有德行的生活"为教育的终极目的，亚里士多德认为教育的终极目的是"幸福"，他们为教育实践所设置的科目就直接指向"有德行的生活"和"幸福"；洛克提出"绅士教育"，要培养社会契约的履行者；斯宾塞提出教育为完满生活做准备等。

2. 行为性目标

行为性目标指明了课程结束后学生自身所发生的行为变化。它的基本特点是：目标精确、具体和可操作。如高中生物要求能够简述核酸的结构和功能并说出水和无机盐的作用等。行为性目标取向克服了普遍性目标取向模糊性的缺陷，对于基础知识和基本技能的掌握，保证一些相对简单的课程目标的达成，是有益的。

美国的博比特在《课程》一书中首先将行为目标作为课程编制的目标。泰勒在《课程与教学的基本原理》中将课程与教学目标概括为"行为"和"内容"。布鲁姆在其《教育目标分类学》中将教学目标分为认知领域、情感领域和动作技能领域，从而将"行为目标"发展到了一个新阶段。

3. 生成性目标

生成性目标又称"形成性目标""生长性目标""展开性目标"，它是在教育情境中随着教育过程的展开而自然生成的课程目标。如果说行为性目标关注的是结果，那么，生成性目标注重的是过程，它强调教师根据课堂教学的实际进展情况提出相应的目标。

4. 表现性目标

表现性目标是指每一个学生在具体的教育情境中的个性化表现，它追求的是学生反应的多元性，而不是反应的同质性。表现性目标关注的是学生在活动中表现出来的某种程度上首创性的反应形式，而不是事先规定的结果。一般来讲，它只为学生提供活动的领域，而结果则是开放的。因此，表现性目标的特点是个性化、开放性。

二、课程设计

（一）课程设计的概念

狭义的课程设计是指制定某个课程的具体过程，广义的课程设计几乎涉及所有形式的课程变化。总的来说，课程设计是一个有目的、有计划、有结构地产生课程计划、课程标准以及教材等的系统化的活动。

（二）课程设计模式

1. 目标模式

（1）目标模式的产生。

目标模式又被称为经典模式或传统模式，是 20 世纪初开始的课程开发科学化运动的产物。它是以实用主义哲学与行为主义心理学为指导思想，把目标作为课程开发的基础和核心，围绕目标的确定、实现、评价而进行的课程开发模式。其代表人物是美国的博比特、查特斯和泰勒。

（2）目标模式的原理。

泰勒在《课程与教学的基本原理》一书中提出了课程开发的4个基本问题：

1）学校应该达到哪些教育目标（确定教育目标）；

2）学校应该提供哪些教育经验才能达到这些目标（选择学习经验，从已发生的事件中获取知识）；

3）如何有效地组织学习经验（组织学习经验）；

4）如何确定这些目标正在得到实现（评价教育计划）。

这4个基本问题后来被人们称为"泰勒原理"，进而提出了课程编制的四个基本步骤：1）确定（教育）目标；2）选择（学习）经验；3）组织（学习）经验；4）评价（学习）经验。

2. 过程模式

过程模式针对目标模式过分强调预期行为结果（即重视"目标"而忽视"过程"）的缺陷，认为：课程开发应从那些具有价值的知识中挑选出能够体现这些知识的内容，它能够代表这种知识当中最重要的过程、最关键的概念和知识中固有的标准；它不预先制定目标，而以过程或程序为核心；学生所取得的最终结果不是按照行为实现确定的，而是在事后借助那些建立在知识形式中的标准来加以评价。其代表人物是英国课程理论家斯腾豪斯。

过程模式的主张：课程开发的过程是一个开放的过程；强调教育过程本身的价值；主张按学生的需要，相对灵活地选择和组织内容。

三、课程内容

（一）课程计划

课程计划是根据一定的教育目的和培养目标，由教育行政部门制定的有关学校教育和教学工作的指导性文件。它具体规定了教学科目的设置（课程设置）、学科顺序（课程开设顺序）、课时分配（教学时数）、学年编制和学周安排。其中，开设哪些科目（课程设置）是课程计划的中心和首要问题。

（二）课程标准

1. 课程标准的概念

课程标准是规定某一学科的课程性质、课程目标、内容目标、实施建议的教学指导性文件。课程标准与教学大纲相比，在课程的基本理念、课程目标、课程实施建议等部分更详细、明确，特别是提出了面向全体学生的学习基本要求，是编写教科书和教师进行教学的直接依据，也是衡量各科教学质量的重要标准。

2. 课程标准的结构

（1）前言。阐述课程改革的背景、课程性质、基本理念与课程标准的设计思路等。

（2）课程目标。按照国家的教育方针以及素质教育的要求，从"三维目标"方面阐述本门课程的总体目标与学段目标。

（3）课程内容。根据上述课程目标，结合具体的课程内容，用尽可能清晰的行为动词阐述目标。

（4）实施建议。主要包括教与学的建议、评价建议、课程资源的开发与利用建议等。

（三）教科书

教科书是根据学科课程标准系统阐述学科内容的教学用书，它是知识授受活动的主要信息媒介，是课程标准的进一步展开和具体化。教科书是学生在学校获得系统知识、进行学习的主要材料；是教师进行教学的主要依据，为教师备课、上课、布置作业、对学生学习情况进行检查评定提供了基本材料。

教科书编写应遵循的基本原则与要求如下：

（1）教科书内容的科学性与思想性统一。

（2）教科书内容的基础性与适用性统一。

（3）教科书知识的内在逻辑与教学法要求统一。

（4）教科书的理论与实践统一。

（5）教科书的编排形式要有利于学生的学习。

（6）注意与其他学科的纵向和横向联系。

（四）课程内容的组织原则

1. 连续性原则

连续性是指课程内容的"广度"范围之内的水平组织，是指直线式地陈述主要的课程要素。

2. 顺序性原则

顺序性是指将课程内容、学习经验及学习材料组织成某种联结的次序。顺序性与连续性有关，但又超越连续性，是课程内容"深度"范围之内的垂直组织规则，使学习的机会建立在前一个学习经验或者课程内容之上，但要对同一课程要素做更深、更广、更复杂的处理。

3. 整合性原则

整合性是指在课程当中各种不同的课程内容之间建立适当的联系，以整合由于分割所造成的知识支离破碎的状态，从而达到最大的学习累积效果。

（五）课程内容结构

课程内容结构即课程内容的组织形式。课程内容的呈现主要表现在三个维度，即纵向结构与横向结构、逻辑结构与心理结构和直线式结构与螺旋式结构。

1. 纵向结构与横向结构

纵向结构又称序列结构，是指将课程内容的各种要素按照一定准则以先后发展顺序排列，保持其整体的连贯性。在课程史上，夸美纽斯的"务使先学的为后学的扫清道路"的要求与《学记》中的"不陵节而施"都是强调按先后顺序，由简至繁地组织课程内容。强调学习内容从已知到未知、从具体到抽象是一些课程论学者的一贯主张。

横向结构是指打破学科的界限和传统的知识体系，将各种课程与教学内容要素按照横向关系组织起来，以便学习者能够更好地探索社会和个人最关心的问题。横向结构主要存在以下问题：

（1）任课老师难以精通和熟悉各科内容。

（2）学校现有条件跟不上。

（3）学生难以应付目前通行的考试方式。

2. 逻辑结构与心理结构

课程内容是按逻辑结构还是按心理结构来组织，在教育史上的争论从未停止过，成为"传统教育"与"现代教育"最大的分歧。逻辑结构是指根据学科本身的系统和内在的联系来组织课程与教学内容，强调学科本身的逻辑顺序。心理结构是指按照学生心理发展的特点来组织课程内容，强调依据学生认知规律以及他们的兴趣、需要和能力安排课程内容。

随着对课程内容研究的逐步深入，越来越多的人倾向于学科逻辑顺序与学生心理顺序的统一。因为社会职业的专业性和系统性要求其对应的知识体系具备基本的逻辑性，而这种逻辑性体现了客观事物发展的内在联系，在知识结构上表现为学科体系。按照应有的逻辑结构（学科体系）来呈现课程内容，可以使学习者了解自然界和人类社会的发展过程。事实上，每门学科各部分内容之间都有其内在的逻辑关系，某一部分内容总是既以另一部分内容为基础，同时又作为其他部分内容之基础。

在课程内容中遵循逻辑顺序与心理顺序相结合的原则应注意以下几点：

（1）年级越低越适合心理组织，年级越高越适合学科的逻辑组织。

（2）学习的内容由易到难，逐渐导入富有意义的课程内容。

（3）先概述通论，再演绎分论，最后加以归纳总结。

3.直线式结构与螺旋式结构

直线式就是把一门课程的内容组织成一条在逻辑上前后联系的直线，前后内容基本上不重复。螺旋式（或称圆周式）是指用某一学科知识结构的"概念结构"配合学生的"认知结构"，以促进学生认知能力的发展。

在当代课程内容的编排中，直线式与螺旋式结构仍以不同的形式表现出来。这两种方式各有优缺点，分别适用于不同性质的学科和不同阶段的学习者。对于理论性较强、不易理解和掌握的内容，以及对低年级的儿童来说，螺旋式较适合；对于理论性和可操作性较强的内容，则直线式较适合。其实，即使在同一课程的内容体系中，直线式和螺旋式都是必不可少的。

四、课程开发

（一）课程资源

1.课程资源的概念

广义的课程资源指有利于实现课程目标的各种因素，包含形成课程的直接要素来源（即素材性课程资源，如知识、技能、情感态度）和实施课程的必要而直接的条件（即条件性课程资源，如人、财、物、时间、地点等）。狭义的课程资源仅指形成课程的直接要素来源。

2.课程资源的分类

（1）根据空间分布，课程资源可分为校内课程资源和校外课程资源。

（2）根据性质，课程资源可分为自然课程资源和社会课程资源。

（3）根据物理特性和呈现方式，课程资源可分为文字资源、实物资源、活动资源和信息化资源。

（4）根据存在形式，课程资源可以分为显性课程资源和隐性课程资源。

（5）根据功能特点，课程资源可以分为素材性课程资源和条件性课程资源。

（6）根据课程范式，课程资源可以分为教授化课程资源和学习化课程资源。

3.课程资源的开发与利用

（1）课程资源开发与利用的基本理念。

1）教材是最基本的课程资源；

2）教师是最重要的课程资源；

3）教学过程是师生运用课程资源共同建构知识和人生的过程。

（2）课程资源开发与利用的基本原则。

1）优先性原则。

精选对学生终身发展具有决定意义的素材性课程资源，优先运用。比如，学校教育要筛选出重点内容并优先运用于课程，帮助学生学会参与社会生活的各种本领，综合了解有效参与社会生活所应具备的知识、技能和素质以及社会为个人施展才能所提供的各种机会。

2）适应性原则。

课程资源的开发与利用不仅要考虑普通学生的共性情况，也要考虑特定学生的具体特殊情况。如果要为特定教育对象确定恰当的目标，那么仅仅考虑他们已经学过的内容还不够，还需要考虑他们现有的知识、技能和素质以及能够提供的条件性课程资源背景。

3）经济性原则。

课程资源的开发与利用应尽可能用最少的开支与精力，达到最理想的效果。

（3）课程资源开发的途径。

1）关注学生的兴趣类型、活动方式和手段，确定学生的现有发展基础及相应的教学材料。

2）关注生活，在生活中寻找资源，尤其注重了解社区资源。

3）充分利用校内资源进行课程资源的开发。

4）关注最新科技动态，注重与现代科学发展的联系。

（二）校本课程的开发与实践

校本课程是以学校教师为主体，在具体实施国家课程和地方课程的前提下，通过对本校学生的需求进行科学的评估，充分利用当地社区和学校的课程资源，根据学校的办学思想而开发的多样性的、可供学生选择的课程。校本课程强调以学校为主体和基地，充分尊重和满足学校师生的独特性和差异性，使学生在国家课程和地方课程中难以被满足的那部分发展需要得到更好的满足。校本课程是我国三级课程管理体制中的一个组成部分，是中小学新课程计划中不可缺少的一部分。我国的校本课程是在学校本土生成的，既能体现各校的办学宗旨、学生的特别需要和本校的资源优势，又与国家课程、地方课程紧密结合。

五、课程实施

（一）课程实施的概念

课程实施就是将已经编定好的课程付诸实践的过程，它是达到预期的课程目标的基本途径。一般来说，课程设计得越好，实施起来越容易，效果也越好。课程实施一般存在三种取向：忠实取向、相互适应取向和课程创生取向。

1.忠实取向

认为课程实施过程就是忠实地执行课程计划的过程。衡量课程实施成功与否的基本标准是课程实施过程实现预定的课程计划的程度。实现程度高，则课程实施成功；实现程度低，则课程实施失败。忠实取向的基本特征集中体现在其对课程、课程知识、课程变革、教师角色的性质以及研究方法论的认识方面。

2.相互适应取向

认为课程实施过程是课程计划与班级或学校实践情境在课程目标、内容、方法、组织模式诸方面相互调整、改变与适应的过程。

3.课程创生取向

认为真正的课程是教师与学生联合创造的教育经验，课程实施本质上是在具体教育情境中创生新的教育经验的过程，既有的课程计划只是供这个经验创生过程选择的工具而已。

（二）课程实施的条件

1.课程计划

在课程计划设置方面应注意其是否具有合理性、和谐性、明确性、简约性、可操作性等。

2.教师

教师对课程实施的影响主要体现为教师的参与、态度、能力以及教师之间的交流与合作。

3.学校

学校在课程实施过程中扮演着重要的角色，如学校领导和行政部门的态度与工作，学校支持系统的保障，学校环境（心理环境和物理环境）的氛围支撑。

4. 校外环境

校外环境包括政府机构和社会各界。其中，社会各界如新闻媒介、社会团体、学生家长的理解和支持，也可以成为推动课程实施的无形动力。

六、课程评价

课程评价是以一定的方法、途径对课程的目标、实施和结果等有关问题的价值和特点做出判断的过程。它涵盖对课程本身的评价和对学生学业的评价。现代教育理论强调用发展的观点看问题，倡导发展性评价，更多关注学生的学习过程和个体差异。课程评价的主要模式有以下几种。

(一) 目标评价模式

目标评价模式又被称为泰勒评价模式，诞生于 20 世纪 30 年代。这一模式的基本观点集中体现在"泰勒原理"中。泰勒原理由评价活动的原理和课程编制的原理这两条密切相关的基本原理组成。目标评价模式的评价步骤包括以下几个方面：

(1) 确定教育方案的目标。

(2) 根据行为和内容对每个目标加以定义。

(3) 确定应用目标的情景。

(4) 确定应用目标情景的途径。

(5) 设计取得记录的途径。

(6) 决定评定方式。

(7) 决定获取代表性样本的方法。

(二) 目的游离评价模式

这种模式诞生于 20 世纪 60 年代，由美国教育家、心理学家斯克里文提出。严格地说，目的游离评价模式不是一种完善的评价模式，它没有完整的评价程序。因此，有人把它仅当作一种关于评价的思想原则。斯克里文断定：对目的的考虑和评价是一个不必要的而且有害的步骤。依据他的观点，目标评价很容易使评价人受方案制定者所确定的目的的限制。因此，斯克里文建议把评价的重点由"方案想干什么"转移到"方案实际干了什么"。他认为，评价委托人不应把方案的目的、目标告诉评价人，而应当让评价人全面地收集关于方案实际结果的各种信息，不管这些结果是预期的还是非预期的，也不管这些结果是积极的还是消极的，这样才能使评价人对方案做出正确的判断。

(三) CIPP 评价模式

CIPP 评价模式诞生于 20 世纪 60 年代。有人对泰勒评价模式提出疑问，认为如果评价以目标为中心，那么，又根据什么去判断目标的合理性？教育除了课程活动要达到预期的目标外，还会产生各种非预期的效应、效果，这些非预期的内容要不要进行评价？在西方，有一种教育流派认为，教育乃是个人自我实现的过程，用统一的目标模式去统一个人的自由发展，去评价教育、教学的结果，从根本上是不可以接受的。1966 年，斯塔弗比姆首创 CIPP 评价模式。这是由背景（Context）评价、输入（Input）评价、过程（Process）评价和成果（Product）评价这四种评价组成的一种综合评价模式。

(1) 背景评价，即确定课程计划实施机构的背景；明确评价对象及其需要；明确满足需要的机会；诊断需要的基本问题；判断目标是否已反映了这些需要。背景评价强调应根据评价对象的需要对课程目标本身做出判断，看两者是否一致。

(2) 输入评价，主要是为了帮助决策者选择达到目标的最佳手段，而对各种可供选择的课程计划进行评价。

(3) 过程评价，主要是通过描述实际过程来确定或预测课程设计本身或实施过程中存在的问题，从而为决策者提供如何修正课程计划的有效信息。

（4）成果评价，即测量、解释和评判课程计划的成绩。它要收集和结果有关的各种描述与判断，把它们与目标以及背景、输入和过程方面的信息联系起来，并对它们的价值和优点做出解释。

（四）CSE 评价模式

CSE 即美国加利福亚大学洛杉矶分校评价研究中心（Center for Study of Evaluation）的简称。CSE 评价模式是一种较为实用的评价模式，它包括以下四个活动阶段：

（1）自我发展需要评定，指对教师自我发展目标的认定，也就是问题的选择。

（2）自我发展方案评定，就是教师自己对实现自我发展目标方面成功的可能性进行评定，是计划的选择阶段。

（3）形成性评定，指教师在实现自我发展性目标过程中发现成功和不足之处，及时修正自己的行动方案，从而保证发展目标的实现，是计划的修正阶段。

（4）总结性评定，指教师对自我发展性目标的达成情况进行全面的调查和判断，通过反思，调整自己的发展目标，使自己的专业素养不断发展，是计划的批准或采纳阶段。

【典型真题】课程的文本一般表现为（　　）。

A. 课程计划，课程标准，教科书

B. 课程计划，课程目标，课程实施

C. 课程目标，课程实施，课程评价

D. 课程主题，课程任务，课程标准

【答案】A

【解析】在我国，课程的文本具体表现为课程计划、课程标准、教科书。

【典型真题】编写教材（教科书）的直接依据是（　　）。

A. 课程计划 　　　　　　　　　　　B. 课程目标

C. 课程标准 　　　　　　　　　　　D. 课程说明

【答案】C

【解析】课程标准是规定某一学科的课程性质、课程目标、内容目标、实施建议的教学指导性文件，是编写教科书的直接依据。

【典型真题】在教材编写过程中，课程内容前后反复出现，且后面的内容是对前面内容的扩展和深化。这种教材编排方式是（　　）。

A. 直线式 　　　　B. 螺旋式 　　　　C. 分科式 　　　　D. 综合式

【答案】B

【解析】常见的教材编排形式有直线式和螺旋式两种。直线式结构，就是把一门课程的内容前后一贯地排列，直线推进，不重复。螺旋式结构，就是把同一课程的内容按照繁简、深浅、难易的不同程度安排在教材的不同阶段重复出现，逐步扩展，螺旋上升，使得每一次重复都将原有的知识、方法、经验逐级递进。

【典型真题】简述教科书编写的基本原理。

【参考答案】

教科书编写的基本原则有以下几条：

（1）教科书的编写要体现科学性与思想性。

（2）教科书的编写要强调基础性。

（3）教科书的编写要注意实用性。

（4）教科书的编写要做到知识的内在逻辑性与教学法要求统一。

（5）教科书的编写要表达确切。

（6）教科书的编写要强化联系性。

【典型真题】简述课程内容的三种文本表现形式。

【参考答案】

课程内容的三种文本表现形式为：

（1）课程计划，即课程方案。

（2）课程标准。

（3）教材或教科书。

教育工作者和教师常称这三个文本为"三本书"。

考点3　基础教育课程改革

一、第八次基础教育课程改革概述

自 1949 年新中国成立以来，我国基础教育课程经历了八次重大改革。在 20 世纪 90 年代，我国提出并开始实施素质教育，素质教育要求有别于应试教育的课程。全面实施素质教育，更好地解决前七次课程改革遗留的问题，我国开始了一场广泛、全面、深入、持久的课程系统改革。

2001 年 2 月，国务院批准《基础教育课程改革纲要（试行）》，标志着我国基础教育课程改革全面启动。遵循"先实践，后推广"的原则，新课程于 2001 年 9 月在全国 38 个国家级实验区进行了试点，2002 年秋季进一步扩大到 330 个市、县。2004 年秋季，在对实验区工作进行全面评估和广泛交流的基础上，课程改革进入全面推广阶段。到 2005 年，中小学阶段各起始年级原则上都采用新课程。这次改革不是对课程内容的简单调整，不是新旧教材的替换，而是一次以课程为核心的波及整个教育领域乃至全社会的系统改革，是一场课程文化的革新，是教育观念与价值的转变，涉及课程的理念、目标、方法、管理、评价等方面。

二、基础教育课程改革的理念

（一）育人为本的学生观

学生是学习的主体，教师是学生学习的促进者和引导者，教育只有坚持以人为本、从学生的需求出发，才能最终促进学生的全面发展。

（二）开放的大课程观

摒弃学科本位主义，强化课程为学生构建知识、能力、态度及感情和谐发展的创新价值；强调学科整合，以体现课程的完整性、开放性、动态性和生活化，培养学生综合的视角和综合的能力，适应科学技术既分化又综合的现实。

（三）民主平等的师生观

教学过程是教师教、学生学的过程，本质上是教师与学生的交往活动。教师与学生之间要确立平等、互助的关系，教师是"平等中的首席"。

（四）三维教学目标观

教学的目标涵盖知识与技能、过程与方法、情感态度与价值观三方面。

（五）自主学习观

新课程改革倡导改变学生原有的学习方式，强调自主、合作、探究的学习方式，培养学生的自主、合作、创造精神，强调终身学习的学习理念，切实加强学生创新精神与实践能力的发展，进而更好地适应社会的发展需要。

（六）发展性评价观

教育应该倡导发展性评价，重视学习过程的评价，充分发挥评价促进学生、教师、学校的发展以及课程发展的需要。

三、基础教育课程改革的目标

（一）基础教育课程改革的总目标

根据《基础教育课程改革纲要（试行）》的要求，基础教育课程改革的总目标是：全面贯彻党的教育方针，调整和改革基础教育的课程体系、结构内容，构建符合素质教育要求的新的基础教育课程体系。

（二）基础教育课程改革的具体目标

1. 实现课程功能的转变

改变课程过于注重知识传授的倾向，强调形成积极主动的学习态度，使获得基础知识与基本技能的过程同时成为学会学习和形成正确价值观的过程。应试教育中过多地强调知识本身的重要性，往往采用填鸭式教学方法，课程功能转变后，从单纯注重传授知识转变为引导学生学会生存、学会学习、学会合作、学会做人。

2. 体现课程结构的均衡性、综合性、选择性和可操作性

改变课程结构过于强调学科本位、科目过多和缺乏整合的现状，整体设置九年一贯课程门类和课时比例，并设置综合课程，以适应学生的发展需求。

3. 密切课程内容与生活和时代的联系

改变课程内容"难、繁、偏、旧"和过于注重书本知识的现状，加强课程内容与学生生活以及现代社会和科技发展的联系，关注学生的学习兴趣和经验，精选终身学习必备的基础知识和技能。

4. 改善学生的学习方式

改变课程实施过于强调接受学习、死记硬背、机械训练的现状，倡导自主学习、探究学习、合作学习的学习方式。

5. 建立与素质教育理念相一致的评价与考试制度

改变课程评价过分强调甄别与选拔的功能，发挥评价促进学生发展、教师提高和改进教学实践的功能。

6. 实行三级课程管理制度

改变课程管理过于集中的状况，实行国家、地方、学校三级课程管理，增强课程对地方、学校及学生的适应性。

四、基础教育课程改革的实施

（一）新课程结构

1. 新课程结构的特点

第一，提出课程结构的综合性。课程结构综合性的目的是打破长期以来的学科本位，这既是历史长期积淀的结果，又是当代世界发展对教育改革的客观要求。

第二，提出课程结构的选择性。课程结构的选择性是针对我国不同地区、不同学校和不同学生的差异而提出的。

第三，提出课程结构的均衡性。课程结构的均衡性是依据全面发展的理论和素质教育的思想而提

出的，即我国要培养的是德智体全面、和谐、均衡发展的"完整"的人。课程结构均衡性的内涵主要从三个层面上体现出来：（1）对学习领域，或者对学科与活动的规划和设计必须全面、均衡；（2）对学习领域，或者对学科与活动的课时安排必须均衡；（3）课程内容的选择必须均衡。

2. 新课程结构的内容

第一，整体设置九年一贯的义务教育课程。小学阶段以综合课程为主，初中阶段设置分科与综合相结合的课程。

第二，高中阶段以分科课程为主，开设技术类课程，积极试行学分制管理。

第三，从小学至高中设置综合实践活动作为必修课程。

第四，农村中学课程要为当地社会经济发展服务，深化"农科教相结合"和"三教统筹"等项改革，试行通过"绿色证书"教育及其他技术培训获得双证的做法，城市普通中学也要逐步开设职业技术课程。

3. 综合实践活动

综合实践活动是基于学生的直接经验，密切联系学生自身生活和社会生活，体现对知识的综合运用的实践性课程。综合实践活动的目标是：密切学生与生活的联系，推进学生对自然、社会和自我之间内在联系的整体认识与体验，发展学生的创新能力、实践能力，以及良好的个性品质。综合实践活动的特征为整体性、开放性、实践性、自主性和生成性。

（1）综合实践活动的内容。

1）研究性学习。它是指学生基于自身兴趣，在教师指导下，从自然、社会和自身生活中选择和确定研究专题，主动地获取知识、应用知识、解决问题的学习活动。

2）社区服务与社会实践。它是学生在教师指导下，走出教室，参与社区和社会实践活动，以获取直接经验、发展实践能力、增强社会责任感为主旨的学习领域。

3）劳动与技术教育。它是以学生获得积极劳动体验、形成良好技术素养为主要目标，以可操作性学习为特征的学习领域。

4）信息技术教育。它不仅是综合实践活动有效实施的重要手段，而且是综合实践活动探究的重要内容。信息技术教育的目的在于帮助学生发展适应信息时代需要的信息素养。它包括发展学生利用信息技术的意识和能力，发展学生对大量信息的反思与辨别能力，形成健康的信息伦理。

（2）综合实践活动内容选择的原则。

1）尊重每一个学生的兴趣、爱好及特长。

2）体现每所学校的自身特色。

3）体现每所学校所在社区的特色。

4）引导学生从日常生活中选取探究的课题或问题。

（3）引导学生进行综合实践活动的基本要求。

1）开展多种多样的学习活动，拓宽思维，将活动引向深入。

2）提供必要的方法指导与资料支持。

3）采用多种手段，真实记录活动过程情况。

4）做好原始资料的保存积累工作。

5）组织协调各方面关系，促进综合实践活动的有效完成。

（二）新课程背景下的学生观

1. 学生是发展中的人

第一，学生是处于发展过程中的人。

学生处在一个急速发展的时期，是人生从幼稚走向成熟的必经阶段。教师不能以成人的标准或规则来衡量学生的发展。教师在学生的发展过程中应该积极帮助学生解决问题，帮助学生改正缺点和错误，从而不断促进学生的发展。

第二，学生的身心发展是有规律的。

教师在培养学生的过程中，一定要遵循规律办事，即按照学生身心发展的规律来培养学生、管理学生，有效促进学生身心的发展。

第三，学生具有巨大的发展潜能。

在教育活动中，有些人按照自己的标准将学生的发展潜力进行定性，觉得学生行或者不行，这犯了主观主义错误。学生的发展潜能是巨大的，只要教师坚持正确的引导与激励，学生就会进步很快，最终取得成功。

第四，学生的发展是全面的发展。

传统教育强调知识本身的重要性而忽视了学生本身的个体需求。在新课程背景下，学生的发展不仅仅是知识的发展，在发展知识的同时，还应注重学生能力的提升，从而将学生打造成全能型人才。

2. 学生是独特的人

第一，学生是完整的人。

学生是有着丰富个性的完整的人，不仅具备智慧与人格力量，同时还有着丰富的内心体验。教师应该重视学生的完整性，促进学生的整体发展。

第二，每个学生都有自身的独特性。

独特性是个性的本质特征，重视学生的独特性和培养具有独特个性的人，应成为教师对待学生的基本态度。

第三，学生与成人之间存在巨大的差异。

学生不是成年人，不能一味地按照成年人的标准去衡量学生，教师应该认真研究当代学生的特点，采取积极的引导措施，与学生进行有效沟通，得到学生的认可与配合。

第四，学生是具有独立意义的人。

首先，每个学生都是独立于教师的头脑之外，不以教师的意志为转移的客观存在。教师应该按照学生的主观能动性开展教学与管理，尊重学生的个体需要才能进一步促进学生的发展。

其次，学生是学习的主体。学生是具有一定主体性的人，同时学生也是学习活动的主体，教学过程中要注重建构学生主体。

最后，学生是责权主体。在教育实践中，教师要承认学生权利的主体地位，学校和教师应该保护学生的合法权利，与此同时，学生也应该承担一定的责任与义务。

（三）新课程背景下的学习方式

1. 自主学习

自主学习是指学生个体在学习过程中一种主动而积极自觉的学习行为，是建立在学生具有内在学习动机基础上的"想学"；建立在学生掌握了一定的学习策略基础上的"会学"；建立在意志努力基础上的"坚持学"。它是一个系统工程，需要广大教师转变教育教学观念，研究学生的学习规律，探索新的教育教学管理策略，寻求有利于培养自主学习能力的教学模式和学习内容的安排以及学习方法的指导。在教师的指导和管理下，广大学生增强自主学习意识，掌握学习方法，养成学习习惯。

学习的自主性具体表现为"自立""自为""自律"三个特性。

2. 合作学习

合作学习是指学生为了完成共同的任务，有明确的责任分工的互助性学习。合作学习鼓励学生为集体的利益和个人的利益而一起工作，在完成共同任务的过程中实现自己的理想。

3. 探究式学习

探究式学习是指在学生主动参与，根据自己的猜想或假设，在科学理论的指导下，运用科学的方法对问题进行研究，在研究过程中获得创新实践能力、获得思维发展，自主构建知识体系的一种学习方式。探究式学习具有主动性、问题性、开放性、生成性和创造性等特征。

（四）新课程背景下的教师观

1. 新课程背景下的教师观

（1）从教师与学生的关系看，学生是学习的主体，教师是学生学习的促进者、合作者、引导者、参与者。

（2）从教师与课程的关系看，教师应该是课程的建设者和开发者。

（3）从教师与研究的关系看，教师应该是教育教学的研究者。

（4）从教师与社区的关系看，教师应该是社区型的开放教师。

2. 教师教学观念的转变

（1）教学从"教育者为中心"转向"学习者为中心"。

传统教育强调教师作为整个教学活动的中心，但在新课程背景下教师应鼓励学生参与教学，创设智力操作活动，教给学生思维的方法并加强训练。

（2）教学从"教会学生知识"转向"教会学生学习"。

教师应指导学生掌握基本的学习过程，了解学科特征，掌握学科研究方法，培养学生良好的学习习惯。

（3）教学从"重结论轻过程"转向"重结论的同时更重过程"。

教师应做到教学相长，提倡重结论的同时更重过程的意义。

（4）教学从"关注学科"转向"关注人"。

教师的教学活动不应该只关注学科，而不关注学生本身的需求。关注人的教学理念的表现：关注每一位学生，关注学生的情绪生活和情感体验，关注学生的道德生活和人格养成。

3. 教师教学行为的转变

（1）在对待师生关系上，新课程强调尊重、鼓励和赞赏。

（2）在对待教学关系上，新课程强调帮助、引导学生，使其全面发展。

（3）在对待自我上，新课程强调教师应该反思，不断提升自己。

（4）在对待与其他教育者的关系上，新课程强调教师之间的合作与交流。

五、基础教育课程改革的实施状况

（一）课程结构

现行课程结构的不足	新课改课程结构的特点
课程类型单一。	（1）整体设置九年一贯的义务教育课程。小学阶段以综合课程为主，初中阶段设置分科与综合相结合的课程，高中阶段以分科课程为主。 （2）从小学至高中设置综合实践活动作为必修课程。 （3）农村中学课程要为当地社会经济发展服务。
科目比重失衡。	（1）将语文所占的比重由原来的 24％ 降至 20％～22％，将数学由原来的 16％ 降至 13％～15％，并对其他传统优势科目所占的比重进行了适当下调。 （2）将下调后积累起来的课时分配给综合实践活动和地方与校本课程。其中，综合实践活动拥有了 6％～8％ 的课时，地方与校本课程拥有了 10％～12％ 的课时。

（二）课程内容

现行课程内容的不足	新课改课程内容的特点
繁、难、偏、旧状况依然存在，过于注重书本知识，忽视学生学习兴趣的培养和直接经验的积累，课程内容远离学生生活和社会实际。	1. 制定课程标准的原则 （1）义务教育阶段课程标准的原则：义务教育阶段的课程标准应体现普及性、基础性和发展性。 （2）普通高中课程标准的原则：普通高中课程标准应在坚持使学生普遍达到基本要求的前提下，有一定的层次性和选择性，并开设选修课程，以利于学生获得更多的选择和发展的机会，为培养学生的生存能力、实践能力和创造能力打下良好的基础。 2. 教材 （1）教材管理由"国编制"转变为"国审制"，教材呈现方式多样化。 （2）适当降低了知识难度，大量引进现代信息。 （3）密切联系生活，关注学生个体经验。 （4）重视活动设计，鼓励学生探究创造。 （5）尊重师生个性，给师生广阔的发展空间。

（三）课程实施

现行课程实施的不足	新课改课程实施的特点
在传统的教学中，教师负责教，学生负责学，教学就是教师对学生单向的"培养"活动，具体表现为：一是以"教"为中心，"学"围绕"教"转。二是以"教"为基础，先"教"后"学"。总之，传统教学只是教与学两方面的机械叠加。	新型教学观和学生观： （1）教学不只是课程传递和执行的过程，更是创造与开发的过程。 （2）教学是师生交往、积极互动、共同发展的过程。 （3）教学不仅要重结论，还要重过程。 （4）教学应将重心放在关注人上。 （5）应把学生看成发展的人、独特的人、具有独立意义的人。 （6）建立新型师生关系。

（四）课程管理

现行课程管理的不足	新课改课程管理的特点
强调统一的、自上而下的集权管理，课程管理缺乏灵活性、开放性。 旧有的学校管理制度的弊端： (1) 以"分"为本，盛行分数管理。 (2) 以"章"为本，形式主义泛滥。 (3) 以"权"为本，权力至上。	（1）建立以校为本的教学研究制度。 （2）建立民主科学的教学管理机制。 （3）建立旨在促进教师专业成长的考评制度。

（五）课程评价

现行课程评价的不足	新课改课程评价的特点
(1) 评价内容——过多倚重学科知识，特别是课本上的知识，而忽视了实践能力、创新精神、心理素质以及情绪、态度和习惯等综合素质的考查。 (2) 评价标准——过多强调共性和一般趋势，忽略了个体差异和个性化发展的价值。 (3) 评价方法——以传统的纸笔考试为主，过多地倚重量化的结果，而很少采用体现新评价思想的、质性的评价手段与方法。 (4) 评价主体——被评价者多处于消极的被评价地位，基本上没有形成教师、家长、学生、管理者等多主体共同参与、交互作用的评价模式。 (5) 评价重心——过于关注结果，忽视被评价者在各个时期的进步状况和努力程度，没有形成真正意义上的形成性评价，不能很好地发挥评价促进发展的功能。	1. 学生评价的改革重点： （1）建立评价学生全面发展的指标体系。 （2）重视采用灵活多样、具有开放性的质性评价方法。 （3）考试只是学生评价的一种方式。 2. 教师评价的改革重点： （1）打破唯学生学业成绩论教师工作业绩的传统做法，建立促进教师不断提高的评价指标体系。 （2）强调以自评的方式促进教师教育教学反思能力的提高，倡导建立教师、学生、家长和管理者共同参与的、体现多渠道信息反馈的教师评价制度。 （3）打破关注教师的行为表现、忽视学生参与学习过程的传统的课堂教学评价模式，建立"以学论教"的发展性课堂教学评价模式。 3. 课程实施评价的改革重点： （1）建立促进课程不断发展的评价体系。 （2）以学校评价为基础，促进新课程的实施与发展。

六、世界各国基础教育课程改革的发展趋势

（1）世界各国的基础教育课程改革都非常重视调整培养目标，努力使新一代国民具有适应21世纪社会、科技、经济的发展所必需的全面素质，强调学生的全面发展，而不仅仅关注学生的学业目标。

（2）世界各国都十分关注人才培养模式的变化和调整，强调实现学生学习方式的根本变革，以培养具有终身学习的愿望和能力的、具有国际竞争力的未来公民。

（3）世界各国都非常重视课程内容的调整，强调精选适合学生发展需要、结构合理、符合时代需要的课程内容，关注学生经验，反映社会、科技最新进展，满足学生多样化发展的需要。

（4）世界各国都非常重视评价改革。目标取向的评价被过程取向和主体取向的评价所超越，评价方式进一步多样化，注重发挥评价在促进学生潜能、个性、创造性发展等方面的作用，使每一个学生具有自信心和持续发展的能力。

【典型真题】中学开设的综合实践活动课程属于（　　）。
①国家课程②地方课程③必修课程④选修课程
A.①③　　　　　　B.①④　　　　　　C.②③　　　　　　D.②④
【答案】A
【解析】本题主要考查综合实践活动课程知识点。综合实践活动是学科课程标准里面的规定课程，是必修课程。

【典型真题】《义务教育课程设计实施方案》规定：中学综合实践活动课程的具体内容由地方和学校根据教育部的有关要求自主研发或选用。该课程属于（　　）。
A. 国家规定的必修课　　　　　　　　B. 国家规定的选修课
C. 地方规定的必修课　　　　　　　　D. 学校规定的选修课
【答案】A
【解析】综合实践活动是国家规定的必修课，其具体内容由地方和学校根据教育部门的有关规定自主开发或选用。综合实践活动的课时可与地方、学校自主使用的课时结合在一起使用，可以分散安排，也可以集中安排。

【典型真题】学生在小组或团队中，通过任务分解、责任分工、协同互助，已完成共同的学习任务。这种学习方式属于（　　）。
A. 掌握学习　　　　B. 合作学习　　　　C. 探索学习　　　　D. 发现学习
【答案】B
【解析】本题主要考查新课程背景下的学习方式知识点。题干中的关键词"共同""任务分解"体现了合作学习。

【典型真题】新一轮基础教育课程改革的理论基础包括（　　）。
A. 人本主义理论、多元智能理论、素质教育理论
B. 人的全面发展理论、多元智能理论、建构主义理论
C. 人的全面发展理论、合作教学学、建构主义理论
D. 人本主义理论、合作教学学、素质教育理论
【答案】B
【解析】本题考查的知识点为基础教育课程改革的理论。人的全面发展理论、多元智能理论、建构主义理论都是新课程改革的理论基础。

【典型真题】为了适应不同地区学校和学生的特点与需要，各地可以对国家统一规定的中小学课程

结构进行相应的调整，这体现了课程结构的（　　）。

A. 可操作性　　　　　　　B. 可替代性　　　　　　　C. 可转换性　　　　　　　D. 可度量性

【答案】A

【解析】各地为适应学生的个体发展需要对课程结构进行调整，体现了课程结构的可操作性特点。

模块三　中学教学

考纲呈现

1. 理解教学的意义，了解有关教学过程的各种本质观。

2. 熟悉和运用教学过程的基本规律，包括教学过程中学生认识的特殊性规律（直接经验与间接经验相统一的规律）、教学过程中掌握知识与发展能力相统一的规律、教学过程中教师的主导作用与学生的主体作用相统一的规律、教学过程中传授知识与思想教育相统一的规律（教学的教育性规律），分析和解决中学教学实际中的问题。

3. 掌握教学工作的基本环节及要求；掌握和运用中学常用的教学原则、教学方法；了解教学组织形式的内容及要求。

4. 了解我国当前教学改革的主要观点与趋势。

复习策略

本模块主要讲述中学教师教学的基本知识。教学是教师在校工作中的重中之重，反映到考试中也是如此，考生应该重点关注教学规律、教学原则和教学方法，还要掌握教学组织形式、教学模式与教学实施的基本环节、策略。本模块内容常以材料分析题的形式对广大考生进行考查。

📝 **知识架构图**

```
                                  ┌─ 教学的概念
                                  ├─ 教学与教育、智育的关系
                    ┌─ 考点1 教学概述 ─┤─ 教学的作用和意义
                    │              ├─ 教学的一般任务
                    │              ├─ 形式教育与实质教育
                    │              └─ 我国现阶段的教学任务
                    │
                    │              ┌─ 教学过程的概念
          中学教学 ──┤              ├─ 有关教学过程的理论
                    │              ├─ 教学过程的本质观
                    │              ├─ 教学过程的基本阶段
                    │              ├─ 教学过程的基本规律
                    └─ 考点2 教学过程 ─┤─ 教学工作的基本环节
                                   ├─ 教学原则
                                   ├─ 教学方法
                                   ├─ 常见的教学组织形式
                                   ├─ 教学模式
                                   └─ 教学评价
```

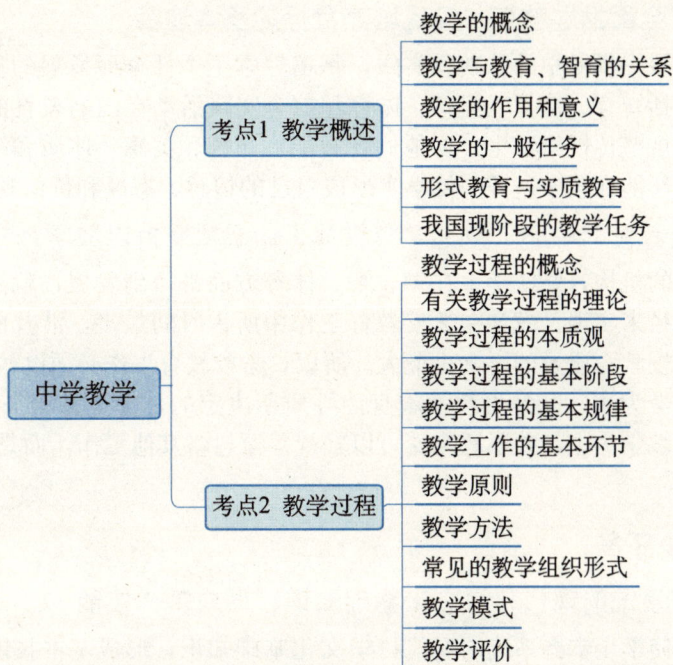

考点1 教学概述

一、教学的概念

教学是在一定教育目的的规范下，教师的教和学生的学共同组成的传递和掌握社会经验的双边活动。它是教师有目的、有计划、有组织地指导学生掌握系统的科学文化知识和技能，发展智力、体力，陶冶品德、美感，形成全面发展的个性的活动。

二、教学与教育、智育的关系

（一）教学与教育

教学与教育是部分与整体的关系。教育包括教学，教学只是学校进行教育的一个基本途径。除教学外，学校还通过课外活动、生产劳动、社会活动等途径向学生进行教育。

（二）教学与智育

教学与智育既有联系又有区别。作为教育的一个组成部分的智育，即向学生传授系统的科学文化知识和发展学生的智力，它主要是通过教学进行的，但不能把两者等同。一方面，教学也是德育、美育、体育、劳动技术教育的途径；另一方面，智育也需要通过课外活动等才能全面实现。把教学等同于智育将阻碍全面发挥教学的作用。

三、教学的作用和意义

（一）教学是传播系统知识、促进学生发展的最有效的形式

教学是社会经验的再生产、适应并促进社会发展的有力手段。通过恰当的教学，可以有计划地将

人类积累的科学文化知识转化为学生的个人精神财富，从而促进学生的身心发展，在短时间内达到人类发展的一般水平，保证社会的延续和发展。

（二）教学是进行全面发展教育、实现培养目标的基本途径

教学为个人全面发展提供科学的基础和实践，是培养学生个性全面发展的重要环节。教学不仅能够有目的有计划地将包括智育、德育、美育、体育和综合实践活动在内的教育的各个组成部分的基础知识、基本技能与基本规范传授给学生，为他们在智能、品德、美感、体质和综合实践能力等方面的发展奠定坚实的基础，还能在教学过程中使学生形成自己的情感、态度和价值观。

（三）教学是学校教育的中心工作，学校教育工作必须坚持以教学为主

学校是专门培养人的机构，要使学生在德、智、体等方面都得到发展，就需要通过教学、课外校外活动、生产劳动等途径来实现。教学在学校教育工作中所占时间最多，涉及面最广，对学生的发展影响最全面深刻，对学校教育质量的影响也最大。所以，学校教育工作必须以教学为主。

学校教育工作以教学为主，既是由教学本身的性质所决定的，也是多年来教育工作经验的总结。但是，学校教育工作以教学为主，并不意味着可以轻视甚至忽略其他工作，而是应当坚持"教学为主，全面安排"。

四、教学的一般任务

（一）使学生掌握系统的现代科学文化基础知识，形成基本技能

教学的首要任务是使学生掌握系统的现代科学文化基础知识，形成基本技能，教学的其他任务只有在引导学生掌握科学文化基础知识和基本技能的基础上才能实现。

（二）使学生养成良好的思想品德，形成科学的世界观和良好的个性心理品质

教学工作在传授知识、发展学生智力的同时，还要努力使学生形成一定社会所需的价值观、世界观和道德品质，同时要关注学生的个性发展，为学生兴趣、爱好及内在潜能的释放提供条件。

（三）发展学生智能，特别是培养学生的创新精神和实践能力

智力是指个人在认知过程中表现出来的认知能力系统，包括观察力、记忆力、想象力和思维力。现代教学要自觉发展学生的智能，尤其要重视发展学生的创新精神和实践能力。

（四）发展学生体能，提高学生的身心健康水平

身心素质对人的发展起着关键的影响，尤其在中小学阶段，身心素质的发展显得更为重要。教学也要关注学生身心的平衡发展，使学生掌握锻炼身体的知识和技能，养成锻炼身体的良好习惯，达到增强体质、促进发展的目的。

（五）培养学生高尚的审美情趣和审美能力

教学也要对学生进行审美教育，要运用艺术、大自然和社会生活中的美来陶冶学生的道德情操，形成良好的审美情趣。

五、形式教育与实质教育

（一）形式教育

形式教育形成于 17 世纪。

代表人物：英国教育家洛克和瑞士教育家裴斯泰洛齐。

主要观点：教学的主要任务在于通过开设希腊文、拉丁文、逻辑、文法和数学等学科发展学生的智力，至于学科内容的实用意义则是无关紧要的。形式教育以官能心理学为基础。

现代教学论认为，发展学生的能力与基础知识教学是互为条件的统一过程。形式教育论的片面性

在于设想官能因纯形式训练而得到发展，并使迁移的条件脱离基础知识的掌握；同时，它所依据的官能心理学把心理理解为独立的精神实体，并且把各种官能看作各自孤立的心理现象，这些都是唯心主义和形而上学的观点，不符合现代教育心理学和教学论原理。

（二）实质教育

实质教育在 18 世纪末和 19 世纪初出现。

代表人物：德国教育家赫尔巴特和英国教育家斯宾塞。

主要观点：教学的主要任务在于给学生传授对生活有用的知识，至于学生的智力则无须进行特别的培养和训练。实质教育以联想主义心理学为基础，又称"实质训练"，其观点与形式教育对立。

六、我国现阶段的教学任务

（1）传授系统的科学基础知识和基本技能，这是教学的首要任务。

（2）发展学生的智力、体力和创造才能。

（3）培养社会主义品德和审美情趣，奠定学生的科学世界观基础。

（4）关注学生的个性发展。

【典型真题】在教学过程中，强调知识传授而忽视能力培养的理论是（　　）。

A. 形式教育论　　　　　B. 实质教育论　　　　　C. 传统教育论　　　　　D. 现代教育论

【答案】B

【解析】只向学生传授对实际生活有用的知识，忽视对学生认知能力的训练的理论属于实质教育论。

【典型真题】最早提出"什么知识最有价值"这一经典课程论命题的学者是（　　）。

A. 夸美纽斯　　　　　B. 斯宾塞　　　　　C. 杜威　　　　　D. 博比特

【答案】B

【解析】斯宾塞提出了"什么知识最有价值"的经典课程论命题，并在其著作《教育论》中对这一问题给予了叙述和解答。

【典型真题】辨析题：教学是实现学校教育目的的基本途径。

【参考答案】正确。

教学是在教育目的规范下由教师的教和学生的学共同组成的一种活动，它是促进学生发展的最有效形式，是实现教育目的的基本途径，是学校教育的中心工作。因此，此观点正确。

【典型真题】辨析题：教学的任务就是传授科学文化基础知识，培养基本技能。

【参考答案】错误。

（1）教学的任务有以下几点：引导学生掌握科学文化基础知识和基本技能；发展学生智能，特别是培养学生的创新精神和实践能力；发展学生体能，提高学生的身心健康水平；培养学生高尚的审美情趣和审美能力；培养学生具备良好的道德品质和个性心理特征，形成科学的世界观。

（2）教学的首要任务是使学生掌握系统的科学文化基础知识，形成基本技能，其他任务的实现都是在完成这一任务的过程中和基础上进行的。

所以题目中描述的观点是片面的。

考点 2　教学过程

一、教学过程的概念

教学过程是教师根据教学目的、任务和学生的身心发展特点，指导学生有目的、有计划地掌握系统的文化科学基础知识和基本技能，同时促进学生身心发展，培养思想品德的过程。教学过程是教师的教和学生的学所构成的一种双边活动过程。

二、有关教学过程的理论

教学过程的理论是教学的基本理论，历代中外教育家从不同角度对教学过程作出种种探索，提出了各自的见解。

代表人物或学派	主要观点
儒家孔孟学派	博学之，审问之，慎思之，明辨之，笃行之。（《礼记·中庸》）
夸美纽斯	一切知识都是从感官的知觉开始的，主张把教学建立在感觉活动的基础之上，这是以个体认识论为基础提出的教学论。
赫尔巴特	以心理学的"统觉理论"原理来说明教学过程，认为教学过程是新旧观念的联系和系统化的过程，提出了"明了、联想、系统、方法"四个阶段。
杜威	教学过程是学生直接经验的不断改造和增大意义的过程，是"从做中学"的过程。
凯洛夫	教学过程是一种认识过程。

三、教学过程的本质观

（一）教学过程主要是一种认识过程

教学过程的主要矛盾是学生与其所学知识之间的矛盾，具体表现为教师提出的教学任务同学生完成这些任务的需要、实际水平之间的矛盾。教学过程本质上是一种认识过程。

（二）教学过程是一种特殊的认识过程

1. 认识对象的间接性与概括性

学生认识的客体是教材，教材是对客观世界的间接反映，即学生学习的内容是已知的间接经验。学生通过认识教材最终达到认识客观世界的目的。

2. 认识的交往性与实践性

教学活动是教师的教和学生的学组成的双边活动，教学活动是发生在师生之间的一种特殊的交往活动。学生的认识如果离开了师生在特定情境和为特殊目的进行的交往，教学活动就可以扩大到生活教育的领域。

3. 认识的教育性与发展性

教学过程中学生的认识既是目的，也是手段。学生的认识是发展的，学生在认识过程中追求与实现着其知、情、行、意的协调发展与完全人格的养成。

4. 教师的引导性、指导性与传授性（有领导的认识）

教学过程区别于一般的认识过程，主要是因为学生具有不成熟的特点，学生的个体认识始终是在教师的指导下进行的。

四、教学过程的基本阶段

（一）激发学习动机

学习动机是推动学生学习的内部动力，往往与学习兴趣、求知欲等联系在一起。具有浓厚的学习兴趣和较好的学习愿望是进行学习的基本条件和心理起点。

（二）领会知识

领会知识是教学过程的中心环节，包括使学生感知和理解教材。感知教材是所有教学活动的必经阶段，使学生获得关于所学内容的一个整体表象；理解的目的在于形成概念、原理，进而认识事物的本质与规律。

（三）巩固知识

巩固所学的知识是教学过程的一个必要环节。巩固知识的必要性在于避免或减少对先前所学知识的遗忘，并且为顺利地学习新知识、新材料奠定基础。

（四）运用知识

掌握知识是为了运用知识。运用知识，形成技能技巧，主要是通过教学实践来实现的，如完成各种书面或口头作业、实验等。此外，运用知识还包括"知识迁移"的能力和创造能力等。

（五）检查知识、技能和技巧

教师通过提问、作业、测验等方式对学生的学习效果进行考查。检查学习效果的目的在于，使教师及时获得关于教学效果的反馈信息，进而调整教学进程与要求；帮助学生了解自己掌握知识技能的情况，发现存在的问题，及时调整自己的学习方式，改进学习方法，提高学习效率。

五、教学过程的基本规律

（一）直接经验与间接经验相统一（教学过程中学生认识的特殊性规律）

1. 学生以学习间接经验为主（间接性规律）

教学中学生主要是学习间接经验，并且是间接地去体验。首先，学生的学习内容是经过系统选择、精心加工并且简化的和典型化的人类文明经验的精华；其次，学习间接经验也是由学生特殊的认识任务决定的。

2. 学生学习间接经验要以直接经验为基础

学生学习的书本知识是以抽象的文字符号表示的，是对前人生产实践和社会实践经验的认识和概括，而不是来自学生的直接实践与经验。要使人类的知识经验转化为学生真正理解掌握的知识，必须以个人以往积累的或现时获得的感性经验为基础。

3. 直接经验与间接经验在教学过程中是辩证统一的

在教学过程中，学生对客观世界的认知主要是在教师的引导下，以接受间接经验的方式来实现的。要把间接经验转化为学生自己的知识，必须要有一定的直接经验作基础。教学中要重视直接经验的作用，必须要把直接经验和间接经验有机结合起来，防止两极倾向。

（二）掌握知识与发展能力相统一

掌握知识与发展能力既有区别又有联系，两者是相互统一和相互促进的。

1. 掌握知识是发展能力的基础

学生认识能力的发展有赖于知识的掌握，知识为智力提供了广阔的领域。只有掌握某方面知识，才有可能去从事某方面的思维活动。若缺少相关知识，就无法进行相应的判断、推理、分析与综合。

2. 能力发展是掌握知识的重要条件

学生拥有一定的认识能力，为他们进一步掌握知识与技能提供了可能。学生掌握知识的速度与质量，有赖于其原有的智力水平。通常来讲，智力水平越高，知识获取的速度越快；反之，则越慢。

3. 掌握知识与发展能力相互转化的内在机制

知识不等于能力，学生掌握知识的多少并不完全表明其智力的高低，而发展学生的智力也不是一个自发的过程，必须探索二者之间的差异以及相互转化的过程和条件，以引导学生在掌握知识的同时，有效地发展他们的智力和能力。

知识与智力的相互转化，一般来说应注意以下条件：

（1）从知识传授的内容上看，通常是科学的规律性的知识。

（2）必须科学地组织教学过程，采用启发式教学。

（3）重视教学中学生的操作与活动，培养学生的参与意识与能力，给学生提供积极参与实践的时间和空间；一定时间内所学的知识要适量，不能过多。

（4）培养学生良好的个性品质，重视学生的个别差异。

（三）教师的主导作用与学生的主体作用相统一（双边性规律）

教学是教师教、学生学，学生是教师组织的教学活动中的学习主体，教师对学生的学习起主导、指导作用。

1. 教师是教学过程的组织者，应充分发挥教师的主导作用

教师的主导作用表现在：教师的指导决定着学生学习的方向、内容、进程、结果和质量，起引导、规范、评价和纠正的作用。教师的教还对学生的学习方式、学习主动积极性、个性以及人生观、世界观的形成发挥着影响。

2. 学生是教学过程中学习的主体，应充分发挥学生的主体能动性

在教学过程中，学生是学习的主体，具有强烈的个体能动性。具体表现有二：一是学生对外部信息具有能动性、自觉性和选择性，主要是受学生本人兴趣、需要以及所接受的外部要求的影响；二是学生对外部信息进行内部加工的独立性、创造性，主要是受学生原有知识经验、思维方式、情感意志、价值观念等的影响。所以，教学过程中必须重视发挥学生的主体能动性。

3. 构建合作、友爱、民主、平等的师生交往关系

教学过程是师生共享教学经验的过程，在此过程中，教师明确教学目标，学生明确学习目标，在合作、友爱、民主、平等的环境中，共同学习与发展。

4. 教师的主导作用与学生的主体作用是辩证统一的，要防止两种倾向

在教育发展历史上，曾有过以赫尔巴特为代表的教学的"旧三中心"（教师中心）和以杜威为代表的教学的"新三中心"（学生中心），这两种倾向或忽视学生的主体地位作用或忽视教师的主导地位作用，都是不可行的。在教学过程当中，既要重视教师的主导作用，又要重视学生学习主体的作用，二者缺一不可。

（四）传授知识与思想教育相统一（教学的教育性规律）

1. 学生思想品德的提高以知识作为基础

首先，科学的世界观和先进的思想都要有一定的科学文化知识作基础。其次，知识学习是一项艰苦的劳动，可以锻炼、培养学生的优良道德品质。

2. 学生思想品德的提高为学生积极地学习知识奠定了基础

学习活动是一项十分艰苦的脑力劳动，在学习过程中学习者会遇到各种困难与挫折，需要有明确的学习目的、强烈的学习欲望和较高的思想觉悟。在教学中，教师要不断培养、提高学生的思想品德水平，充分调动学生学习的主动性、积极性，最终促进学生的全面发展。

3. 传授知识和思想品德教育有机结合，防止两种倾向

在教学中要防止两种倾向：一是脱离知识进行思想品德教育；二是只强调传授知识，忽视思想品德教育。在教学过程中要把传授知识和思想品德教育有机结合起来。

（五）教学规律在教学实际中的运用

第一，注重发展学生的智慧，要求学生成长为具有高度科学精神的、智能型的、有创造力的人。

第二，在充分调动学生学习积极性的同时，充分发挥教师的主导作用。

第三，加强适合学生学习方式、学习方法的指导。

第四，在教学过程中，重视学生的情感生活。

【典型真题】在学校教育中，学生对客观世界的认识主要借助的是（　　）。

A. 生产经验　　　　　B. 生活经验　　　　　C. 直接经验　　　　　D. 间接经验

【答案】D

【解析】学生在学校中主要学习的是间接经验，这也是他们在学校教育中认识客观世界的主要材料。

【典型真题】简述传授知识和发展智力之间的辩证关系。

【参考答案】

传授知识与发展智力之间的关系：

（1）掌握知识是发展智力的基础。

（2）智力发展是掌握知识的重要条件。

（3）防止单纯抓知识教学或只重智力发展的片面性。

（4）掌握知识学习与智力发展相互转化的内在机制。

【典型真题】辨析题：知识多少与能力高低成正比。

【参考答案】错误。

知识是个体通过与环境相互作用后获得的信息及其组织，其实质是人脑对客观事物的特征与联系的反映。能力是直接影响活动效率，使活动得以顺利完成的个性心理特征。从本质上讲，知识属于认识的范畴，而能力属于实践活动的领域。知识与能力是互动的，能力的形成和发展离不开知识的积累，知识的积累会更好地促进能力的形成和发展，但能力又不是简单的知识积累。知识是能力转化的基础与前提，没有知识的吸收与积累，能力也就成了无源之水、无本之木。因此，知识是能力形成的基础，并能促进能力的发展；能力对知识的获得又起着一定的制约作用，能力越强，获得知识越快、越多。机械地说知识与能力成正比，是比较片面的。

【典型真题】辨析题：强调学生的主体地位必然削弱教师的主导作用。

【参考答案】错误。

教师的主导作用与学生的主体地位是相互依存、缺一不可的。教学中要注重发挥学生的主动性，让学生参与到学习中来。在这个过程中，教师应给学生指明方向，保证学生学习的方向性。

【典型真题】材料：

在一节语文课上，老师正在带领学生学习课文。该课文的主要内容是说，冬天下雪了，大雪将整个原野都覆盖起来。清晨，很多动物都出来了，纷纷用自己的足爪在雪地上画出美丽的图案。老师在完成教学任务以后，向学生提出一个问题：为什么青蛙和蛇没有出来？不一会儿，有一个同学站起来回答说：因为青蛙和蛇没有毛衣，怕冷，所以没有出来。老师听了不高兴，用严厉的口吻说：不知道就不要乱说。老师让这个学生坐下以后，又问全班同学谁知道。这时候，教室里安静极了，再也没有人回答。看到这种情形，老师说："我告诉你们，青蛙和蛇都是冷血动物，冬天需要冬眠，所以不能出来。"

问题：试运用教师主导作用与学生主动性内在必然联系的理论来评价这位老师教学的得失。

【参考答案】

（1）教学过程中，教师的主导作用与学生的主动性应该是统一的。教师不仅要指导学生自学，而且大多数情况下要向学生直接传授知识，言传身教。学生作为认识和发展的主体，要主动积极而不是消极被动地学习，对所学的知识要真正理解和善于运用。

（2）在教学的过程中，应该充分发挥教师的主导作用，教师的主导作用越是充分发挥，就越能保证学生的主动性、积极性和创造性。学生越是充分发挥主动性、积极性和创造性，就越能体现教师的主导作用。因此在教学实践中，既不能忽视学生的主体地位和主观能动性，也不能忽视教师的主导作用。

（3）材料中的老师针对学生的回答，不仅没有做积极的反馈，反而不高兴，用严厉的口吻说"不知道就不要乱说"，该老师的行为严重打击了学生学习的积极性和主动性，不利于学生创造性思维的发展。该老师虽然在一定程度上发挥了主导作用，但过分强调教师的主导作用，否定了学生学习主体的地位，压制了学生的主观能动性，不利于学生的成长和发展。

六、教学工作的基本环节

教师教学工作包括五个基本环节：备课、上课、课外作业的布置和批改、课外辅导、学生学业成绩的检查和评定。

（一）备课——上课前的准备工作，是教好课的前提

备课是指教师根据课程标准的要求和本门课程的特点，结合学生的具体情况，选择最适合的表达方法和顺序，以保证学生有效地学习。备课要做好四方面的工作：备教材、备学生、备教法。

1. 备教材

即钻研课程标准、教科书，以及广泛阅读教学参考资料。

2. 备学生

备课主要是了解学生学习新任务的先决条件或预备状态，主要指学生在认知、情感态度、心理动作等方面是否已做好了准备工作；了解学生对学习任务的情感态度，主要涉及学生的学习愿望、毅力、动机、兴趣等；了解学生对完成新任务的自我监控能力，主要涉及学生的学习习惯、学法、策略和风格等。

3. 备教法

我国著名教育家叶圣陶说过"教学有法，教无定法，贵在得法"，这体现了教学方法的层次多样性和形式灵活性。教师备教法既要熟练掌握讲授法、谈话法、讨论法、实验法等单一的传统教学方法，又要根据学科特点，实施自主参与、自主探究、小组合作、分层发展的学习策略；既要学习优秀教师和教育科研工作者创造的最新教法和模式，也要借鉴国外发达国家的先进教学方法，同时还要掌握、利用现代化教学手段。无论哪种教学方法都要贯穿于课堂教学的每一环节，做到注重过程教学，发展学生潜能。

【典型真题】教师备课的基本要求有哪些？

【参考答案】

（1）基本原则：1）有效性原则；2）系统性原则；3）整合性原则；4）先进性原则。

（2）总体要求：1）注重有效备课；2）强化适时备课；3）提倡集体备课；4）教案备写实行分层要求。

（3）备课构成：1）学期备课；2）单元（章节）备课；3）课时备课。

（4）教案备写要求：1）教学内容要精细；2）学情分析要全面；3）设计理念要先进；4）课时安排要合理；5）教学目标要明确；6）教学重点、难点要准确；7）教学具准备要充分；8）教学过程要有效。

（二）上课——教学工作的中心环节

上课是提高教学质量的关键。上好课的具体要求如下：

（1）目的明确：一是目标制定得当，符合课程标准的要求及学生的实际；二是课堂上的一切教学

活动都应该围绕教学目的来进行。

（2）内容正确：保证教学内容的科学性和思想性。

（3）方法得当：教师根据教学任务、内容和学生的特点选择较佳的方法进行教学，力求使教学取得较好的效果。

（4）结构合理：要有严密的计划性和组织性，课堂秩序良好，进程次序分明、有条不紊，不同任务变换时过渡自然。

（5）语言艺术：讲普通话，讲解抑扬顿挫。

（6）气氛热烈：教师注意因材施教，使每个学生都能积极地动脑、动手、动口，课堂内充满民主的气氛，形成生动活泼的教学局面。

（7）板书有序：形式上字迹规范、清楚、位置适宜；内容上重点突出、有条理。

（8）态度从容：充满自信，适当应用肢体语言。

（三）课外作业的布置和批改

1. 课外作业形式

课外作业的主要形式包括：阅读教科书和参考书；各种口头作业和口头答问；各种书面作业；各种实践作业。

2. 布置课外作业的要求

第一，内容符合课程标准规定的范围和深度，有助于学生对"双基"的掌握和智能的发展。

第二，分量适宜，难易适度。

第三，有助于启发学生思维，力求理论联系实际。

（四）课外辅导

课外辅导的方式主要有集体辅导和个别辅导两种。

课外辅导的具体要求如下：

（1）因材施教。深入了解学生，根据不同类型和特点的学生，确定具体的辅导内容和措施，以增强辅导的针对性。

（2）指导学生独立思考、钻研，形成科学的学习方法和习惯。

（3）发挥集体优势，组织学生开展互帮互学活动。

（五）学生学业成绩的检查和评定

学生学业成绩的检查和评定方法主要有：测验法、观察法、调查法、自我评价法。其中，测验法是学生学业成绩检查和评定的基本方法。

根据测验题目的性质，可以将测验划分为论文式测验、客观性测验、问题情境测验和标准化测验等类型。论文式测验，也称主观性测验，是通过出少量的论述题要求学生系统回答以测定他们的知识与能力水平的测验。客观性测验，是通过出一系列客观性试题要求学生回答以测定他们的知识与能力水平的测验。问题情境测验，是通过设计出一种问题情境或提供一定条件要求学生完成具有一定任务的作业以测定学生知识与能力水平的测验。标准化测验，是一种具有统一标准、对误差做了严格控制的测验。

衡量测验题目的质量指标主要有信度、效度、难度和区分度。

（1）信度：是指测验结果的稳定性或可靠性，即某一测验在多次施测后所得到的分数的稳定、一致程度，既包括时间上的一致性，也包括内容和不同评分者之间的一致性。

（2）效度：是指测量的正确性，即一个测验能够测量出其所要测量的东西的程度。就一个测验的优劣而言，效度是比信度更为重要的指标。

（3）难度：指测验包含的试题的难易程度。

（4）区分度：指测验对考生的不同水平能够区分的程度，即具有区分不同水平考生的能力。

七、教学原则

教学原则是根据教学目的、教学规律而制定的指导教学工作的基本准则。教学原则不同于教学规律，它们之间既有区别又有联系。教学规律是不以人的意志为转移的客观存在，是教学过程中固有的、本质的、必然的联系。人们只能发现、掌握、利用规律，而不能取消、改造和制造规律。而教学原则是由人们制定的，是属于主观意识形态的东西。教学规律是规定教学原则的客观依据和基础，科学的教学原则是教学规律的体现和反映。

（一）直观性原则

1. 基本含义

教师在教学活动中要让学生通过观察所学事物或教师语言的形象描述，形成对所学事物、过程的清晰表象，丰富感性知识，从而能够正确理解书本知识和发展认识能力。

2. 贯彻此原则的要求

（1）直观教学分为实物直观、模像直观和言语直观，要恰当地选择直观手段。

（2）直观是手段而不是目的。只有当学生对教学内容比较生疏时，在理解遇到困难时才需要教师运用直观。

（3）在直观的基础上提高学生的认识。

3. 观点

荀子：不闻不若闻之，闻之不若见之。闻之而不见，虽博必谬。

夸美纽斯：凡是需要知道的事物，都要通过事物本身的学习，应该尽可能把事物本身或代替它的图像呈现给学生。

乌申斯基：儿童是靠形式、颜色、声音和感觉来思维的。

（二）启发性原则

1. 基本含义

教师在教学活动中运用各种教学手段和方法，充分调动学生学习积极性和主动性，引导他们独立思考，积极主动地学习，自觉地掌握科学知识和提高分析问题和解决问题的能力。

2. 贯彻此原则的要求

（1）加强学习的目的性教育，调动学生学习的积极性和主动性。

（2）设置问题情境，启发学生积极思考，培养学生良好的思维习惯。

（3）教师要发扬民主教学，授课要做好重点、难点、关键的讲解。

3. 观点

孔子：不愤不启，不悱不发。

《学记》：道而弗牵，强而弗抑，开而弗达。

苏格拉底：产婆术。

第斯多惠：一个坏的教师奉送真理，一个好的教师叫人发现真理。

（三）巩固性原则

1. 基本含义

教师在教学活动中要引导学生在理解的基础上牢固掌握基本知识和技能，并长久地保持在记忆中，能根据需要迅速再现出来，以便于知识技能的运用。这一原则是为了处理好教学中获取新知识和保持旧知识之间的矛盾而提出的。

2. 贯彻此原则的要求

（1）在理解的基础上巩固。教师首先应当保证学生学会学懂，才有可能使学生获得巩固的良好效果。

（2）保证巩固的科学性，指导学生善于运用记忆的方法。教师应该利用记忆和遗忘的一些规律，组织安排巩固，提高巩固的效率。

（3）巩固的具体方式要多样化，重视组织各种复习。除了常见的各种书面作业外，教师还要善于利用调查、制作、实践等多种方式帮助学生巩固所学知识，在运用知识中积极巩固。

3. 观点

孔子：学而时习之，温故而知新。

乌申斯基：复习是学习之母。

（四）循序渐进原则（系统性原则）

1. 基本含义

教学活动应当持续、连贯、系统地进行。这一原则是为了处理好教学活动的顺序、学科课程的体系、科学理论的体系、学生发展规律之间错综复杂的关系而提出的。

2. 贯彻此原则的要求

（1）按教材的系统性进行教学。

（2）按照学生的认知顺序，由浅入深、由易到难地进行教学。

（3）注意主要矛盾，解决好重点与难点的教学。

3. 观点

《学记》：学不躐等。不陵节而施。

（五）量力性原则（可接受性原则）

1. 基本含义

教学活动要适合学生的发展水平。这一原则是为了防止教学难度低于或高于学生实际程度而提出的。

2. 贯彻此原则的要求

（1）重视学生的年龄特征，了解学生发展的具体特点。

（2）恰当地把握教学难度。

（六）科学性与教育性（思想性）相结合原则

1. 基本含义

教学要以马克思主义为指导，既要把现代先进科学的基础知识和基本技能传授给学生，又要结合知识、技能中内在的德育因素，对学生进行思想政治教育和道德品质教育。这是培养德智体美劳全面发展的人的要求，是建设社会主义物质文明和精神文明的要求，体现了我国教育的根本方向。

2. 贯彻此原则的要求

（1）保证教学的科学性。

（2）结合教学内容的特点进行思想品德教育。

（3）通过教学活动的各个环节对学生进行思想品德教育。

（4）教师要不断提高自身的思想水平和业务能力。

（七）因材施教原则

1. 基本含义

教师在教学活动中，要面向全体学生，同时要根据学生的个别差异，有的放矢地进行个别教育，使每个学生都能健康发展。这一原则是为了处理好集体教学与个别教学、统一要求与尊重学生个别差异等问题而提出的。

2. 贯彻此原则的要求

（1）坚持课程计划与课程标准相统一。

（2）充分了解学生，包括学生的年龄特征、个性特征、家庭背景、生活经历、学习成绩等，尊重学生的差异。

（3）面向每一个学生，尽可能使学生的每一项才能都得到发展。

（八）理论联系实际原则

1. 基本含义

教学要以学习基础知识为主导，从理论与实际的联系上去理解知识，注意运用知识去分析问题和解决问题，达到学懂学会、学以致用。这一原则是直接经验与间接经验相统一的教学规律在教学中的运用。

2. 贯彻此原则的要求

（1）既要重视书本知识的教学，也要重视联系实际。

（2）重视培养学生学习、运用知识的能力。

（3）正确处理知识教学与技能训练的关系。

（4）补充必要的乡土教材。

3. 观点

我国古代教育家十分重视"知行关系"的研究。

裴斯泰洛齐很重视"知识与知识的应用"。

乌申斯基也指出："空洞的、毫无根据的理论是一点用处也没有的。"

【典型真题】辨析题：直观教学是教学手段，也是教学目的。

【参考答案】错误。

直观教学原则是指教师在教学活动中通过引导学生观察所学事物或图像、聆听教师用语言对所学对象的形象描绘，对有关事物形成具体而清晰的表象，以便理解所学知识。直观教学是教学手段但不是教学目的。

【典型真题】在教学过程中，张老师经常运用语言的形象描述，引导学生形成对所学事物、过程的清晰表象，丰富他们的感性认识，从而使他们正确理解知识和提高认识能力。张老师遵循的教学原则是（　　）。

A. 循序渐进原则　　　B. 直观性原则　　　C. 因材施教原则　　　D. 启发性原则

【答案】B

【解析】张老师形象化的语言属于直观教学手段中的语言直观，遵循的是直观性原则。

【典型真题】简述学校教学活动的基本环节。

【参考答案】

学校教学活动的基本环节：（1）备课；（2）上课；（3）课外作业的布置和批改；（4）课外辅导；（5）学生学业成绩的检查和评定。其中，上课是教学工作的中心环节。

【典型真题】我国古代教育文献《学记》中要求"学不躐等""不陵节而施"，提出"杂施而不孙，则坏乱而不修"。这体现了教学应遵循（　　）。

A. 启发性原则　　　B. 巩固性原则　　　C. 循序渐进原则　　　D. 因材施教原则

【答案】C

【解析】"学不躐等""不陵节而施""杂施而不孙，则坏乱而不修"中的"躐""陵"为超越、越过之意；"孙"为按规律之意。学习不能超越等级、次第，要遵循一定的顺序，体现循序渐进的教学原则。

【典型真题】初一（2）班学生李小刚对学习毫无兴趣，成绩极差，各科考试很少及格。一次期中数学考试，他有一道数学题答不上来，就在试卷上写下了这样一段话："零分我的好朋友你在慢慢地向我靠近零分你是如此多请难道你把我当着一个无用的人不我不是一个无用的人我是人我也有一颗自尊心再见吧零分"。

数学老师阅卷时，看到这份答卷后，非常生气地把李小刚叫到办公室，交给了新任班主任梁老师。梁老师问明情况后，并没有直接训斥李小刚，而是耐心地帮助李小刚在他的"杰作"上加上了标点，改了错别字，重新组织了那段话。

"零分，我的好朋友，你在慢慢向我靠近。

零分，你如此多情，

难道你也把我当作一个无用的人？

不，我不是一个无用的人！

我是人，我也有一颗自尊心。

再见吧，零分！"

然后，梁老师让李小刚读了这段话，赞叹道："这是一首很好的诗啊！"听到这句话，李小刚感到很诧异。梁老师接着说："诗贵形象，你的这首诗很形象，诗言情，诗言意，从这首诗中可以看出你是一个不甘与零分为伍的人。"

"这是诗？我也能写诗？"

李小刚没想到梁老师不但没有批评他，还会如此评价他，非常感动。

从此，在梁老师的不断鼓励下，李小刚驱散了心中的阴霾，坚定了学习的信心，端正了学习的态度。两年后，李小刚顺利地考上了高中。

问题：（1）梁老师成功地运用了哪一种教育原则？

（2）结合材料，阐述贯彻该原则的基本要求。

【参考答案】

（1）梁老师成功运用了科学性与教育性相结合的原则：教学要以马克思主义为指导，既要把现代先进科学的基础知识和基本技能传授给学生，又要结合知识、技能中内在的德育因素，对学生进行思想政治教育和道德品质教育。梁老师不仅帮李小刚纠正了错别字和标点符号，体现了科学性，同时鼓励他、帮助他，让他树立了学习的信心，体现了教育性。

（2）贯彻此原则的要求：

1）保证教学的科学性。

2）结合教学内容的特点进行思想品德教育。

3）通过教学活动的各个环节对学生进行思想品德教育。

4）教师要不断提高自己的思想水平和业务能力。

八、教学方法

教学方法是为了完成教学任务而采用的方法，包括教师教的方法和学生学的方法，是教师引导学生掌握知识技能、获得身心发展的方法。

（一）我国中学常用的教学方法

1. 以语言传递为主的教学方法

（1）讲授法。

教师运用口头语言系统地向学生传授知识，发展学生智力的方法称为讲授法。讲授法有以下四种呈现形式：

1）讲述：教师运用语言对教学内容作系统叙述和形象描绘的一种讲授方式。

2）讲解：教师运用通俗易懂的语言对教学内容进行解释、说明、论证的一种讲授方式。

3）讲读：又称串讲，教师边讲边读，将读（教科书）与讲相结合。

4）讲演：教师不仅要系统全面地描述事实，而且要通过深入分析、推理来归纳、概括科学的概念或者结论，一般适用于高年级教学。

讲授法的优缺点：能在短时间系统传授知识，但不利于学生主动性的发挥。

运用讲授法的基本要求：

1）教育内容要有科学性、系统性、思想性。

2）采用启发式教学，让学生在听的过程中学会思考。

（2）谈话法。

谈话法又称问答法，是教师根据学生实际的认知与经验，根据教学目标，向学生提出问题，引导学生对问题进行思考，使学生获取新知识同时又能巩固原有知识的一种教学方法。谈话法特别有助于激发学生的思维，调动学习的积极性，培养学生的独立思考和语言表述能力。

谈话法的优点：能够充分激发学生的思维，有利于发展学生的语言表达能力，同时能够让教师在实际授课过程中充分了解学生对于知识的理解或运用程度，进而查缺补漏。

运用谈话法的基本要求：

1）要准备好问题和谈话计划。教师要对谈话的中心和提问的内容做充足的准备。在上课之前，教师要根据教学内容和学生已有的经验、知识，准备好谈话的问题、顺序，以及如何从一个问题引出和过渡到另一个问题。

2）提出的问题要明确、具体、难易适度，符合学生已有的认知水平。

3）要善于启发诱导，通过提问引导将知识逐步传递给学生。

4）要做好归纳、小结，提问的目的是让学生掌握正确的知识。

（3）讨论法。

讨论法是学生在教师的指导下，以全班或者小组为单位，为解决某个问题互相进行探讨、辩论，从而获取知识的一种方法。

讨论法的优缺点：通过对所学知识内容的讨论，有助于学生相互启发、加深理解，激发学生的学习热情，但是运用此方法时需要学生具备一定的基础与理解力，适合在高年级运用。

运用讨论法的基本要求：

1）讨论前做好充分准备，设置具有吸引力的题目，吸引学生注意力。

2）讨论中要对学生进行启发诱导，以问题为中心，促使问题与实际相联系。

3）讨论结束时要做好小结，并引申出要进一步思考的问题。

（4）读书指导法。

读书指导法是教师指导学生通过阅读教科书和参考书，培养学生自学能力的一种方法。

根据学生独立的程度，读书指导法可分为三类：教师指导性阅读、学生半独立性阅读和学生独立性阅读。教师指导性阅读可分为预习和复习阅读指导、课堂阅读指导、课外阅读指导。

运用读书指导法的基本要求：

1）教师要提出明确的学习目的、要求和思考题。

2）教师要循序渐进地教给学生读书方法。

3）教师要加强评价和辅导，同时适当组织学生交流读书心得。

2. 以直观感知为主的教学方法

（1）演示法。

演示法是教师在课堂上通过展示各种实物、直观教具或进行示范性实验，验证某一事物或现象，促使学生通过实际观察掌握感性知识的教学方法。演示的手段大致可以分为以下四类：

1）实物或模型、标本、图片、挂图的演示。

2）实验演示。

3）用连续成套的幻灯片、录像、电影等，进行序列性演示。

4）音乐、教师的示范性动作或操作（体育课或者劳动课）等。

运用演示法的基本要求：

1）使学生明确演示的目的、要求与过程，主动、积极、自觉地投入观察与思考。

2）注意持续性和引导性。

3）使所有学生都能清楚、准确地感知演示对象，并引导学生在感知过程中进行分析。

4）尽量排除或减少次要因素的影响，以使目的明确、现象明显。

（2）参观法。

参观法，又被称为现场教学法，是教师根据教学目的和要求，组织学生对实物进行实地观察、研究，从而获得新知识或巩固、验证已学知识的方法。它可以分为三类：准备性参观、并行参观、总结性参观。

参观法的优点：能够帮助学生将知识与实际相联系，激发学生的求知欲，增强学生的学习动机；能够让学生更多地接触社会，获得更多的实践经验，同时发展学生的观察能力等。

运用参观法的基本要求：

1）参观前做好准备与计划。

2）参观时要及时对学生进行具体指导。

3）参观后及时总结。

3. 以实际训练为主的教学方法

（1）练习法。

练习法是学生在教师的指导下，运用所学知识独立地进行实际操作，以巩固知识、形成技能的方法。练习法是中小学各科教学普遍采用的教学方法。练习的种类很多，按培养学生不同方面的能力分为口头练习、书面练习、实际操作练习；按学生掌握技能、技巧的进程分为模仿性练习、独立性练习、创造性练习。

练习法的基本实施步骤是：教师提出练习的任务，说明练习的意义、要求和注意事项，并做出示范；学生进行练习，教师巡回辅导；练习之后，教师进行系统的分析和总结。

练习法的优点：有效地发展学生的各种技能，培养学生的意志。

运用练习法的基本要求：

1）使学生明确练习的目的与要求，掌握练习的原理和方法。

2）教师教给学生必要的练习方法，并对学生的练习进行检查与反馈。

3）提供适量的练习作业帮助学生巩固提高。

（2）实验法。

实验法是指学生在教师的指导下，使用一定的仪器和设备，在一定条件下引起某些事物和现象产生变化，并进行观察和分析，以获得直接经验的方法。实验法在自然科学的教学中运用得较多。

实验法的优点：使学生在掌握知识的同时，培养动手能力和形成科学严谨的学习态度。

运用实验法的基本要求：

1）明确实验的目的与内容，制订详细的实验计划，提出具体的操作步骤与要求。

2）做好实验的组织和指导，重视语言指导与教师示范的作用。

3）实验过程中及时检查结果，要求学生按照规定写出实验报告，做好总结。

（3）实习作业法。

实习作业法是指教师依据学科课程标准要求，指导学生运用所学的知识从事一定的工作或操作，将书本知识运用于实践的教学方法。实习作业法在自然科学的教学和职业教育中应用较为广泛。如数学课的实际建模、生物课的植物培育与养护等。

实习作业法的优点：有利于理论联系实践，对培养学生运用书本知识从事实际工作的能力有重要的作用。

（4）实践活动法。

实践活动法是学生通过参加社会实践活动，培养解决实际问题的能力和多方面实践能力的教学方法。在实践活动中，学生是实践的主体，教师是学生的引导者或顾问。

4. 以情感陶冶为主的教学方法

（1）欣赏教学法。

欣赏教学法是指在教学过程中指导学生体验客观事物的真善美的一种教学方法。一般包括对自然的欣赏、对人生的欣赏和对艺术的欣赏等。

（2）情景教学法。

情景教学法是指教师有目的地引入或创设以形象为主题的具有一定情绪色彩的生动具体场景，以引起学生一定的情感体验，从而帮助学生理解教材，并使学生的心理机能得到发展的教学方法。通常包括生活展现的情景、实物演示的情景、音乐渲染的情景等。

5. 以探究为主的教学方法——发现法

发现法是由美国教育家布鲁纳所倡导的教学方法，即教师组织和引导学生通过独立的探究和研究活动而获得知识的方法。

发现法的特点：

（1）学生是在教师的指导下探究和解决问题，学生在整个教学过程中处于重要地位。

（2）学生通过对问题的探究获得经验和知识，培养创新精神和进取意识。

（3）以学生的独立探究和作业为主，教师是引导者、促进者和服务者。

发现法的教学步骤：

（1）创设问题情境，促使学生发现问题并正视问题。

（2）利用学生已有的经验及相关材料对问题做出假设。

（3）检验假设。

（4）根据发现得出结论。

（二）国外常用的教学方法

1. 探究-研讨法

美国哈佛大学教授兰本达提出了科学教育的探究-研讨教学法。

2. 纲要图式教学法

由沙塔洛夫在其 30 年的教学实践基础上创立。纲要图式是一种由字母、单词、数学或其他信号组成的直观性很强的图表，是教学辅助工具。它通过各种"信号"，提纲挈领、简明扼要地把需要重点掌握的知识表现出来，帮助学生更快更深刻地理解知识。

3. 暗示教学法

暗示教学法是由保加利亚心理学家乔治·洛扎诺夫（也译作格奥尔基·洛扎诺夫）于 20 世纪 60 年代末 70 年代初首创的，被称为是一种"开发人类智能，加速学习进程"的教学方法，又被称为启发教学法。

洛扎诺夫曾这样解释暗示教学法："创造高度的动机，建立激发个人潜力的心理倾向，从学生是一个完整的个体这个角度出发，在学习交流过程中力求把各种无意识结合起来。"

4. 非指导教学法

非指导教学法是由人本主义代表人物罗杰斯提出的重要教学方法。非指导教学法强调以学生为中心，不重视技术，只重视态度，主要是移情性理解，无条件尊重和真诚对待学生。该教学法与传统指导教学法以教师为中心、注重知识和技能、采取比较固定的步骤思路相反。

5. 范例教学法

范例教学法是由德国教育家瓦·根舍因等人共同创立的。范例教学即通过学习典型事例，使学生掌握一般的知识、观念，在发展学生能力的同时使学生学到知识。

教师在使用这一方法时要做到：（1）帮助学生形成主动学习的习惯，提高学生主动学习的意愿。（2）激发学生的学习动机，培养学生的学习兴趣。（3）帮助学生认清知识间的逻辑结构。（4）教师要引导学生发现问题，解决问题。

6. "掌握学习"教学法

"掌握学习"教学法的代表人物是美国的卡罗尔和布卢姆等。它是以每个学生掌握教学内容为标志，通过操作教学时间实施"因学施教"，使每个学生都尽可能得到发展的一种教学方法。

教师首先确定教学内容，把课程分解为一系列单元，并制定具体的教学目标；在课程实施之前，对学生进行诊断性评价；预先确定并准备好可供选择的学习材料和矫正手段（如小组学习、重新讲授等），供学生学习上遇到困难时使用；编制"终结性测验"试题，用来评价学生完成各科学习任务的情况，试题要覆盖所有单元目标和内容。

教师在使用该方法时应做到：（1）对学生要准确诊断；（2）注意激发学生的学习动机；（3）让每一个学生体验到"学习成功"的喜悦；（4）要引导学生学会总结，从而形成自学的方法。

【典型真题】教学目标与任务是选择教学方法的重要依据。有利于实现技能、技巧性教学目标的教学方法是（ ）。

A. 陶冶法 　　　　　B. 讨论法 　　　　　C. 练习法 　　　　　D. 讲授法

【答案】C

【解析】练习法是学生在教师的指导下，运用所学知识独立地进行实际操作，以巩固知识、形成技能的方法。练习法有利于技能、技巧性教学目标的实现。

【典型真题】在教授"新型玻璃"这一知识点时，为了丰富学生对玻璃的认识，张老师带领学生去玻璃厂观看玻璃的生产流程，这种教学方法是（ ）。

A. 实验法 　　　　　B. 参观法 　　　　　C. 实习法 　　　　　D. 演示法

【答案】B

【解析】本题主要考查的知识点为常用的教学方法。参观法是教师根据教学目的和要求，组织学生到一定的校外场所，如自然界、生产现场和其他社会活动场所，使学生通过对实际事物和现象的观察、研究获得新知识的方法。

【典型真题】张老师在教《我爱故乡的杨梅》一文时，用多媒体播放江南水乡的美景，为学生设计真实、具体、生动的场景，其采用的教学法是（ ）。

A. 情景教学法 　　　　B. 示范法 　　　　　C. 演示法 　　　　　D. 现场教学法

【答案】A

【解析】张老师根据课文所描绘的情景，创设出形象鲜明的投影图片，辅之生动的文学语言，并借助音乐的艺术感染力，再现课文所描绘的情景，使学生如闻其声、如见其人、如临其境，这属于情景教学法。

【典型真题】根据教学任务的要求，在校内或校外组织学生进行实际操作，将理论知识运用于实践，以解决实际问题的教学方法是（ ）。

A. 实验法　　　　　　　B. 演示法　　　　　　　C. 读书指导法　　　　　D. 实习作业法

【答案】D

【解析】本题主要考查常见教学方法。实习作业法是教师根据教学要求，组织学生在校内外一定场所从事一定的实习实践工作，使学生在具体操作过程中综合运用理论、形成技能技巧的方法。

【典型真题】李老师教《落花生》一文时，让学生谈谈做人该做落花生这样的人，还是做苹果、石榴那样的人，学生各抒己见。李老师运用的教学方法是（ ）。

A. 讲授法　　　　　　　B. 讨论法　　　　　　　C. 谈话法　　　　　　　D. 发现法

【答案】B

【解析】讨论法是指学生在教师的指导下为解决某个问题而进行探讨、辨明是非真伪以获取知识的方法。讨论体现了现代学习方式的主动性、独立性、体验性、问题性等特征，能有效提高课堂教学质量。教学实践中，教师要使课堂讨论更有效。题干所述即为讨论法。

九、常见的教学组织形式

教学组织形式是指教学活动中师生相互作用的结构形式，或者说是师生的共同活动在人员、程序、时空关系上的组合形式。

（一）班级授课制

1. 定义

班级授课制是一种集体教学形式，是把一定数量的学生按年龄和知识程度编成固定的班级，根据周课表和作息时间表，安排教师有计划地向全班学生集体授课的一种教学组织形式。班级授课制是现代教学的基本组织形式。

1632 年，捷克教育家夸美纽斯在其著作《大教学论》中从理论上最早对班级授课制进行了解释，为班级授课制奠定了理论基础。后来，以赫尔巴特为代表的教育家提出了教学过程的形式阶段论（明了、联想、系统、方法），班级授课制得以进一步发展。之后，以苏联教育家凯洛夫为代表，提出了课的类型和结构等概念，促使班级授课制形成一个完整的体系。

2. 班级授课制的基本特征

（1）以班为单位集体授课，学生人数固定（固定的班）。

（2）按"课"教学，"课"是教学活动的基本单元（固定的课）。

（3）按时授课，把每一"课"规定在固定的单位时间内进行，这个单位时间称为"课时"，课与课之间有一定的间歇和休息（固定的时间）。

3. 班级授课制的优势与局限

（1）优势。

1）有利于经济有效地大面积培养人才，发挥教师的主导作用，提高教学效率。

2）有利于发挥学生集体的作用，促进学生个体多方面的发展。

3）有利于进行班级的教学管理与监督。

（2）局限。

1）教学活动多由教师直接做主，学生学习的主体地位或独立性受到影响。

2）学生学习主要是接受学习，不利于培养探索精神、创造能力和实践能力。

3）教学面向全班学生，强调统一，难以照顾学生的个别差异，也不利于学生之间的交流沟通与启发。

4）教学内容和教学方法的灵活性有限，教学以"课"为单位，某种程度上容易割裂内容的整体性。

4. 班级授课制的发展趋势

班级授课制所采用的"以教为主"的教学模式本身优劣势共存,新课程改革的实施必然会要求革新传统的"以教为本"的班级授课制。在相当长的时间内,班级授课制仍将是我国中小学采用的主要教学组织形式。班级授课制的优点与缺点具有共生性质,为了弥补班级授课制的不足,应在不取消班级组织的前提下做必要的改进。20世纪50年代以后,教育界在继承以往改革成果的基础上寻求最佳的教学组织形式,如分层教学、小组合作教学、小班教学等。

(二) 个别教学

个别教学指的是教师向学生传授知识、布置作业和批改作业都是个别进行的,即教师对学生一个个轮流地教,教师在教某个学生时,其余学生均按教师要求进行复习或写作业。个别教学是班级授课制的一种辅助形式,也是古代学校的主要教学模式。

个别教学的优势:个别教学强调的是挖掘学生个体的优势与特点,教师能根据学生的特点进行因材施教,使教学内容、进度适合学生的接受能力,弥补了班级授课制中的"一刀切"缺陷,进而满足学生个体的个性化需求。

个别教学的局限:正因为采用个别形式,难以完成系统化、程序化传授知识的任务,同时教师的人数与精力有限,无法做到大范围教学推广,导致教育效率低。

(三) 分组教学

分组教学是指将两人以上的学生编成一个小组,根据学生的能力或成绩,以各小组为单位共同学习的教学组织形式。这是对集体教学的有效补充,有利于学生进行合作学习,是促进个体社会化的有效途径。

分组教学的关键是有效地分组,可分为两大类:外部分组和内部分组。外部分组是取消年龄编班,按学生的能力或某些测验成绩编班。内部分组是在传统的按年龄编班的班级内,按学生能力或学习成绩编组。

分组教学的优势:更切合学生个人的水平和特点,便于因材施教,有利于人才的培养。

分组教学的劣势:

(1) 科学地鉴别学生的能力和水平变得相对困难。

(2) 在对待分组教学上,学生、家长和教师的意愿常常与学校的要求相矛盾。

(3) 分组后造成一定负面作用,高水平组学生容易滋生傲慢情绪,低水平组学生的学习积极性普遍降低。

(4) 学生处于不断变化中,为了确保学生在分组教学中能受到恰当的教育,分组必须经常进行,情况一变就得重新分组,教学管理麻烦。

(四) 设计教学法和道尔顿制

设计教学法由美国教育家杜威首创,经过其学生克伯屈改良后得到推广而产生很大的影响。设计教学法主张废除班级授课制和教科书,打破传统的学科界限,由学生根据自己的实际情况来决定学习目的和内容,教师在其中充当辅导者角色,学生在自己设计、自己负责任的单元活动中获得有关的知识和能力。

道尔顿制由美国教育家柏克赫斯特于1920年在马萨诸塞州道尔顿中学创行,主张教师不再上课向学生系统讲授教材,只为学生分别指定自学参考书、安排作业,由学生自学和独立作业,有疑难时才请教师辅导,学生完成一定阶段的学习任务后,向教师汇报学习情况和接受考查。

这两种教学组织形式优势在于能有效调动学生学习的主动性,培养学生的学习能力和创造才能,但不利于知识的系统掌握，且对教学设施和条件要求较高。

（五）特朗普制

特朗普制是美国教育学教授劳伊德·特朗普于 20 世纪 50 年代提出的教学组织形式，又被称为"灵活的课程表"。这种教学组织形式把大班上课、小班研究和个别教学结合起来，既有班级授课制的优点，也有个别教学的长处，但管理起来比较麻烦。

（六）贝尔-兰喀斯特制

贝尔-兰喀斯特制，也称为导生制，是由英国人贝尔和兰喀斯特于 18 世纪末 19 世纪初创始的。这种教学组织形式仍以班级为基础，但教师不直接面向班级全体学生，教师先把教学内容教给年龄较大的或成绩较好的学生，而后由他们中间的佼佼者——导生去教年幼的或成绩较差的其他学生。这种教学组织形式是在英国工场手工业向大机器生产过渡的过程中，在需要大规模培养学生且师资比较缺乏的情况下出现的。导生"现学现教"很难保证基本的教学质量。

（七）复式教学——班级授课制的特殊形式

复式教学是把两个或两个以上年级的学生编在一个班里，由一位教师分别用不同的教材，在同一节课里对不同年级的学生，采取直接教学和自动作业交替的办法进行教学的组织形式。复式教学是在教育条件和经济条件落后的状况下产生的，适用于学生少、教师少、校舍和教学设备较差的农村或偏远地区。

复式教学是班级教学的一种特殊形式，与班级授课制不同的是，教师要在一节课的时间内巧妙地同时安排多个年级学生的活动。复式教学如果想要取得成功，就必须将直接教学和自动做作业进行合理搭配。

复式教学的特点是：直接教学和学生自学或做作业交替进行。由于学科多、讲课时间少、教学任务重、备课复杂，复式教学对教学过程的组织、教学时间的分配和教学秩序的处理等有更多的要求。

复式教学的要求：合理编班；编制复式课程表；培养小助手；建立良好的课堂常规。

十、教学模式

教学模式是在一定教学思想或者理论下建立起来的较为稳定的教学活动结构框架和活动程序。当前很多教学方法都有向教学模式方向发展的趋势，主要有以下几类。

（一）行为主义——程序教学模式

程序教学模式的鼻祖是美国心理学家斯金纳。斯金纳在巴甫洛夫经典性条件作用理论的基础上提出了操作性条件作用理论，解答了操作性行为如何形成。根据操作性规律，他提出了程序教学模式，其步骤是：

（1）把教材内容细分成很多的小单元。

（2）按照这些单元的逻辑顺序排列，构成由易到难的很多层次或小步子，让学生循序渐进，依次进行学习。

（3）学生回答问题后，教师要立即反馈，出示正确答案。

这种教学模式基于操作性条件反射和积极强化的原理设计，并据此设计了教学机器，是一种个别化的学习方式，适合能力强且个性独立的学生，基本上是一种自学模式，缺少了师生之间的互动。

（二）认知主义——发现学习模式

布鲁纳是认知学派的代表人物，他主张学习的目的是以发现学习的方式，使学科的基本结构转变为学生头脑中的认知结构。发现学习的一般过程是：

（1）带着问题有意识地观察具体事实。

（2）提出假设。

（3）上升到概念。

（4）转化为活的能力。

（三）建构主义——抛锚式教学模式

抛锚式教学模式又称情景教学，是指创设含有真实事件或真实问题的情景，学生在探究事件或解决问题的过程中自主地理解知识，建构意义。这里的情景是基于现实世界的真实情景，是与现实情景一致或类似的。教师在与学生共同建构意义的过程中给学生提供必要的帮助。

抛锚式教学中的各种事件或问题是学生要完成的"真实性任务"，是教师和学生思想的焦点。通过学生和教师对这些事件或问题的探究，教学内容及进程成为一个动态的、有机的整体，这些事件或问题恰如一个个锚，把学生与教师的"思想之锚"固定在知识的海洋之中，在对知识的纵深探究中不断建构每一个主体真正的意义。

（四）人本主义——非指导教学模式

非指导教学模式由人本主义代表人罗杰斯提出。人本主义学习理论强调人的潜能、个性与创造性的发展，强调自我实现、自我选择和健康人格作为追求的目标。

所谓"非指导"，是为了与其他理论提倡的"指导"相区别。"非指导"不是不指导，而是一种不明确的指导，即要有指导的艺术，促进学生的学习。罗杰斯主张用"学习的促进者"代替"教师"这个称谓。教师的任务是要为学生提供学习的手段和条件，促进学生自由生长。教师的角色是"助产士"或"催化剂"。

十一、教学评价

（一）中学教学评价的概念

中学教学评价，是指以教学目标为依据，通过一定的标准和手段，对教学活动及其结果给予价值上的判断，即对教学活动及其结果进行测量、分析和评定的过程。

（二）教学评价的功能

教学评价是教学过程中重要的一个环节，从整体上调节和控制教学活动的进行。从中学教学这个层面来说，教学评价的功能主要包括以下五个方面。

1. 诊断（导向）功能

诊断（导向）是评价的主体功能，是一种潜在的制约作用。按照教育方针，课程计划规定的学校培养目标，各科课程标准规定的课程目标和内容，是教学评价的基本依据，它们是通过教师的教和学生的学实现的。通过教学评价，教师可以了解自己的教学目标、教学方法、教学手段、教学的重难点是否设置合理，同时也可以了解、分析学生在实际学习过程中是否存在相应的问题，进而调整自己的教学策略，改变教学措施，有针对性地解决教学中存在的问题。

2. 反馈功能

教学评价及时提供反馈信息，能使教师和学生知道教学过程的结果。反馈信息在教学中具有重要的调节作用。教师可以通过教学评价提供的反馈信息，及时发现自己工作中的薄弱环节，并在此基础上调整、修正和改进。同时，肯定的评价可以进一步激发学生的动机，提高其学习兴趣；否定的评价则可以让学生及时发现问题与错误，在老师的指导下及时纠正。

3. 调控功能

在教学过程中，教学评价的内容和标准往往会成为学生学习的内容和标准，从而调整学生学习的方向、学习的重点；教师的教学方向、教学目标、教学重难点的确定，以及教学策略和教学方法的选择都会受到评价内容和评价标准的制约。如果教学评价能够全面反映教学计划和教学大纲对学生的要求，充分体现学生全面发展的方向，那么教学评价发挥的导向作用就是积极的、有效的；反之，则偏离。

4. 强化功能

教学评价可以调动教师教学工作的积极性，激起学生学习的内部动因，维持教学过程中师生适度的紧张状态，可以使教师和学生把注意力集中在教学任务的某些重要部分。一方面，教师在适度紧张的情况下，努力调整自身状态，更好地工作；另一方面，学生更加注重学习的自身需求，发扬优势，克服缺点，朝着更高的方向迈进。

5. 检验功能

教师的教学水平和教学效果如何，学生是否掌握了相应的知识与技能，预定的教学目标是否实现，都必须通过教学评价进行检验。比如学校进行的期末考试，可以反映学生对于知识的掌握和运用程度，同时也可作为教育部门对教师教学工作质量评价的重要依据。

(三) 教学评价的类型

根据中学教学的特点，教学评价主要分为以下几种类型，每种类型各有不同的评价方式。

1. 按教学评价的作用分类

（1）诊断性评价。

诊断性评价是在学期开始或者一个单元教学开始时，为了了解学生的准备状况及影响学习的因素而进行的评价。比如摸底考试就属于该评价类型。诊断性评价的实施时间，一般是课程、学期、学年开始或教学过程中有需要的时候。其作用有二：一是确定学生的学习准备程度；二是适当安置学生。

（2）形成性评价。

形成性评价是在教师教学过程中，为使教师的专业水平继续提高，不断获取反馈信息，以便改进教学而进行的系统性评价。它在教学活动中进行，目的是找出教师工作中的不足，为教师不断改进教学提供依据。

（3）终结性评价。

终结性评价就是在教学活动结束后为判断其效果而进行的评价。一个单元、一个模块或一个学期的教学结束后对最终结果所进行的评价，都可以说是终结性评价。终结性评价是检测学生综合运用能力发展程度的重要途径，也是反映教学效果、学校办学质量的重要指标之一。

2. 按教学评价采用的标准分类

（1）相对评价。

相对评价又称常模参照性评价，是指运用常模参照性测验对学生的学习成绩进行的评价。它主要依据学生个人的学习成绩在该班学生成绩序列或常模中所处的位置来评价和确定学生成绩的优劣，而不考虑是否达到教学目标的要求。

这种评价无论评价对象集合总体状况如何，都可以进行比较，找到各自的相对位置，因而适应性强、应用面广、便于比较。相对评价的优点在于甄选性强，可以作为选拔人才、分类排队的依据；缺点是不能明确表示学生的真正水平，不能表明个体在学业上是否达到特定的标准，对于个人的努力状况和进步程度也不够重视。

（2）绝对评价。

绝对评价是在评价对象集合之外，确定一个客观标准，将评价对象与这个标准进行比较，评价其达到标准的程度，作出价值判断。这种评价形式不受评价对象群体状况和水平的影响，评价结果只与评价对象自身的水平有关，而与其所处的群体无关。该评价主要依据教学目标和教材编制试题来测验学生的成绩，判断学生是否达到了教学目标的要求，而不以评定学生之间的差异为目的。绝对评价的优点在于可衡量学生的实际水平，了解学生对知识和技能的掌握情况，适用于升级考试、毕业考试和合格考试；缺点是不适用于人才甄选。

（3）个体内差异评价。

个体内差异评价是对被评价者的过去、现在进行比较，或将评价对象的不同方面进行比较。如学生成长记录袋评价就是个体内差异评价，它能适时地对某个学生的过去和现在进行比较，以判断其是否进步或退步。另外，针对某个学生，对其各科学习成绩进行比较、对其学习成绩与智力进行比较等，也是个体内差异评价，这种比较可以了解学生的学科特长、智力特长。个体内差异评价最大的优点是充分体现了尊重个体差异的因材施教原则，并适当减轻了被评价对象的压力；缺点是由于评价本身缺乏客观标准，不易给被评价对象提供明确的目标，难以发挥评价应有的功能。

3. 按教学评价的方法分类

（1）定量评价。

定量评价是指采用定量分析方法，即用一定的数学模型或数学方法，对搜集到的数据资料进行处理和分析，从而作出定量结论的评价。如运用教育测量和统计方法、模糊数学方法等，对评价对象进行数字描述。对于能够数量化的教学评价信息，应当尽量采用定量方法进行处理、分析和判断，因为该方法较为客观、有说服力。

定量评价一定程度上满足了以选拔、甄别为主要目的的教育需求，但它往往只关注学生的品质与行为，处处、事事都要求量化，强调共性、稳定性和统一性，过分依赖纸笔测验形式，有些内容勉强量化后只会流于形式，忽视个性发展与多元标准。

（2）定性评价。

定性评价是凭借评价者的洞察、内省或移情对评价对象做出价值判断的教学评价模式。如用观察法、调查法、系统分析法等搜集、处理教学评价信息，作出判断，进行定性描述。对于不能量化的教学评价信息，只能采用定性方法进行处理、分析和判断。

定性评价更加关注学生在"质"方面的发展，关注教育结果与教育目标之间的一致性；强调对学生的优缺点进行系统的调查，并对个体独特性做出"质"的分析与解释，是具有实质性内容的一种评价机制。因此，定性评价可以关注更广泛的教育目标及学习结果，强调关注现场和专业判断，对学生种种表现试图做出具有教育学、心理学意义的解释与推论。

4. 按教学评价的主体分类

（1）外部评价。

外部评价是指被评价者之外的专业人员对评价对象进行统计分析或文字描述。外部评价的优点是客观真实，容易看见优势与不足；缺点是牵涉的人、财、物比较多，并且流程相对复杂。

（2）内部评价。

内部评价是指课程设计者或者使用者自己实施的评价，又称为自我评价。内部评价的优点在于由课程设计者或者使用者进行，方便开展；缺点是主观随意性大，无法进行横向类比，容易出现两极极端。

（四）教学评价的原则

根据中学教学的实际，开展教学评价应遵循以下基本原则。

1. 客观性原则

客观性原则是指在进行教学评价时，从测量的标准和方法到评价者所持有的态度，特别是最终的评价结果，都应该符合客观实际，不能主观臆断或掺入个人情感。贯彻客观性原则，首先要做到评价标准客观，不带随意性；其次要做到评价方法客观，不带偶然性；最后要做到评价态度客观，不带主观性。只有这样，才能如实地反映出教师的教学质量和学生的学业水平，为指导、改进教学工作提供依据。

2. 科学性原则

科学性原则是指在进行教学评价时，要从教与学相统一的角度出发，以教学目标体系为依据，确定合理的统一的评价标准，认真编制、预试、修订评价工具；在此基础上，使用先进的测量手段和统计方法，依据科学的评价程序和方法，对获得的各种数据进行严格的处理，而不是依靠经验和直觉进行主观判断。

3. 全面性原则

全面性原则是指在进行教学评价时，要从学生、教师诸多方面进行评价，不能过分突出某一项或某一活动过程。评价学生时，不但要评价学生的优点，还要注重学生缺点的改正等；评价教师时，不但要注意对教师教学过程的评价，还要注意对教学思想观念的评价等。

4. 指导性原则

指导性原则是指在进行教学评价时，不能就事论事，而要把评价和指导结合起来，要对评价的结果进行认真分析，从不同的角度找出因果关系，确认产生的原因，并通过及时的、具体的、启发性的信息反馈，使被评价者明确今后的努力方向。贯彻指导性原则，首先要明确教学评价的指导思想在于帮助师生改进教学和学习，提高教学质量；其次要及时反馈信息；再次要重视形成性评价的作用以便及时矫正；最后，对学生或教师的分析指导要切合实际，注意发扬优势，克服不足。

5. 发展性原则

发展性原则是指教学评价应着眼于教师与学生发展的方向和发展的过程。教学评价是鼓励师生、促进教学的手段，所以教学评价应着眼于学生的学习进步和动态发展，着眼于教师的教学改进和能力提高，以调动师生的积极性，提高教学质量。

（五）教学评价的方法

根据中学教学的实际，教学评价的主要方法有以下五种。

1. 测验法

测验法是教学中应用最为广泛的评价方法，它是根据教学目标，通过编制测验题，对评价对象进行测试，然后按照一定的标准对测试结果加以衡量的一种评价方法。测验通常可用口头与书写两种方式来进行。测验法主要用来评估学生对课程和教材的了解程度。测验法要求标准化，其中测验的设计、实施过程、评分的原则与方法都必须科学、准确、标准化，以保证测验结果的客观性和真实性。

合格、有效的测验需具备以下四个特征：

（1）信度：指测验的可靠性，即多次测验分数的稳定、一致程度。

（2）效度：指测验的正确性，即一个测验能够测出其所要测的东西的程度。

（3）区分度：指测验项目对所测量属性或品质的区分程度或鉴别能力。

（4）合适的难度：指测验的难易程度。

2. 谈话法

谈话，也称访谈，就是评价者通过与被评价者面对面的口头交流获取评价信息的方法。谈话不仅仅只涉及教师与学生，还涉及教师与家长之间的沟通交流。

3. 观察法

观察法是一种描述性的收集资料的方法，是评价主体通过感官或借助一定的科学设备在自然或人为创设的条件下考察教学活动的方法。观察法适用于对教师、课堂教学和学生学习的评价。直观的观察有助于观察者了解、掌握教师和学生在实际教学过程中出现的问题，进而有针对性地对其进行指导。

4. 作业评定法

作业评定法是指通过对学生的课后作业、日记、随笔、作文等的查阅，了解学生对于知识的掌握与运用程度。

5. 成长记录袋法

成长记录袋也可称为"档案袋评价"。在学生的课堂学习测评中，应发挥学生自身的积极主动性，使学生成为测评的直接参与者，成长记录袋即是以学生为主体的测评方式。成长记录袋是在 20 世纪 80 年代西方中小学评价改革运动中形成和发展起来的一种新的质性评价方式。它是根据教育教学目标，有意识地将各种有关学生表现的作品及其他证据收集起来，通过合理的分析与解释，反映学生在学习与成长过程中的优势与不足，反映学生在达到目标过程中付出的努力与取得的进步，并通过学生的反思与改进，激励学生取得更好成就的评价过程。其主要内容包括学生自己、教师或同伴作出评价的有关材料，学生的作品、反思，其他相关的证据和材料等。

（六）新时期背景下的教学评价改革趋势

1. 教学评价的新理念

随着我国素质教育改革的进一步推进，教学评价也正在逐步进行改革。主要表现在评价的功能、对象、主体、内容、方法与结果上，越来越趋向于多元化、发展性的评价模式。

2. 教学评价改革趋势

（1）实行多元评价模式。

人的才智是多方面的，倡导多元评价模式，也就是从多视角、采用多种方法评价学生，更多关注学生整体能力的提高。素质教育的实施，在评价方法上就要求从单一评价到多元评价的转变。

（2）强化形成性评价。

从选拔适合教育的儿童到创造适合儿童的教育是评价观念的一大变革。总结性评价重在发挥鉴定和筛选功能，主要是为了衡量学生的好坏。相反，形成性评价所关心的是能不能提高学生的能力、促进学校教育的进步等。

（3）注重发扬评价的激励性功能。

教师只有发现学生的优点和特长，评价才不会有偏颇，评价的激励功能也才能得到更好的发展，因为优点也就是学生的成长点。教育学中的罗森塔尔效应（也就是教师的期望效应）表明，教师对学生的看法、期望会直接影响学生的积极性。正是由于学生会朝着教师期望的方向发展，教师应该坚持以找优点作为评价的出发点，坚持以个体为主的评价标准，突出正面的鼓励性评价。

> ### ★ 知识拓展 ★
>
> #### 罗森塔尔效应
>
> "罗森塔尔效应（Robert Rosenthal Effect）"亦称皮格马利翁效应（Pygmalion Effect），由美国著名心理学家罗森塔尔和雅各布森在小学教学上予以验证提出。
>
> 皮格马利翁是古希腊神话里的塞浦路斯国王，他爱上了自己雕塑的一个少女像，并且真诚地期望自己的爱能被接受。这种真挚的爱情和真切的期望感动了爱神阿芙狄罗忒，就给了雕像以生命。虽然这只是一个神话传说，但是在现实生活中，由于期望而使"雕像"变成"美少女"的例子并不鲜见。
>
> 美国心理学家罗森塔尔曾做过这样一个实验：研究人员提供给一个学校一些学生名单，并告诉校方，他们通过一项测试发现，该校有几名天才学生，只不过尚未在学习中表现出来。其实，这是从学生的名单中随意抽取出来的几个人。然而，有趣的是，在学年末的测试中，这些学生的学习成绩的确比其他学生高出很多。研究者认为，这就是由于教师期望的影响。由于教师认为这个学生是天

才，因而寄予他更大的期望，在上课时给予他更多的关注，通过各种方式向他传达"你很优秀"的信息，学生感受到教师的关注，因而产生一种激励作用，学习时加倍努力，从而取得了好成绩。

对少年犯罪儿童的研究表明，许多孩子成为少年犯的原因之一，就在于不良期望的影响。他们因为在小时候偶尔犯过的错误而被贴上了"不良少年"的标签，这种消极的期望引导着孩子们，使他们也越来越相信自己就是"不良少年"，最终走向犯罪的深渊。

积极的期望使人向好的方向发展，消极的期望则使人向坏的方向发展。人们通常用这句话来形象地说明罗森塔尔效应："说你行，你就行；说你不行，你就不行。"要想使一个人发展得更好，就应该给他传递积极的期望。

【典型真题】"多一把衡量的尺子，就会多一批好学生"，这强调了教学评价应注重发挥（　　）。

A. 导向功能　　　　　B. 发展功能　　　　　C. 反馈功能　　　　　D. 管理功能

【答案】A

【解析】教师以往的评价方式只注重学生的成绩，仅以智力为导向，导致有才能、特长的学生无法得到公正的评价，学生个体也不能被引导全面发展，因此需要改变单一的评价方式，用多把尺子进行多元评价。"多一把衡量的尺子，就会多出一批好学生"，说的就是实行多元化的教育评价形式和手段，有利于多方面、多角度地发展和培养人才，因此，体现了教学评价的导向功能。

【典型真题】新学期第一堂体育课，张老师对学生进行体能测试，以作为分组教学的依据，这种教学评价属于（　　）。

A. 过程性评价　　　B. 终结性评价　　　C. 诊断性评价　　　D. 个体内差异评价

【答案】C

【解析】这道题考查的是教学评价的分类。教学评价分过程前、过程中和过程后评价，过程前的评价属于诊断性评价，过程中的评价叫作形成性评价，而过程后的评价就是终结性评价。

【典型真题】教师对学生个体内部的各个方面进行纵横比较，以判断学生的学习状况的评价属于（　　）。

A. 绝对评价　　　　B. 个体内差异评价　　　C. 甄别评价　　　　D. 相对评价

【答案】B

【解析】本题考查的知识点为教学评价。个体内差异评价是将评价对象的过去和现在进行比较或者将若干侧面进行比较。

【典型真题】在课堂教学中，教师就新内容编制了一些练习题让学生做，以判断学生的掌握程度。他所运用的评价方法是（　　）。

A. 形成性评价　　　B. 终结性评价　　　C. 配置性评价　　　D. 甄别性评价

【答案】A

【解析】本题考查的知识点为教学评价的类型。形成性评价是对学生日常学习过程中的表现、所取得的成绩以及所反映出的情感、态度、策略等方面的发展做出的评价，是基于对学生学习全过程的持续观察、记录、反思而做出的发展性评价。题干的描述显然是形成性评价。

模块四　中学生学习心理

考纲呈现

1. 了解感觉的特性；理解知觉的特性。

2. 了解注意的分类，掌握注意的品质及影响因素；了解记忆的分类，掌握遗忘的规律和原因，应用记忆规律促进中学生的有效学习。

3. 了解思维的种类和创造性思维的特征，理解皮亚杰认知发展阶段论和影响问题解决的因素。

4. 了解学习动机的功能，理解动机理论，掌握激发与培养中学生学习动机的方法。

5. 了解学习迁移的分类，理解形式训练说、共同要素说、概括化理论、关系转换理论、认知结构迁移理论，掌握有效促进学习迁移的措施。

6. 了解学习策略的分类，掌握认知策略、元认知策略和资源管理策略。

7. 理解并运用行为主义、认知学说、人本主义、建构主义等学习理论促进教学。

复习导引

教师在教育过程中一方面要向内看，反思自己的教学能力与教学态度；另一方面需要向外看，了解学生的学习心理情况，知晓出现学习问题的原因在哪里、该如何解决。本模块关注了学生通用的心理学知识、学习动机、学习策略、学习迁移及部分中学的学习理论，进而有效帮助教师从理论上科学了解学生的学习心理，促进学生学习与发展。

就考试本身而言，所考知识均属常规知识，难度不大，但所占分值与比重相对较大，是考试的重点考查模块，考查方式通常以单选题、辨析题、简答题或材料分析题等形式出现。

知识架构图

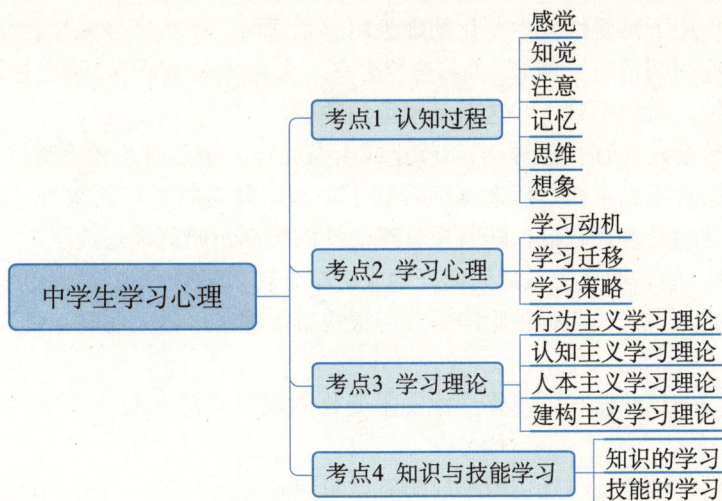

考点1　认知过程

一、感觉

（一）感觉的内涵

感觉是人脑对直接作用于感觉器官的客观事物个别属性的反映。感觉是认知的起点，是一切知识与经验的基础，是正常心理活动的必要条件。例如：眼睛看到颜色、耳朵听到声音、舌头尝到滋味、鼻子嗅到气味、身体感到疼痛等都是人的感觉。

（二）感觉的分类

根据感觉所接收信息的来源和感受器在个体身上所处的位置不同，可以把感觉分为两大类：

1. 外部感觉

外部感觉是接受外部刺激，反映外部事物个别属性的感觉。外部感觉有：视觉、听觉、味觉、嗅觉和肤觉。

2. 内部感觉

内部感觉是指感受内部刺激，反映机体内部变化的感觉。主要分为：机体觉、运动觉和平衡觉。

（1）机体觉，又叫内脏感觉，它是反映我们身体内部状况及各器官活动变化状态的感觉，如饥、渴、气闷、恶心、窒息、便意、胀和痛等。

（2）运动觉，就是关节肌肉的感觉。它传递的是人们对四肢位置、运动状态及肌肉收缩程度的信号。正常人能正确说出肢体被动运动的方向。

（3）平衡觉，由于人体位置重力方向发生的变化刺激前庭感受器而产生的感觉，又称静觉。这种感觉能够发出关于运动与头部位置的信号，反映运动速度的变化（如加速或减速）。最明显的例子就是晕车或者晕船。

（三）感觉的特性

感觉的特性是指感觉的相互作用引起感受性发生变化的现象，共有两种表现形式：一是同一感觉的相互作用，包括感觉适应、感觉对比和感觉后象三种特性；二是不同感觉的相互作用，包括感觉的补偿作用和联觉两种特性。

1. 感觉适应

在外界刺激持续作用下感受性发生变化的现象叫感觉适应，适应现象发生在所有的感觉中。其中，视觉的适应分为暗适应和明适应。例如："入芝兰之室，久而不闻其香"，刚走进花园，你会闻到一股花香味，但过了几分钟，就闻不到了，这就是嗅觉的适应。

（1）暗适应（亮转暗）。暗适应是指照明停止或由亮处转入暗处时视觉感受性提高的现象。从亮的环境到暗的环境，开始看不到东西，后来逐渐看到了东西，就是暗适应的表现。进入暗的地方，开始无法适应，是因为视觉感受性比较低，随着视觉感受性的提高对暗就能适应了。

（2）明适应（暗转亮）。明适应是指照明开始或由暗处转入亮处时视觉感受性下降的现象。从暗的环境到亮的环境，开始觉得光线刺得眼睛睁不开，很快就习惯了，这是明适应的表现。

2. 感觉对比

不同刺激作用于同一感觉器官，使感受性发生变化的现象叫感觉对比。感觉对比分为两种：同时对比和继时对比。

（1）同时对比。两种感觉同时发生所形成的对比叫同时对比。如：当两种颜色同时并置在一起时，双方都会把对方推向自己的补色，红和绿并置，红的更红，绿的更绿；黑和白并置，黑显得更黑，白显得更白。这种现象属于色彩的同时对比。

（2）继时对比。两种感觉先后发生所形成的对比叫继时对比。如：吃完苦药以后再吃糖觉得糖更甜了；从冷水里出来再到稍热一点的水里觉得热水更热了。

3. 感觉后象

感觉后象，在刺激停止作用后，感觉印象仍暂留一段时间的现象，叫作感觉后象，后象有正、负两类之分。正负后象可以相互转换，后象持续的时间与刺激的强度成正比。

（1）正后象。与刺激物性质相同的后象叫正后象。如：注视电灯一段时间后，关上灯，仍有一种灯似在那亮着的感觉印象。

（2）负后象。与刺激物性质相反的后象叫负后象。如：如果目不转睛地盯着一盏白色的荧光灯，然后把视线转移向一堵白墙，会感到有一个黑色的灯的形象。

4. 感觉的补偿作用和联觉

（1）感觉的补偿作用。当某些感觉失去以后，可以由其他感觉来弥补。盲人失去视觉后，通过实践活动使听觉更加敏锐。

（2）联觉，即感觉的相互作用。一个刺激不仅引起一种感觉，同时还引起另一种感觉的现象就叫联觉。如：红色看起来很温暖，草绿色看起来很清新；听节奏鲜明的音乐的时候会觉得灯光也和音乐节奏一起在闪动。

二、知觉

（一）知觉的概念

知觉是直接作用于感觉器官的客观事物的整体在人脑中的反映，它是在感觉的基础上产生的。知觉是各种感觉器官协同活动的结果，并受人的知识经验和态度的制约。相同物体，不同的人对它的感觉是相同的，但对它的知觉却会有差别。

（二）知觉的种类

根据知觉反映的客观对象的不同，知觉可分为空间知觉、时间知觉和运动知觉。

空间知觉是指人脑对事物空间特征的反映，包括形状知觉、大小知觉、方位知觉和深度知觉等。在人与周围环境的相互作用中，空间知觉扮演着重要的作用。

时间知觉是对客观现象延续性和顺序性的感知。时间知觉的信息，既来自外部，也来自内部。外部信息包括计时工具，也包括宇宙环境的周期性变化，如太阳的升落等。内部信息是机体内部的一些有节奏的生理过程和心理活动，如心跳、呼吸、消化及记忆表象的衰退等。

运动知觉是物体的运动特性在人脑中的直接反映。运动知觉包括对物体真正运动的知觉和似动。真正运动，即物体按特定速度或加速度从一处向另一处作连续的位移。由此引起的知觉就是对"真正运动的知觉"。"似动"指在一定的时间和空间条件下，人们把静止的物体看成运动的。

（三）知觉的特性

（1）选择性。人在知觉过程中把知觉对象从背景中区分出来优先加以清晰地反映的特性就叫知觉的选择性。其中被清楚地知觉到的客体叫对象，未被清楚地知觉到的客体叫背景。

（2）整体性。知觉的对象是由不同部分和属性组成的。人并不把知觉对象感知为个别孤立的部分，而是把它感知为统一的整体。如我们看到一个陌生人，不可能只是看见对方的某些部位，而是整体地认知把握他。

（3）理解性。人在知觉某一事物时，总是利用已有的知识和经验去认识它，并把它用词语标示出来，这种感性认识阶段的理解就叫知觉的理解性，因此，知觉与记忆、经验有深刻的联系。如："外行看热闹，内行看门道"。

（4）恒常性。这是指客观事物本身不变但知觉的条件在一定范围内发生变化时，人的知觉仍然保持相对不变的特性。

在不同的物理环境中，从不同的角度、不同的距离知觉某一熟知的物体时，虽然该知觉对象的物理属性（大小、形状、明度、颜色等）受环境情况的影响而有所改变，但是对它的知觉却保持相对的稳定性，知觉的这种特征，称为知觉的恒常性。知觉恒常性包括颜色恒常性、亮度恒常性、形状恒常性、大小恒常性和声音恒常性。例如：从不同距离看同一个人，由于距离的改变，看一个人的大小是有差别的，但我们认为大小没有改变，仍然依其实际大小来知觉他。

三、注意

（一）注意的内涵

注意是心理活动对一定对象的指向和集中。它与认识过程、情感过程、意志过程密切联系，是一切心理活动的共同特征。注意并不是一个孤立的心理过程，它总是伴随其他心理过程而出现。注意表现的特点为指向性与集中性。

（二）注意的分类

根据有无目的和意志努力的程度，把注意分为无意注意、有意注意、有意后注意三类。

1. 无意注意

（1）无意注意的概念。

无意注意也称不随意注意，是没有预定目的、无须意志努力就能维持的注意。无意注意时心理活动对一定事物的指向和集中是由一些主客观条件引起的。

（2）引起无意注意的条件。

引起无意注意的原因来自两个方面：刺激物的特点和人的内部状态。同时，这两方面的原因也是密切联系的。客观条件，即刺激物本身的特点；主观条件，即人本身的状态。

无意注意因为无须意志努力，更多地被人认为是由外部刺激物引起的一种消极被动的注意，是注意的初级阶段。所以在工作、学习中可以减少脑力的消耗，避免身心过度疲劳。但这种注意是自发产生的，人们不可能通过它获得系统的知识和完成艰巨的工作任务。

2. 有意注意

（1）有意注意的概念。

有意注意也称随意注意，是有预先目的，需要付出一定意志努力才能维持的注意。这种注意显示了人的心理活动的主动性、积极性，属于注意的高级形式。

（2）引起有意注意的条件：

1）明确活动的目的任务；

2）发挥意志努力与干扰和困难作斗争；

3）培养对事物的间接兴趣；

4）保持稳定的情绪；

5）建立稳定的工作习惯；

6）智力活动与外部活动的结合。

（3）无意注意和有意注意的关系。

无意注意和有意注意是两种性质不同的注意，但实际工作却离不开这两种注意。如果只有有意注意，长时间工作会使人疲劳，注意就容易分散，工作也难以进行下去；如果只有无意注意，稍遇困难或干扰，注意就容易分散，同样也不能做好工作。无意注意和有意注意常常交替发生，一些简单的不重要的活动只需要无意注意，而对于复杂的重要的活动则必须要有意注意参与。

3. 有意后注意

(1) 有意后注意的概念。

有意后注意，是指事前有预定目的，不需意志努力的注意，是由有意注意转化而来的一种特殊形态的注意。

(2) 有意后注意的特点。

这种注意既不同于一般的无意注意，即它仍然是自觉的，有目的的；又不同于一般的有意注意，即它不需要意志的努力（或不需要明显的意志努力）。有意后注意是一种更高级的注意。它既有一定的目的性，又因为不需要意志努力，在活动进行中不容易感到疲倦，这对完成长期性和连续性的工作有重要意义。例如初学文言文，你可能对此不感兴趣，只是为了完成任务，这时候是有意注意。此后，随着你对基础知识的掌握，对文言文产生兴趣，凭兴趣可自然地将注意力集中到学习上，这时的注意就是有意后注意。

这种注意兼有两种注意的部分特点，是一种高级状态的注意，它是从事创造性劳动的必要条件。例如我们本来对学习外语没有兴趣，不注意学习，但认识到它是学习外国先进的科学技术的一个重要条件，于是就决心努力学习外语。但这时我们对学习外语本身还没有兴趣，而只是对学习外语的目的和作用有兴趣，所以才努力学习。这就是由于间接兴趣在支持。由此可见，有意后注意是和认识工作的目的、积极地克服困难、努力地完成任务等方面分不开的。

(三) 注意的基本特征（品质）及影响因素

注意的基本特征主要表现在四个方面：注意的广度、注意的稳定性、注意的分配与转移。

1. 注意的广度

注意的广度又称注意的范围，是指一个人在同一时间内能够清楚地把握注意对象的数量。它反映的是注意品质的空间特征。

影响注意广度的因素主要有以下三个方面：

(1) 注意对象的特点。

一般来说，注意对象的组合越集中，排列越有规律，相互之间越能成为有机联系的整体，注意的范围就越大。

(2) 活动的性质和任务。

活动任务越复杂，越需要关注细节的注意过程，注意的广度会大大缩小。

(3) 个体的知识经验。

一般来说，个体的知识经验越丰富，善于组织，整体知觉能力越强，注意的范围就越大。例如：专业人员在阅读专业资料时可以做到"一目十行"，非专业人士即使逐字逐句阅读也不见得能正确理解。

2. 注意的稳定性

注意的稳定性也称为注意的持久性，是指注意在同一对象或活动上所保持时间的长短。持续时间越长，注意就越稳定，这是注意的时间特征。但衡量注意稳定性，不能只看时间长短，还要看这段时间内的活动效率。

注意的分散，又称分心，是指在注意过程中，由于无关刺激的干扰或者单调刺激的持续作用引起的偏离注意对象的状态，是同注意的稳定性相反的表现。无关刺激的干扰容易引起无意注意，妨碍有意注意的活动；单调刺激的作用是指有意注意的活动如果千篇一律，毫无新意，会引起主体的疲劳和精神松懈，也会产生分心。

注意的起伏，又称注意的动摇，是指短时间内注意周期性地不随意跳跃的现象。注意的起伏周期一般为 2 秒至 12 秒。注意的起伏在认知活动中经常发生，但只要注意没有离开当前的对象，注意的起伏就不会产生消极的作用。

影响注意的稳定性的因素有以下三个方面：

（1）注意对象的特点。

注意对象本身的一些特点影响到注意在它上面维持的时间长短。一般来说，内容丰富的对象比单调的对象更能维持注意的稳定性。此外，活动的对象比静止的对象更能维持注意的稳定性。

（2）主体的精神状态。

即个体本身对注意对象是否存在目的。当人们为了达到一定目的而把注意集中于某一对象时，可保持相当的稳定性；反之，无目的或者目的性不强，则注意的稳定性则会较弱。

（3）主体的意志力水平。

主体的意志力水平越高，稳定性越好。

3. 注意的分配

注意的分配是指在同一时间内把注意指向不同的对象和活动。

注意的分配是有条件的：

（1）同时进行的几种活动至少有一种应是高度熟练的。

即不需要给予太多的关注，从而有可能把注意集中在另一种活动上。

（2）同时进行的几种活动必须有内在联系。

这几种活动已经成为内在的一套系统，如架子鼓手在用手打击音乐时，脚也在踩着音乐控制器，在整个的演出中，手脚并用其实是在一套音乐演奏系统中。

4. 注意的转移

注意的转移是指根据活动任务的要求，主动地把注意从一个对象转移到另一个对象。

注意的转移不同于注意的分散。前者是根据任务需要，有目的地、主动地转换注意对象，为的是提高活动效率，保证活动的顺利完成；后者是由于外部刺激或主体内部因素的干扰作用引起的，是消极被动的。注意的分散违背了活动任务的要求，偏离了正确的注意对象，降低了活动效率。

良好的注意转移表现在两种活动之间的转换时间短、活动过程的效率高。影响注意转移的因素有以下四个方面：

（1）对原活动的注意集中程度。原有注意的紧张度越大，转移越困难；原有注意的紧张度越小，转移越容易。

（2）新注意对象的特点。新注意对象越能吸引个体的注意，注意越容易转移；反之，新注意对象越不能吸引个体的注意，则注意的转移越慢越困难。

（3）与神经过程的灵活性有关。神经过程灵活，注意的转移就来得快些；反之，神经过程不灵活，注意的转移则来得慢些。

（4）与已有的习惯有关。

一个学习或工作中养成长时间不集中注意习惯的人，他们注意很难有目的地、及时地从一个对象转移到另一个对象上。善于主动、迅速地转移注意，对学习、工作等非常重要，尤其是那些要求在极短时期内对新刺激做出反应的工作。如优秀的飞行员在起飞和落航的 5～6 分钟内，注意的转移达 200 多次，如果注意转移不及时，其后果不堪设想。

四、记忆

（一）记忆的内涵

记忆是在头脑中积累和保持个体经验的心理过程，是人脑对过去经历过的事物的反映，由识记、保持、再认或回忆三个环节构成。

（二）记忆的分类

1. 记忆按其内容划分

（1）形象记忆，即对感知过的事物具体形象的记忆。形象记忆按照主导分析器的不同，可分为视觉的、听觉的、触觉的、味觉的和嗅觉的等。

（2）情绪记忆，即对自己体验过的情绪和情感的记忆。当某种情境或事件引起个人强烈或深刻的情绪、情感体验时，对情境、事件的感知，同由此而引发的情绪、情感结合在一起，都可保持在人的头脑中。

（3）语义记忆，又叫逻辑记忆，即对语词概括的各种有组织的知识的记忆；是以词语所概括事物的关系以及事物本身的意义和性质为内容的记忆，如概念、公式和定理等。

（4）动作记忆，对身体的运动状态和动作技能的记忆，如对学过的骑自行车、某种习惯动作等的记忆。动作记忆是形象记忆的一种特殊形式，它是以操作过的动作所形成的动作表象为前提的，虽然识记时比较困难，但一经记住则容易保持、恢复，不易遗忘。

2. 记忆按保持时间划分

	概念	特点	编码	存储
瞬时记忆（感觉记忆）	当客观刺激停止作用后，感觉信息会在一个极短的时间内保存下来，这种记忆叫作瞬时记忆，是记忆系统的开始阶段。	（1）时间极短，为0.25～1秒；（2）容量较大；（3）形象鲜明；（4）信息原始，记忆痕迹容易衰退。	图像记忆；声像记忆。图像记忆是主要编码方式。	瞬时记忆中只有能够引起个体注意并被及时识别的信息，才有机会被转入短时记忆。那些没有转入短时记忆的信息，很快就会消失。
短时记忆（工作记忆）	短时记忆指人脑中信息在1分钟之内加工与编码的记忆，是信息从感觉记忆到长时记忆的过渡阶段。处在工作状态中的短时记忆，或者在完成当前任务时起作用的短时记忆，就是工作记忆。	（1）时间很短，不超过1分钟；（2）容量有限，短时记忆的容量一般是5～9个组块；（3）意识清晰；（4）可操作性强；（5）易受干扰。	听觉编码；视觉编码。听觉编码是主要编码方式。	复述是短时记忆中的信息存储的有效方法。复述分为机械复述和精细复述。实验表明，精细复述而不是机械复述是短时记忆保持的重要条件。
长时记忆（永久性记忆）	长时记忆是信息经过充分加工，在头脑中长久保持的记忆。图尔文将长时记忆分为两类：情景记忆和语义记忆。	（1）容量无限；（2）信息保持时间长久，在头脑储存的时间在1分钟以上，直至保持终生的记忆。	长时记忆中的信息以意义编码为主。意义编码有两种形式：表象编码和语义编码，它们又被称为信息的双重编码。语义编码是最主要编码方式。	长时记忆中贮存的信息原则上是分类处理的。认知心理学家认为人类的长时记忆中贮存着两种不同的记忆：陈述性记忆和程序性记忆。

3. 记忆根据信息加工和存储内容的不同划分

（1）陈述性记忆：以陈述性知识为内容，即事实类信息，包括字词、定义、人名、时间、事件、概念和观念。陈述性内容可以用言语表达。

（2）程序性记忆：程序性记忆是一种惯性记忆，又称技能记忆，经常难以用语言来描述。这类记忆往往需要通过多次尝试才逐渐获得，利用这种记忆时往往不需要意识的参与。比如学习驾驶汽车，交通规则与安全守则储存在陈述性的记忆中，但驾驶技巧与方法则存储在程序性记忆当中。

（三）记忆过程

在记忆过程中，从记到忆包括识记、保持、回忆或再认三个基本环节，它们是相互联系、相互制约的完整统一的过程。识记是记忆过程的开端，是对事物的识别和记住，并形成一定印象的过程。保持是对识记内容的一种强化过程，使之能更好地成为人的经验。回忆和再认是对过去经验的两种不同再现形式。记忆过程中的这三个环节是相互联系、相互制约的。识记是保持的前提，没有保持也就没有回忆和再认，而回忆和再认又是检验识记和保持效果的指标。由此看来，记忆的这三个环节缺一不可。记忆的基本过程也可简单的分成"记"和"忆"的过程，"记"包括识记、保持，"忆"包括回忆和再认。

1. 识记

识记是记忆过程的开端，是个体获得知识和经验的过程，它具有选择性。识记可以从以下方面进行分类：

（1）根据识记有无目的性，分为无意识记和有意识记。

无意识记：事前没有明确目的，也不需要意志去努力，是自然而然的识记。在生活中那些具有重大意义，适合人的兴趣、需要、活动目的和任务的事物，以及那些能激起人们情绪活动的事物，人们在无意之中就把它们记住了，并且日积月累，获得了大量的信息，正是由于缺乏目的性，因而识记内容带有偶然性和片断性，缺乏系统性。

有意识记：有意识、有目的，并运用一定方法的识记，在识记过程中还需要一定的意志努力。这是人们获取并积累系统知识、掌握技术的主要途径，其中学生的学习活动主要依靠有意识记。

（2）根据识记的方法不同，可以分为机械记忆和意义记忆。

机械记忆：机械记忆是指在材料本身无内在联系或不理解其意义的情况下，按照材料的顺序，通过机械重复方式而进行的识记。如对无意义音节、地名、人名、历史年代等的识记。这种识记具有被动性，但它能够防止对记忆材料的歪曲。

意义记忆：又称为理解记忆或逻辑记忆，意义记忆是在对材料内容理解的基础上，通过材料的内在联系而进行的识记。在意义记忆中，理解是关键。理解是对材料的一种加工，它根据人的已有知识经验，通过分析、比较、综合来反映材料的内涵以及材料各部分之间的关系。由于意义记忆需要消耗较多的心理能量，与机械记忆相比，它是一种更复杂的心理过程。

2. 保持

保持是指已获得的知识经验在人脑中的巩固过程，但在保持的过程中，受内外因素影响，识记的材料会发生不同程度的变化和遗忘。

遗忘是指识记过的东西不能再认或回忆或者再认或回忆发生错误。遗忘并不是所记忆的信息完全消失，而是在保持的信息不能在使用时顺利地提取出来。

（1）遗忘的原因。

1）痕迹衰退说（自动消退）。该理论认为，遗忘是记忆痕迹得不到强化而逐渐衰退，以致最后消退的结果。这是一种对遗忘原因最古老的解释，最初起源于亚里士多德，由巴甫洛夫、桑代克进一步发展。

2）干扰抑制说。该理论认为，遗忘是因为在学习和回忆之间受到其他刺激的干扰所致。这种学说可以用前摄抑制和后摄抑制来说明。该理论以詹金斯和达伦巴希为典型代表人物。

前摄抑制：先前学习的材料对后学习的材料的回忆或再认产生的干扰。

后摄抑制：后来学习的材料对先前学习的材料的回忆或再认产生的干扰。

3）压抑说。该理论认为，遗忘是由于情绪或动机的压抑作用造成的，如果压抑被解除，记忆就能恢复。这种理论用以解释与情绪有关内容的暂时性遗忘是有效的。这一理论是由弗洛伊德在临床实践中发现的，他认为，那些给人带来不愉快、痛苦、忧愁的体验常常会发生动机性遗忘，如果这种压抑被解除，记忆也就能恢复。

4）提取失败说。该理论认为，储存在长时记忆中的信息之所以无法回忆，是因为个体在提取时没有找到适当的提取线索。如果有恰当的线索提示，个体就能够很快将信息提取出来。该理论以图尔文为典型代表人物。

5）同化说。该理论认为，遗忘是知识的组织和认知结构简化的过程。这是奥苏伯尔根据他的有意义言语学习理论对遗忘提出的一种独特的解释。他认为，当人们学到了更高级的概念与规律之后，高级的观念可以代替低级的观念，使低级观念遗忘，从而简化认识并减轻了记忆。在真正的有意义学习中，前后相继的学习不是相互干扰而是相互促进的，因为有意义学习总是以原有的学习为基础，后面的学习则是对前面的学习的加深和补充。

（2）遗忘的规律。

19世纪末德国心理学家艾宾浩斯通过实验，以无意义音节为材料，依据保持效果，提出了著名的"遗忘曲线"。这条曲线表明，遗忘在学习之后立即产生，最初的遗忘速度很快，随着时间的推移，遗忘的速度逐渐下降，达到一定程度后就不再遗忘了。由此看出，遗忘的进程是不均衡的，其规律是先快后慢，呈负加速状态。

（3）影响遗忘进程的因素。

1）学习材料的性质。学习材料的性质指材料的种类、长度、难度以及意义性；越能引起个体兴趣、动机，越能激起个体主观强烈体验的学习材料，遗忘的速度就会较慢。

2）识记材料的数量和学习程度的大小。

尽管人的大脑的记忆储存量是极大的，能容纳的记忆材料的数量几乎是无限的，但是一次识记的材料数量则会明显地影响识记的效率。索柯洛夫的实验表明，一次识记的材料数量与识记的效率呈负相关，数量越大，效率越低。

3）记忆任务的长久性与重要性。一般来说，长久的识记任务有利于材料在大脑中保持时间的延长，不重要和未经复习的内容则容易遗忘。

4）识记的方法。以理解为基础的意义记忆比单纯的机械记忆的效果好很多。

5）时间因素。根据遗忘规律，记忆的最初阶段遗忘速度快，随后逐渐变慢。

6）情绪和动机也影响着遗忘的进程。识记者对识记内容的需要、兴趣，以及当时个体本身的情绪状态都会对遗忘的快慢产生影响。

7）学习程度。当达到150%的过度学习时，记忆效果表现最优。

3. 回忆或再认

回忆或再认是在不同条件下重现过去经验的过程。回忆是对不在眼前的过去经历过的事物，在脑中重新呈现出来的过程。再认是对过去经历过的事物，当它再度出现时能识别出是以前经历过的。

（四）利用记忆规律促进学生有效学习

（1）明确记忆目的，增强个体学习的主动性。

（2）理解所学材料的意义。

（3）对材料进行精细加工，促进深度理解。

（4）运用组块化学习策略，合理组织材料。

（5）运用多重编码方式，提高信息加工处理的质量。

（6）注重复习方法，防止知识遗忘（防止遗忘的方法）。

1）根据艾宾浩斯的遗忘规律进行及时复习。

2）合理分配复习时间，按照遗忘规律，识记后不久，复习次数要多一些，实践间隔要短暂一些。

3）做到集中复习与分散复习相结合。

集中复习就是把材料集中在一段时间内进行复习，分散复习就是把材料分配到几段相隔的时间内进行复习。复习难度小的材料可以采用适当的集中复习，而难度比较大的材料可采取分散的复习方式，进而做到了集中复习和分散复习的相结合。对于大多数学习者而言，分散复习效果要好于集中复习，集中复习的疲劳感会影响学习的进度。

4）反复阅读与试图回忆相结合。这种方法能使学习者及时了解到识记的成绩，从而提高学习成绩的兴趣，激发进一步学习的动机。另外，这种方法还可以及时检查记忆效果，有利于提高复习的针对性。

5）复习方法要多样化。根据人的身心特点，多样的复习方法有助于学习者提高学习兴趣，提高学习效率，反之，如果一味地采用单一的复习方式必定会使人产生厌倦情绪与疲劳感。

6）运用多种感官参与复习，注意保持用脑卫生。

五、思维

（一）思维的概念

思维是借助语言、表象或动作实现的，对客观现实间接的、概括的反映。它反映的是事物的本质特征和事物之间的内在逻辑联系，主要表现在概念形成和问题解决的过程中。平时人们说的"思考""考虑""揣度""反省""设想"等都是思维活动的形式。

（二）思维的特征

1. 概括性

思维的概括性表现在以下两个方面：

（1）思维反映的是同一类事物共同的、本质的属性。如透过铅笔、油笔、蜡笔、中性笔等许多种具体的笔，抽取的共同本质特征是：能书写的专门工具。

（2）思维还可以反映事物的内部联系和规律。如借助思维，人可以认识温度的升降与金属胀缩的关系。这种概括，促使人对客观事物的内在关系与规律的认识，有助于人们对现实环境的控制与改造。

2. 间接性

间接性是指不是直接通过感觉器官而是通过其他媒介来认识客观事物。如由早上推窗看到对面屋顶和地上湿漉漉的，推测昨晚下雨了；由太阳的东升西落，昼夜、四季更替，揭示地球自转、公转的规律。

3. 思维是对经验的改组

思维是一种探索和发现新事物的心理过程，它常常指向事物的新特征和新关系，这就需要人们对头脑中已有的知识经验不断进行更新和改组。思维是一种探索和发现新事物的心理过程，它常常指向事物的新特征和新关系，这就需要人们对头脑中已有的知识经验不断进行更新和改组。思维活动常常是由一定的问题情景引起的，并试图解决这些问题，所以思维不是简单地再现经验，而是对已有的知识经验进行改组、建构的过程。

（三）思维的种类

1. 根据思维的凭借物和解决问题的方式划分

根据思维的凭借物和解决问题的方式可把思维分为三类：直观动作思维、具体形象思维、抽象逻辑思维。

（1）直观动作思维。

直观动作思维是指在思维过程中要以具体、实际动作作为支柱而进行的思维。它往往是人们在边做边想时发生的，具有直观实践性的特点。离开了感知活动或动作，思维就不能进行。如技术工人在动手拆卸和安装机器过程中，边操作边进行思维。

（2）具体形象思维。

具体形象思维是指在思维过程中借助于表象而进行的思维。表象是思维的材料，思维过程往往表现为对表象的概括、加工和操作。具体形象思维具有形象性、整体性、可操作性等特点。这种思维往往是通过对表象的联想来进行的，在幼儿期和小学低年级儿童身上表现得非常突出。如儿童计算 $2+6=8$，不是对抽象数字的分析综合，而是在头脑中用两个手指加六个手指，或两个苹果加六个苹果等实物表象相加而计算出来的。

（3）抽象逻辑思维。

抽象逻辑思维是指在思维过程中以概念、判断、推理的形式来反映事物本质属性和内在规律的思维，即用词为中介来反映现实的思维过程，也叫词的思维或逻辑思维，其中概念是这类思维的支柱。小学高年级抽象思维得到了迅速发展，初中生这种思维已开始占主导地位。初中各门学科中的公式、定理、法则的推导、证明与判断等，都离不开抽象逻辑思维。

儿童思维的发展，一般都经历直观动作思维、具体形象思维和抽象逻辑思维三个阶段。成人在解决实际问题时，这三种思维往往是相互联系、相互补充，共同参与思维活动。

2. 根据思维的逻辑性划分

（1）直觉思维。

直觉思维是未经逐步分析就迅速对问题答案做出合理的猜测、设想或突然领悟的思维。在做数学题的过程中，有时答案会突然地"跳"出来，从而整体地把握问题的关键，使问题迎刃而解，这就是直觉思维的一个体现。

（2）分析思维。

分析思维是经过逐步分析后，对问题的解决做出明确结论的思维。如学生在解决数学问题时，通过一步一步的推理与论证得出最终结果的过程。

3. 根据思维的指向性划分

（1）聚合思维。

聚合思维又称求同思维、集中思维，是指人们解决问题时，思路集中到一个方向，从而形成唯一的、确定的答案。从多种答案中选择出一个正确答案、从多种方案中选取一种最佳方案、依靠许多资料归纳出一个正确结论等都是运用聚合思维。

（2）发散思维。

发散思维又称求异思维、辐射思维，是指人们解决问题时，思路向各种可能的方向扩散，从而求得多种答案。

聚合思维与发散思维都是智力活动不可缺少的思维，都带有创造的成分，而发散思维最能代表创造性的特征。可通过"一题多解""一事多写""一物多用"等方式，培养发散思维能力。

4. 根据思维的创造程度划分

根据思维的创造程度，可将思维划分为：再造性思维和创造性思维。

（1）再造性思维。

再造性思维（常规性思维）是指人们运用已获得的知识经验，按惯常的方式解决问题的思维。例如我们在学习数学时，学会了一套标准公式，就可以解决同一类型的数学题，这种思维依赖于习惯的养成，创造性水平较低。

（2）创造性思维。

创造性思维是指以新颖、独特的方式来解决问题的思维方式。比如在头脑风暴的过程中，就是集中进行创造性思维的运用，通过创新、独特的方法来解决问题。

（四）创造性思维的特征

1. 流畅性

主要依据个人面对问题情境时，在规定的时间内产生不同观念的数量的多少来判别流畅性。对同一问题所想到的可能答案越多，即表示他的流畅性越高。该特征代表心智灵活，思路通达。

2. 变通性

即灵活性，指个人面对问题情境时，不墨守成规，不钻牛角尖，能随机应变、触类旁通。对同一问题所想出不同类型答案越多者，变通性越高。

3. 独创性

独创性指个人面对问题情境时，能独具匠心，想出不同寻常的、超越自己也超越前辈的意见。对同一问题所提意见越新奇独特者，其独创性越高。

（五）问题分析与解决

1. 问题解决的含义

问题解决是指为了从问题的初始状态到达目标状态，而采取一系列具有目标指向性的认知操作的过程。

2. 问题分析与解决的过程

（1）发现问题。

从完整的问题解决过程来看，发现问题是首要环节。只有存在问题时，人们才有可能产生解决问题的认知活动。

（2）理解问题。

理解问题是指把握问题的性质和关键信息，摈弃无关因素，并在头脑中形成有关问题的初步印象，即形成问题的表征。

（3）提出假设。

提出假设是指提出解决问题的可能途径与方案，选择恰当的解决问题的操作步骤。提出假设是问题解决的关键环节。

（4）检验假设。

检验假设是指通过一定的方法来确定假设是否合乎实际、是否符合科学原理。

3. 影响问题分析与解决的因素

（1）问题特征。

个体解决有关问题时，常常受到问题的类型、呈现的方式等因素的影响。教师在课堂中的各种形式的提问、各种类型的课堂和课后练习等，都是学习情境中常见的问题形式。不同的呈现问题的方式、问题中已知条件的呈现次序都会影响对问题的理解和最终解决。

（2）功能固着。

功能固着是指人们把某种物体的功能固定化的倾向。一个人看到一个物体起某种作用时，要看它的其他作用就比较困难，这就阻碍了问题的解决。例如我们通常会用勺子吃饭喝汤，但不会想到它也可以用来当刀切水果或蔬菜。

要突破功能固着的影响，就要培养功能变通的能力。功能变通就是根据目的和任务灵活地使用各种条件。对任何事情都不能固定不变地去看，要能从事物的一个方面变通到另一个方面，从工具的一种功能流畅地发散到另一种功能上，拓通思路，随机应变，才能克服功能固着的影响。

（3）定式。

定式是指重复先前的心理操作所引起的对活动的准备状态，是人们在过去经验的影响下，产生解决问题的倾向性，直接影响问题是否顺利解决。例如有的学生在做数学题时都会先写个"解"，写罢之后才发现这是一道证明题。

（4）原型启发。

原型启发是指在其他事物或现象中获得的信息对当前问题的启发，其中具有启发作用的事物或现象叫作原型。例如莱特兄弟通过对飞鸟翅膀的研究，发明飞机；传说鲁班被小草叶子边缘的锯齿割伤了手指，进而发明锯，这其中的飞鸟和小草都属于原型。

（5）情绪与动机。

个体在问题解决活动中的情绪状态对活动的效果有直接的影响。一般来说，稳定、积极的情绪状态有利于问题的解决；焦虑、消极的情绪状态阻碍问题的解决。动机是促使人问题解决的动力因素，对问题解决的思维活动有重要影响。动机的性质和动机的强度会影响问题解决的进程。

除此之外，个体的智力水平、性格特征、认知风格等也是影响问题解决的因素。

六、想象

（一）想象概念

想象是人脑对已储存的表象进行加工改造、形成新形象的心理过程。如李白的《望庐山瀑布》："日照香炉生紫烟，遥看瀑布挂前川，飞流直下三千尺，疑是银河落九天。"

（二）想象的分类

1. 根据想象的计划性与目的性，可分为有意想象和无意想象

（1）有意想象，也称随意想象，指有预定目的和自觉进行的想象，有时还需要一定的意志努力。它包括再造想象和创造想象等。科学家提出的各种假说、文学艺术家在头脑中构思的人物形象等都是有意想象的结晶。

（2）无意想象，也称不随意想象，是没有预定目的、不由自主产生的想象。学生一般在注意力不集中的情况下，无意想象会多一些，这时他们的想象显得杂乱无章，没有定向。他们一会想当教师，一会想当医生，缺乏独立意识和创造性，没有经过深入分析和改造形成新形象。

2. 再造想象和创造想象

（1）再造想象，是依据词语的描述或符号的示意在头脑中形成与之相应的新形象的过程。如我们看鲁迅先生的短篇小说《祝福》中的祥林嫂，头脑中出现身穿蓝夹袄、不停地抱怨的人物形象。

再造想象产生的条件：必须具有丰富的表象储备；为再造想象提供的词语及实物标志要准确、鲜明、生动；正确理解词语与实物标志的意义。

（2）创造想象，是按照一定目的、任务使用自己以往积累的表象，在头脑中独立地创造出新形象的过程。作家在头脑中构成新的典型人物形象等都属于创造想象。这些形象不是根据别人的描述，而是想象者根据生活提供的素材，在头脑中通过创造性的综合，构成了之前所没有的新形象。这种形象越新颖，它的创造性水平也就越高。

创造想象产生的条件：强烈的创造愿望；丰富的表象储备；积累必要的知识经验；原型启发；积极的思维活动；灵感的作用。

3. 幻想、理想和空想

（1）幻想，创造想象的一种特殊形式，是一种指向未来并与个人的愿望相联系的想象。它是创造想象的准备阶段和特殊形式。幻想与一般创造想象相比主要有两点不同：

1）幻想总是与个人愿望相联系；

2）幻想往往与当前的活动没有直接联系，而是指向未来的。

幻想也不同于再造想象，因为它包含一定的独创成分。

（2）幻想与理想、空想的关系。如果幻想是以现实为依据并指向行动，经过努力最终可以实现，

那么它就变成理想；如果幻想完全脱离现实，毫无实现的可能，就成为空想。理想能鼓励人向上和进取，是人们从事创造性活动的动力；而空想往往会把人引向歧途。

（三）想象的功能

1. 预见功能

人从事任何活动之前，都必须在头脑中确立定向目标，即能够想象出活动过程及其结果。一旦活动过程结束，将是头脑中预定观念的实现，于是人的活动就有了主动性、预见性和计划性，这有助于活动的顺利完成。

2. 补充功能

在现实生活中，有许多事物是人们不可能直接感知的，在这种情况下，我们可以借助想象，弥补人类认识活动的时空局限和不足，超越个体狭隘的经验范围，扩大人的视野。

3. 替代功能

在现实生活中，当人们的某种需要不能得到满足时，可以利用想象从心理上得到一定的补偿和慰藉。

（四）培养学生想象力的方法（关键点：从内和外两个角度培养）

（1）要引导学生学会观察，丰富学生的表象储备；同时引导学生积极思考，开启想象之门。

（2）引导学生努力学习科学文化知识，扩大学生的知识经验以发展学生的空间想象能力。

（3）结合学科教学，有目的地训练学生的想象力，引导学生进行积极的幻想。

【典型真题】辨析题：注意转移即注意分散。

【参考答案】错误。

注意是心理活动对一定对象的指向和集中。注意的转移是根据新的任务，有意识地、主动地把注意从一种活动转移到另一种活动上。而注意的分散是由于个体劳累或其他因素，导致的注意力无法集中的现象，是被动而消极的。

【典型真题】晓东在记忆英文单词时，如果不对其加以复述，这个单词在他头脑中只能保持几十秒。这种记忆现象是（　　）。

A. 瞬时记忆　　　　　B. 短时记忆　　　　　C. 长时记忆　　　　　D. 内隐记忆

【答案】B

【解析】瞬时记忆时长不大于 4 秒，短时记忆为 5～20 秒，长时记忆一般能保持多年。题中描述的单词保持十几秒的现象属于短时记忆。故选 B。

【典型真题】闭卷考试时，学生在头脑中呈现问答题答案的心理活动属于（　　）。

A. 识记　　　　　B. 保持　　　　　C. 再认　　　　　D. 回忆

【答案】D

【解析】回忆是指过去经历过的事物不在面前，人们在头脑中把它重新呈现出来的过程。闭卷考试时学生头脑中呈现问答题答案的心理过程即属于回忆。故选 D。

【典型真题】老师问："一张桌子四个角，锯掉一个角，还有几个角？"张东不假思索地回答："三个角。"老师又问："还有其他答案吗？"张东想了想，没有回答出来。这说明张东在解决问题时受到（　　）的影响。

A. 功能固着　　　　　B. 原型启发　　　　　C. 心理定式　　　　　D. 垂直迁移

【答案】C

【解析】题干中的学生认为"四个角，少一个就应该是 4－1＝3"，而没有根据实际情况进行变通和思考，属于定式思维，也叫心理定式。故选 C。

【典型真题】初三学生小岩晚上在家复习功课，忽然灯灭了，他根据物理课上所学的知识，推测可能是保险丝断了，然后检查了闸盒里的保险丝。这是问题解决过程中的（　　）。

A. 发现问题阶段　　　　B. 理解问题阶段　　　　C. 提出假设阶段　　　　D. 检验假设阶段

【答案】D

【解析】检验假设就是通过一定的方法来确定假设是否合乎实际、是否符合科学原理。小岩通过检查闸盒里的保险丝这种方法，来确定他的假设是否正确。所以选D。

考点2　学习心理

一、学习动机

（一）学习动机的含义与结构

学习动机是指激发个体进行学习活动，维持已引起的学习活动，并使行为朝向一定学习目标的一种心理倾向或内部动力。学习动机是直接推动学生进行学习的内部动力。一个学生是否想要学习，学习的努力程度、积极性、主动性等都与学习动机有关。

学习动机的两个基本成分是学习需要与学习期待，两者相互作用形成学习的动机系统。关于学习需要和学习期待需要从以下几个方面来理解：

1. 学习需要与内驱力

学习需要是指个体在学习活动中感到有某种欠缺而力求获得满足的心理状态，它包括学习的兴趣、爱好和学习的信念等。学习兴趣是学习动机中最活跃的成分。内驱力也是一种需要，但它是动态的。从需要的作用上来看，学习需要即为学习的内驱力，即学习驱力。

2. 学习期待与诱因

学习期待是个体对学习活动所要达到目标的主观估计。学习期待所指向的目标可以是成绩，也可以是奖品、教师的赞扬、名誉、地位等。学习期待不等于学习目标。学习期待是学习目标在个体头脑中的反映。

诱因是指能够激起有机体的定向行为，并能满足某种需要的外部条件或刺激物。诱因可以是简单的物体，也可以是复杂的事物。凡是能使个体产生积极的行为，即趋向或接近某一目标的刺激物称为积极诱因。相反，消极的诱因可以产生负性行为，即离开或回避某一目标。学习期待是静态的，诱因是动态的。学习期待就其作用来说就是学习的诱因。

3. 学习需要和学习期待的关系

学习需要和学习期待是学习动机的两个基本成分，两者密切相关。学习需要是个体从事学习活动最根本动力，如果没有这种自身产生的动力，个体的学习活动就不可能发生。所以说，学习需要在学习动机结构中占主导地位。另外，学习需要是产生学习期待的前提之一，因为正是那些能够满足个体的学习需要与那些使个体感到可以达到的目标的相互作用形成了学习期待。学习期待则指对学习需要的满足，促使主体去达到学习目标。因此，学习期待也是学习动机结构的必不可少的成分。

（二）学习动机的分类

1. 根据动机产生的诱因来源，可以把学习动机分为内部学习动机和外部学习动机

内部学习动机是指诱因来自学习者本身的内在因素而产生的动机，即学生因对活动本身发生兴趣而产生的动机。外部学习动机是指诱因来自学习者外部的某种因素而产生的动机，即在学习活动以外由外部的诱因激发出来的学习动机。

2. 根据学习动机的社会意义，可以把学习动机分为高尚的学习动机和低级的学习动机

判断动机高尚与低级的标准是是否有利于社会和集体。高尚的学习动机的核心是利他主义，如学

生把当前的学习同国家和社会的利益联系在一起，把学习看成是对社会多做贡献和应尽的义务；低级的学习动机的核心是利己的、自我中心的，学习动机只来源于自己眼前的利益，如把学习看成是猎取个人名利的手段。这种划分标准有时难以正确把握，在教学实践中以此为标准进行判断时要持谨慎态度。

3. 根据学习动机起作用时间的长短，可以把学习动机分为近景的直接性学习动机和远景的间接性学习动机

近景的直接性学习动机是指由活动的直接结果所引起的对某种活动的动机，这种动机很具体，但不够稳定，易随环境的变化而变化。远景的间接性学习动机是指由于了解活动的社会意义、活动结果的社会价值而引起的对某种活动的动机，这种学习动机既具有一定的社会性和理想色彩，又与个人的志向、世界观相联系，具有较强的稳定性和持久性。

4. 按动机在活动中作用的大小，可以把学习动机分为主导性学习动机和辅助性学习动机

复杂的活动中往往存在多种动机，所起的作用各不相同。有的动机在学习活动中起着主要的支配作用，称为主导性学习动机；有的动机起次要的辅助作用，叫作辅助性学习动机。

5. 根据学校情境中的学业成就动机，奥苏贝尔等人将动机分为认知内驱力、自我提高内驱力和附属内驱力

认知内驱力是指要求了解、理解和掌握知识以及解决问题的需要。这种动机指向学习任务本身（为了获得知识），满足这种动机的奖励（知识的实际获得）是由学习本身提供的。

自我提高内驱力是指个体由自己的学业成就而获得相应的地位和威望的需要。自我提高内驱力并非直接指向学习任务本身，而是把成就看作赢得地位与自尊心的根源，属于外部动机。

附属内驱力是指个体为了获得长者们（如家长、教师）的赞许或认可而表现出把工作、学习做好的一种需要。它既不直接指向学习任务本身，也不把学业成就看作赢得地位的手段，而是为了从长者或同伴那里获得赞许和接纳。附属内驱力是一种间接的学习需要，属于外部动机。

（三）学习动机与学习效果的关系

学习动机与学习效果并不完全成正比，学习动机与学习效果的关系是倒 U 形曲线关系（见图 4-1）。"耶克斯-多德森定律"表明，动机不足或过分强烈都会影响学习效果。（1）动机的最佳水平随任务性质的不同而不同。在比较容易的任务中，学习效果随动机水平的提高而上升；随着任务难度的增加，动机的最佳水平有逐渐下降的趋势。（2）一般来讲，最佳水平为中等强度的动机。

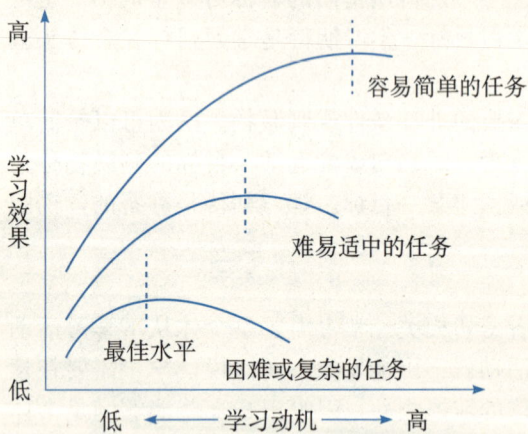

图 4-1　学习效果与学习动机的关系

（四）学习动机理论

1. 强化理论

行为主义有关学习动机的基本看法是，行为是由驱力所推动的，而驱力则由生理上的需要产生，强化是引起动机的重要因素。人的学习行为倾向完全取决于某种行为与刺激因强化而建立的稳固联系，受到强化的行为比没受强化的行为更倾向于再次出现。

行为主义的学习动机理论对学校教育的实际活动有着广泛影响，主要表现为采用强化原则，通过奖励与惩罚的措施来维持学生的学习动机。在教育上广为流行的程序教学与计算机辅助教学的心理基础，就是通过强化原则来维持学生的学习动机。

2. 需要层次理论

人本主义心理学家马斯洛认为，要揭示动机的本质，必须关注人的需要。他把需要区分为一些基本的层次，对这些需要层次进行研究，从整体上把握动机的实质。

马斯洛先后提出了七种需要，认为人的各层次需要都与学习有一定的关系。生理需要和安全需要虽然并不直接推动学习，却是保证学生进行有效学习的前提条件。这两种需求得不到满足，不仅学习活动无法进行，而且会导致学生出现身心疾病。归属与爱的需要是学生交往的动力，在学校环境中，师生交往、同伴交往既是学习的条件，也是学习的内容。尊重的需要是推动学生学习的重要动力，学生努力学习以求获得他人的尊重，并从中感受到自己的能力和价值，获得自信心。这一需要得不到满足，就会产生自卑感，怀疑自己的能力，失去上进心。求知的需要就是学习动机，审美的需要在很大程度上也是学习动机，它们推动人去求真、求善、求美。自我实现的需要推动人发挥自己的潜能，是学校教育应该重点加以培养的。

3. 成就动机理论

成就动机理论的主要代表人物是阿特金森。成就动机是指个体努力克服障碍，施展才能，力求又快又好地解决某一问题的愿望或趋势。它是人类所独有的，是后天获得的具有社会意义的动机，能促使个体产生成就行为，并追求在某一社会条件下人们认为重要的社会目标。在学习活动中，成就动机是一种主要的学习动机。阿特金森把个体的成就动机分为两类：力求成功的动机和避免失败的动机。

力求成功者的目的是获取成就，即通过各种活动努力提高自尊心和获得心理上的满足，成功概率为50％的任务是他们最有可能选择的。避免失败者则往往通过各种活动防止自尊心受伤害和产生心理烦恼，倾向于选择非常容易或非常困难的任务。

在教育实践中对力求成功者，应通过给予新颖且有一定难度的任务，安排竞争的情境，严格评定分数等方式来激起其学习动机；而对于避免失败者，则要安排少竞争或竞争性不强的情境，如果取得成功则要及时表扬给予加强，评定分数时稍稍放宽些要求，并尽量避免在公共场合下指责其错误。

4. 成败归因理论

归因是人们对自己或他人活动及其结果的原因所作的解释和评价。在学习和工作中，人人都会体验到成功与失败，还会去寻找成功与失败的原因，这就是对行为进行归因的过程。人们会把成败归结为不同的原因，并产生相应的心理变化，从而影响今后的行为。

美国心理学家韦纳对此进行了系统的研究。他把人经历过的事情的成败归结为六种原因，即能力、努力程度、工作难度、运气、身体状况、外界环境。又把上述六项因素按各自的性质，分别归入三个维度：内部归因和外部归因、稳定性归因和不稳定性归因、可控制归因和不可控制归因。

维度 因素	成败归因维度					
	因素来源		稳定性		可控制性	
	内部	外部	稳定	不稳定	可控制	不可控制
能力	★		★			★
努力程度	★			★	★	
工作难度		★	★			★
运气		★		★		★
身心状况	★			★		★
外界环境		★		★		★

韦纳的归因理论在教育上具有重要意义。教师根据学生的自我归因可预测其此后的学习动机。

学生的自我归因未必正确，但却是重要的。因为归因促使学生在从了解自己到认识别人的过程中，建立起明确的自我概念，促进自身的成长。而如果学生有不正确的归因，则更表明他们需要教师的辅导与帮助。长期消极的归因不利于学生的个性成长，这就需要教师利用反馈的作用，在反馈中给予学生鼓励和支持，帮助学生正确归因，重塑自信。韦纳发现，在师生交互作用的教学过程中，学生对自己成败的归因，并非完全以考试分数的高低为基础，而是受到教师对他的成绩表现所作反馈的影响。

5. 自我效能感理论

自我效能感理论由班杜拉首次提出。自我效能感是指人对自己能否成功从事某一成就行为的主观判断。班杜拉指出，人的行为受行为的结果因素与先行因素的影响。行为的结果因素是强化。行为的先行因素是人在认知到行为与强化之间的依随关系之后产生的对下一步强化的期待。期待包括结果期待和效能期待。结果期待是指人对自己的某一行为会导致某一结果的推测。效能期待是指人对自己能够进行某一行为的能力的推测或判断，它意味着人是否确信自己能够成功地进行带来某一结果的行为。当个体确信自己有能力进行某一活动，他就会产生高度的"自我效能感"，并努力实施该活动。

自我效能感对学生的心理和行为有多方面的影响：（1）影响活动的选择；（2）影响努力的程度和坚持性，决定在困难面前的态度；（3）影响活动时的情绪；（4）影响能否完成学习任务。自我效能感的形成也要受到多种因素的制约，如个人自身行为的成败经验、替代经验、言语劝说和情绪唤醒等。

【典型真题】在学校环境中，师生和同伴之间良好的交往关系能满足学生的（   ）。

A. 生理需要　　　　B. 归属需要　　　　C. 求知需要　　　　D. 审美需要

【答案】B

【解析】归属的需要是学生交往的动力，师生和同伴的交往既是学习的条件，也是学习的内容。

【典型真题】最近，王华为了通过下个月的出国考试而刻苦学习外语，这种学习动机是（   ）。

A. 外在远景动机　　B. 内在远景动机　　C. 外在近景动机　　D. 内在近景动机

【答案】C

【解析】近景性动机是指与近期目标或学习活动直接相联系的动机。内部动机是指由个体内在的需要引起的动机，外部动机是由个体以外的诱因而引起的学习动机。为了通过下个月的考试很显然是外在近景动机。

【典型真题】进入初中后，小磊为了赢得在班级的地位和满足自尊需要而刻苦学习，根据奥苏贝尔的理论，小磊的学习动机属于（   ）。

A. 认知内驱力　　　B. 自我提高内驱力　　C. 附属内驱力　　　D. 生理内驱力

【答案】B

【解析】"赢得地位""满足自尊"是小磊对自己内在提高的要求。

【扩展】人的内驱力可分为两大类：由饥饿等生理需要而产生的内驱力称为第一内驱力，又称基本的、原始的或低级的内驱力；由责任感等后天形成的社会性需要所产生的内驱力称为第二内驱力，又称社会的或高级的内驱力。一般来说，高级内驱力对低级内驱力起调节作用。内驱力是给动机中"推"的力量；诱因是动机中"拉"的力量；人的动机行为正是在这一推一拉中实现的。内驱力指在有机体需要的基础上产生的一种内部推动力，是一种内部刺激。内驱力的作用可以通过行为强度来测量，它也可以通过一些外界手段操纵，因而动机的实验研究中一般都用内驱力的概念。

美国心理学家奥苏贝尔提出，学校情境中的成就动机包括认知内驱力、自我提高内驱力和附属内驱力三个方面的内容。

认知内驱力，是一种要求了解和理解周围事物的需要，要求掌握知识的需要，以及系统地阐述问题和解决问题的需要。在学习活动中，认知内驱力指向学习任务本身（为了获得知识），是一种重要的和稳定的动机。由于需要的满足（知识的获得）是由学习本身提供的，因而也称为内部动机。

自我提高内驱力，是个体因自己的胜任能力或工作能力而赢得相应地位的需要。这种需要从儿童入学时起，成为成就动机的组成部分。自我提高内驱力与认知内驱力不同，它把成就作为赢得地位与自尊心的根源，显然是一种外部动机。

附属内驱力，是指为了保持长者们（如教师、家长）或集体的赞许或认可，表现出要把工作做好的一种需要。这种动机特征在年幼儿童的学习活动中比较突出，表现为追求良好的学习成绩，目的就是要得到赞扬和认可。

【典型真题】学习动机是学生进行学习活动的内部动力，学习动机越强，学习效果越好。

【参考答案】错误。

学习动机与学习效果的关系是倒 U 形曲线的关系。每种难度的任务都有一个最佳动机水平，动机水平过高或过低都不利于学习效果的提高。所以学习动机越强，学习效果越好的观点是片面的。

【典型真题】一名调皮的学生屡次扰乱课堂，教师请其站到教室后面，教师运用了（　　）。

A. 正强化　　　　　　　B. 负强化　　　　　　　C. 惩罚　　　　　　　D. 消退

【答案】C

【解析】惩罚是直接给予厌恶刺激来减少行为发生的概率。题目中，老师在学生扰乱课堂后给予罚站的处罚，属于惩罚。

二、学习迁移

（一）学习迁移的含义

学习迁移也称训练迁移，是指一种学习对另一种学习的影响，或习得的经验对完成其他活动的影响。

迁移是学习的一种普遍现象，广泛存在于各种知识、技能、行为规范与态度的学习中，如"举一反三""触类旁通"等即是典型的迁移形式。通过迁移，各种经验得以沟通、经验结构得以整合，只要有学习就有迁移。

（二）学习迁移的类型

分类标准	分类	含义	例子
根据迁移的性质和结果	正迁移	一种学习对另一种学习起到积极的促进作用。	阅读技能的掌握有助于写作技能的形成
	负迁移	两种学习之间相互干扰、阻碍，即一种学习对另一种学习产生消极影响。	学习汉语拼音对学习英文字母的不利影响
	零迁移	两种学习也可能不发生影响，是迁移的一种特殊形式。	—
根据迁移内容的抽象和概括水平的不同	水平迁移（横向迁移）	处于同一抽象和概括水平的经验之间的相互影响。也就是指在难度、复杂程度和概括层次上处于同一水平的先行学习内容与后续学习内容、学习活动之间产生的影响。	如通过加、减、乘法学习后获得的一些运算技能会促进除法运算学习等
	垂直迁移（纵向迁移）	处于不同抽象、概括水平的经验之间的相互影响，也就是指先行学习内容与后续学习内容是不同水平的学习活动之间产生的影响。垂直迁移表现在两个方面：一是自下而上的迁移，即下位的较低层次的经验影响上位的较高层次的经验的学习；二是自上而下的迁移，即上位的较高层次的经验影响下位的较低层次的经验的学习。	如学了"角"的概念后，再学习"直角""锐角"等概念

续表

分类标准	分类	含义	例子
根据迁移发生的方向	顺向迁移	指先前学习对后续学习产生的影响。	前摄抑制
	逆向迁移	指后续学习对先前学习产生的影响。	后摄抑制
根据迁移内容的不同	一般迁移	也称"非特殊迁移""普遍迁移"，是指在一种学习中所习得的一般原理、方法、策略和态度对另一种具体内容学习的影响。	如学生学习中获得的一些基本的运算技能、阅读技能可以运用到具体的数学或语文学习中。
	具体迁移	也称"特殊迁移"，是指一种学习中习得的具体的、特殊的经验直接迁移到另一种学习中。	已学会写"木"这个字后，有助于写"森"字
根据迁移范围的不同	近迁移	近迁移指所学的经验迁移到与原来的学习情境比较相似的情境中。	如学了乘法交换律后，计算 $25\times(400+4)$
	远迁移	远迁移是指个体将所学的经验迁移到与原来的学习情境极不相似的其他情境中。	如根据蝙蝠超声定位的原理创造了雷达

（三）学习迁移的作用

（1）迁移对于提高解决问题的能力具有直接的促进作用；

（2）迁移是习得的经验得以概括化、系统化的有效途径，是能力与品德形成的关键环节；

（3）迁移规律对于学习者、教育工作者以及有关的培训人员具有重要的指导作用。

（四）学习迁移理论

1. 早期的迁移理论

（1）形式训练说。

形式训练说是最早的关于迁移的理论，它以官能心理学为基础。它主张迁移要经历一个形式训练过程才能产生，把迁移看作是通过对组成"心智"的各种官能分别进行训练来实现的，迁移的发生是无条件的、自发的。一种官能的改进也能增强其他的官能。它把训练和改进"心智"的各种官能作为教学的重要目标，认为一个学科的直接效用并不重要，心理官能的锻炼才是最重要的，即学习的内容并不重要，重要的是所学材料对官能训练的价值，因为内容经常容易忘记，其作用是暂时的，但形式是永久的。

形式训练说重视能力的培养和学习的迁移，强调对有效的记忆方法、工作和学习的习惯以及一般的有效工作技术进行特殊训练，这些对学习迁移和实际教学都是有积极意义的。但是形式训练说缺乏科学的依据，所以引起一些研究者的怀疑和反对。

（2）相同要素说。

桑代克和伍德沃斯等人认为，迁移是非常具体的、有条件的，只有当两个机能的因素中有相同要素时，一个机能的变化才会改变另一个机能的习得。也就是说，只有当学习情境和迁移情境存在共同成分时，一种学习才能影响到另一种学习，即产生学习迁移。两种情境中的相同要素越多，迁移的量也就越大。后来相同要素被改为共同要素，迁移需要有共同要素。根据共同要素说，如果两种学习活动含有共同成分，无论学习者是否意识到这种成分的共同性，都会有迁移现象的产生。

这些理论对学习迁移的研究和实际教学起到了积极的作用，但它只看到学习情境的作用，完全忽略了主体因素对学习迁移的影响，只从一种维度讨论学习间的影响问题，忽略了一种学习也可能会对另一种学习产生干扰作用。

（3）概括化理论。

美国心理学家贾德提出概括化理论，也称经验类化说。他在1908年所做的"水下击靶"实验，是概括化理论的经典实验。其主要观点是，一个人只要对自己的经验进行了概括，就可以完成从一个情境到另一个情境的迁移。他认为先前的学习之所以能迁移到后来的学习中，是因为在先前学习中获得了一般原理，这种一般原理可以部分或全部地运用于后面的学习中。对原理了解、概括得越好，迁移效果也越好。

（4）关系转换理论。

格式塔心理学家提出关系转换理论，也称为关系转换说或转换理论。认为迁移是学习者突然发现两个学习经验之间关系的结果，是对情境中各种关系的理解和顿悟，而非由于具有共同成分或原理而自动产生。学习迁移的重点不在于掌握原理，而在于觉察到手段与目的之间的关系，这是实现迁移的根本条件。他们认为学生"顿悟"情境之间的关系，特别是手段、目的之间的关系，是实现迁移的根本条件。苛勒所做的"小鸡觅食"实验是支持关系转换说的经典实验。

2. 当代的迁移理论

（1）认知结构迁移理论。

布鲁纳和奥苏贝尔把迁移放在学习者的整个认知结构的背景下进行研究，在认知结构的基础上提出了关于迁移的理论和见解。认知结构迁移理论指出，学生学习新知识时，认知结构可利用性高、可辨别性大、稳定性强，就能促进对新知识学习的迁移。"为迁移而教"实际上是塑造学生良好认知结构的问题。在教学中，可以通过改革教材内容和教材呈现方式改进学生的原有认知结构以达到迁移的目的。

（2）产生式理论。

迁移的产生式理论是针对认知技能的迁移提出的，其基本思想是：前后两项学习任务产生迁移的原因是两项任务之间产生式的重叠，重叠越多，迁移量越大。两项任务之间的迁移，是随其共有的产生式的多少而变化的。所谓产生式是认知的基本成分，由一个或多个条件与动作的配对构成，就是有关条件和行动的准则。

（3）情境性理论。

格林诺等人提出了迁移的情境性理论。他们认为迁移问题主要是说明在一种情境中学习去参与某种活动，将如何影响在不同情境中参与另一种活动的能力。学习是个体与环境中事件的相互作用，是对情境中所具有的特征的一种适应。迁移就在于如何以不变的活动结构或动作图式来适应不同的情境。这种活动结构的建立既取决于最初的学习情境，又取决于后来的迁移情境。

（五）学习迁移与教学

1. 影响学习迁移的因素

（1）学习材料之间的共同要素或相似性。学习材料作为学生学习的对象和知识的主要来源，对学习迁移有着重要的影响。不同的学习材料的迁移过程甚至结果都是不一样的。在学习中，意识到学习材料之间的相同点和不同点，对其进行辨别，是促进迁移的重要条件。

（2）原有知识经验的概括程度。加强对自己的知识经验的概括，或者通过学习、教学不断掌握基本概念和原理是学生概括化原理获得的两条重要渠道。要实现对知识经验的概括就要加强学习中理解的作用，只有理解才能实现对知识经验的概括，理解得越深入，概括的程度就越高，就越有利于新知识的掌握和运用。

（3）学习情境的相似性。任何知识经验的获得和应用都和一定的情境有着密切的关系。从学习迁移的角度来讲，知识经验获得的情境与知识应用的情境在许多方面都密切相关。在两次学习活动之间，如果出现相似的环境、相同的场所、相同的学习者等，学习迁移就很容易产生。

（4）学习的定式和态度。定式（即心向）是指重复先前的操作所引起的一种心理准备状态。定式的形成往往是由于先前的反复经验，它发生于连续的活动中，前面的活动经验为后面的活动形成一种准备状态。态度是一种习得的、决定个人行为选择的内部状态。

（5）认知结构的特点。认知结构是人们过去对外界事物进行感知、概括的一般方式或经验所构成的观念结构。其质量如知识经验的准确性、丰富性及知识经验间联系的组织特点等都会影响学生对新知识的学习，并影响解决问题时提取已有知识经验的速度和准确性，影响学习的迁移。

（6）学习策略的水平。小学时期的儿童能自发地掌握一些比较简单的策略，但不能有效地运用。如果教师能在策略运用上给予学生清晰的指导，则有助于提高学习效率。初、高中时期的学生，在自己熟悉的知识领域，可以自发地形成策略，自觉地运用适当策略改进自己的学习，并能根据任务需要来调整策略。

2. 促进学习迁移的措施

（1）注意教学材料和内容的编排。在教材的编排和教学内容的安排上，不仅要考虑到学科知识本身的性质、逻辑结构和学生的知识经验水平、年龄特征等，还要照顾到教学时间和教法要求，力求把最佳的教材结构展示给学生。

（2）改进教材呈现方式。在教材的呈现上应遵循由整体到细节的顺序，使学生的知识在组织过程中纳入网络结构中。此外，还应加强教材中概念、原理和各章节之间的联系，使知识融会贯通。

（3）提高知识的概括化水平。为了促进原理或规则的教学，教学中应该引导学生自己总结出原理，让他们准确地理解和掌握基本原理，培养和提高概括能力，充分利用原理和规则的迁移，这是训练迁移最有效的方法。

（4）加强基础知识和基本技能的训练。基础知识和基本技能越多，学习迁移就越容易产生。尤其是在新的学习遇到阻碍时，容易进行广泛的联想，变一般迁移为特殊迁移，从而促进新知识和技能的掌握。能够举一反三、触类旁通者往往都是基本知识和技能掌握得比较好的人。

（5）加强教学方法的选择，促进学生学习方式的转变。在教学内容确定之后，以什么方法进行教学是教师在教学，尤其是课堂教学中重点要考虑的问题。教师应转变学生的被动性，通过各种训练逐步让学生学会学习。

（6）改进对学生的评价。教学条件下的评价作为教学活动的组成部分，同样具有教育性，有效运用评价手段对学生形成学习迁移具有积极的作用。

三、学习策略

（一）学习策略的含义与特点

学习策略就是指学习者在学习活动中，为了达到有效的学习目的而采用的规则、方法、技巧及其调控方式的综合。它既可以是内隐的规则系统，也可以是外显的操作程序与步骤。

（二）学习策略的分类

一般来讲，学习策略可分为认知策略、元认知策略和资源管理策略三种。认知策略是信息加工的策略；元认知策略是对信息加工过程进行调控的策略；资源管理策略则是辅助学生管理可用的环境和资源的策略，对学生的动机具有重要的作用。

1. 认知策略

认知策略是学习者信息加工的方法和技术。其基本功能有两个方面：一是对信息进行有效的加工与整理；二是对信息进行分门别类的系统储存。

（1）复述策略。

复述策略是指在工作记忆中为了保持信息，运用内部语言在大脑中重现学习材料或刺激，以便将注意力维持在学习材料上的方法。它是短时记忆的信息进入长时记忆的关键。常用的复述策略有：在复述的时间上，采用及时复习、分散复习；在复述的次数上，强调过度学习；在复述的方法上，包括排除相互干扰、运用多种感官协同记忆、复习形式多样化等。

（2）精加工策略。

精加工策略是指把新信息与头脑中的旧信息联系起来从而增加新信息意义的深层加工策略。它常被描述成一种理解记忆的策略，其要旨在于建立信息间的联系。联系越多，能回忆出信息原貌的途径就越多，即提取的线索就越多。精加工越深入越细致，回忆就越容易。对于比较复杂的课文学习，精加工策略有说出大意、总结、建立类比、用自己的话做笔记、解释、提问以及回答问题等。

精加工常用的方法有记忆术、做笔记、提问、运用背景知识，联系客观实际和生成性学习。生成性学习就是要训练学生对所阅读的东西产生一个类比或表象，如图形、图像、表格和图解等，以加强深层理解。这种方法最重要的一点，就是需要积极的加工，不是简单的记录和记忆信息，也不是从书中寻章摘句或稍加改动，而是要改变对这些信息的知觉。

（3）组织策略。

组织策略是指将经过精加工提炼出来的知识点加以构造，形成知识结构的更高水平的信息加工策略。组织策略主要有两种：一种是归类策略，用于概念、语词、规则等知识的归类整理；另一种是纲要策略，主要用于对学习材料结构的把握。组织策略强调的是知识与知识之间的一种构建。

2. 元认知策略

元认知是对认知的认知，即个体对认知活动的自我意识与调节。

学习的元认知策略是指学生对自己整个学习过程的有效监视及控制的策略。元认知策略大致可分为以下三种：

（1）计划策略。计划策略是指根据认知活动的特定目标，在认知活动开始之前计划完成任务所涉及的各种活动、预计结果、选择策略，设想解决问题的方法并预估其有效性等。

（2）监控策略。监控策略是指在认知过程中，根据认知目标及时检测认知过程，寻找两者之间的差异，并对学习过程及时进行调整，以期顺利实现有效学习的策略。

（3）调节策略。调节策略是指在学习过程中根据对认知活动监视的结果，找出认知偏差，及时调整策略或修正目标。在学习活动结束时，评价认知结果、采取相应的补救措施、修正错误、总结经验教训等。调节策略能帮助学生矫正自己的学习行为，补救理解上的不足。

3. 资源管理策略

资源管理策略就是帮助学生有效地管理和利用各种资源，以提高学习效率和质量的策略。常用的资源管理策略包含时间管理策略、环境管理策略、努力管理策略和资源利用策略等。

学习策略	分类	内容或方法
认知策略	复述策略	利用无意识记忆和有意识记忆；排除抑制干扰；整体记忆与分段记忆；多种感官参与；画线、圈点批注；等等
	精加工策略	记忆术（如位置记忆法、缩减与编歌诀、谐音联想法、关键词法、视觉联想）；做笔记；提问；生成性学习；利用背景知识、联系实际；等等
	组织策略	列提纲；利用图形（系统结构图、流程图、模型图、网络关系图等）；利用表格（一览表、双向表等）
元认知策略	计划策略	包括设置学习目标、浏览阅读材料、产生待回答的问题以及分析如何完成学习任务
	监控策略	包括阅读时对注意加以跟踪、对材料进行自我提问、考试时监视自己的速度和时间
	调节策略	根据对认知活动结果的检查，如发现问题，则采取相应的补救措施

续表

学习策略	分类	内容或方法
资源管理策略	时间管理策略	统筹安排学习时间；高效利用最佳时间；灵活利用零碎时间
	环境管理策略	注意调节自然条件（如流通的空气、适宜的温度、明亮的光线以及和谐的色彩等）；设计好学习的空间（如空间范围、室内布置、用具摆放）
	努力管理策略	激发内在动机；树立良好信念；选择有挑战性的任务；调节成败标准；正确认识成败的原因；自我奖励
	资源利用策略	学习工具的利用；社会性人力资源的利用（老师的帮助、同学间的合作和探讨等）

【典型真题】某学生在记忆圆周率"3.141 592 653 5"时，将其编成顺口溜"山巅一寺一壶酒，尔乐苦煞吾"来帮助记忆，该学生在这里运用的学习策略是（   ）。

A. 组织策略　　　　　B. 复述策略　　　　　C. 精加工策略　　　　D. 元认知策略

【答案】C

【解析】精加工策略是一种通过形成新旧知识之间的联系，使新信息更有意义，从而促进对新信息的理解和记忆的深层加工策略。精加工策略是一种理解性的记忆策略。精加工策略包括记忆术（如位置记忆法、缩减与编歌诀、谐音联想法、关键词法、视觉联想）；做笔记；提问；生成性学习；利用背景知识、联系实际；等等。

【典型真题】用简要的词语写出材料中的主要观点和次要观点，再以金字塔的形式呈现材料的要点及各种观点的直接关系，这种学习策略属于（   ）。

A. 元认知策略　　　　B. 复述策略　　　　　C. 精加工策略　　　　D. 组织策略

【答案】D

【解析】组织是对相关内容进行归纳整理的过程。组织策略是整合所学新知识之间的内在联系，形成新的知识结构。常用的组织策略有列提纲、利用图形和表格，以及归类策略。

【典型真题】让小丽先后学习两组难易相当、性质相似的材料，随后的检查发现她对前面一组材料的回忆效果不如后面一组好，这是由于受到（   ）。

A. 后摄抑制　　　　　B. 前摄抑制　　　　　C. 分化抑制　　　　　D. 延缓抑制

【答案】A

【解析】后学习的材料对保持和巩固先学习的材料的干扰作用称为后摄抑制。小丽对前面一组材料的回忆效果不如后面一组好，这说明她受到了后面材料的干扰。

【典型真题】学习材料的难度越大，越难产生迁移。

【参考答案】错误。

学习材料对学习迁移具有一定的影响，但并不是完全的越难的材料越难迁移。只要有学习就有迁移，而并非难度大的材料就难以迁移。

【典型真题】学生 A：中学学习英语语法对以后学习英语帮助很大。

学生 B：平面几何学得好，后来学习立体几何就简单了，知识之间有很大联系。

学生 A：不光知识这样，弹琴也是，会弹电子琴，学钢琴也快。

学生 B：可有时候也不一样，会骑自行车反而影响骑三轮车。

学生 A：有意思，学习很奇妙。

问题：（1）请分析材料中两位同学谈话用到的学习原理。

（2）教师应该如何利用这一原理促进学生的学习？

【参考答案】

（1）学习迁移也称训练迁移，是指一种学习对另一种学习的影响。根据迁移的性质可以把迁移分为正迁移和负迁移。

一种学习对另一种学习产生积极的影响叫正迁移，即两种学习之间相互促进，如学习语法后对学习英语帮助很大、学习平面几何后对学立体几何有帮助、会弹电子琴就比较好学钢琴。

一种学习对另一种学习产生消极的影响叫负迁移，也就是两种学习之间相互干扰，如会骑自行车反而影响骑三轮车。

（2）学生迁移能力的形成有赖于教学，促进迁移的有效教学应从以下几方面考虑：

第一，精选教材。根据同化理论，认知结构中是否有适当的起固定作用的观念可以利用，是决定新的学习与保持的重要因素。为了促进迁移，教师应选择具有广泛迁移价值的科学成果作为教材的基本内容，兼顾学科自身的性质和学生的知识水平、智力状况及年龄特征和教学的循序渐进。

第二，合理编排教学内容，促进迁移。结构化：教材内容的各构成要素具有科学的、合理的逻辑联系，能体现事物的各种内在关系。一体化：教材的各构成要素能整合为具有内在联系的有机整体。网络化：网络化是一体化的引申，指要打通教材各要素之间的联系、要突出各种基本经验的联结点，这既有助于了解原有学习中存在的断裂点，也有助于预测以后学习的发展点，为迁移的产生提供直接的支撑。

第三，合理安排教学程序。

1）据学生认识事物的过程，教学安排应符合从一般到个别、从整体到细节的顺序，即渐近分化原则。

2）依据知识的系统性和科学性，概念之间、原理之间、知识的前后连贯与单元纵横之间应体现出内在的联系。

3）依据学生学习的特点，教材组织应由浅入深、由易到难、从已知到未知。

第四，教授学习策略，提高迁移意识。教师要善于把学习方法教给学生，同时要让学生不断总结自己的学习经验，鼓励同学之间开展学习方法和经验的交流等来促进学习的迁移。

考点3 学习理论

学习理论简称为"学习论"，是说明人和动物学习的性质、过程和影响学习的因素的各种学说。心理学家从不同的观点，采用不同的方法，根据不同的实验资料，提出了许多学习的理论。主要的学习理论可分为行为主义学习理论、认知主义学习理论、人本主义学习理论及建构主义学习理论。

一、行为主义学习理论

（一）巴甫洛夫的经典性条件反射理论

经典性条件反射理论是行为主义学习理论的重要流派，由俄国著名的生物学家、诺贝尔奖获得者巴甫洛夫最早提出。最先是将条件反射作为一种生理现象，后来，华生将巴甫洛夫的经典性条件反射用来说明有机体的学习，形成了经典性条件反射的学习理论。

巴甫洛夫通过对狗的进食行为进行研究发现，作为中性刺激的铃声由于与无条件刺激联结而成了条件刺激，由此引起的唾液分泌就是条件反射，这种现象被后人称为"经典性条件作用"。其中，反射是神经活动系统活动的基本方式，一般分为两类：无条件反射和条件反射。

无条件反射：又称本能，是人和动物先天遗传的，不用学习即可拥有的反射。

条件反射：指人和动物后天经过学习获得形成的反射。

第一信号系统：凡是能够引起条件反应的物理性的条件刺激叫作第一信号系统。

第二信号系统：凡是能够引起条件反应的以语言为中介的条件刺激叫作第二信号系统。

第二信号系统的活动，是和人类的语言机能密切联系的神经活动，是在婴儿个体发育过程中逐渐形成、在第一信号系统或非条件反射的基础上建立起来的。

1. 经典性条件反射的基本规律

（1）获得与消退。当条件刺激先于无条件刺激出现，间隔时间很短（几乎同时出现），二者多次重复，则可以建立一个条件作用；而如果条件刺激重复出现多次而没有无条件刺激相伴随，则条件反应变得越来越弱，并最终消失。

（2）刺激泛化与分化。刺激泛化指人和动物一旦学会对某一特定的条件刺激做出条件反应，其他与该条件刺激相类似的刺激也能诱发条件反应。刺激分化则指通过选择性强化和消退使有机体学会对条件刺激和与条件刺激相类似的刺激做出不同的反应。刺激泛化与分化是互补的过程。

刺激泛化和分化的联系：泛化是对事物相似性的反映，分化则是对事物差异性的反映。泛化和分化是一个互补的过程。泛化是我们的学习从一种情景迁移到另一情境，而分化则使我们对不同的情境做出不同的恰当反映。

小孩如果曾在牙医那儿有过痛苦的体验，就会对牙医、看牙时坐的椅子、相关的器械以及牙医的白外罩有一种恐惧感。把小孩带到理发店，那里也有椅子、白外罩、柜台上有工具等。如果小孩对理发店感到恐惧，那么这就是刺激泛化的一个例子。小孩知觉到了第一种情况和第二种情况之间的相似之处。分化则如：古玩行当的专家，很容易就辨别出来真品赝品。

2. 关于经典性条件反射的评价

经典性条件反射理论能有效地解释有机体是如何学会在两个刺激之间进行联系，从而使一个刺激取代另一个刺激并与条件反应建立起联结的。但经典性条件反射理论无法解释有机体为了得到某种结果而主动做出某种随意反应的学习现象，如儿女为了报答父母的养育之恩、为了得到教师的表扬或同伴的认可而努力学习等。

（二）桑代克的尝试错误说

桑代克是美国著名心理学家、西方教育心理学奠基人之一、联结主义学习理论的创始人。他把人和动物的学习定义为刺激与反应之间的联结，联结是通过盲目尝试、逐步减少错误而形成的，即通过试误形成的。

桑代克于19世纪末就开始进行了大量的动物学习的实验研究，其中最为著名的实验则是饿猫学习如何逃出迷笼获得食物的实验（1898）。

桑代克根据实验研究得出三条主要的学习定律：

（1）准备律。在进入某种学习活动之前，如果学习者做好了与相应的学习活动相关的预备性反应（包括生理和心理的），学习者就能比较自如地掌握学习的内容。

（2）练习律。对于学习者已形成的某种联结，在实践中正确地重复这种反应会有效地增强这种联结。另外，桑代克也非常重视练习中的反馈，他认为告诉学习者练习正确或错误的信息有利于学习者在学习中不断纠正自己的学习内容。

（3）效果律。学习者在学习过程中所得到的各种正或负的反馈意见会加强或减弱学习者在头脑中已经形成的某种联结。效果律是最重要的学习定律。

桑代克理论贡献：他的尝试错误说以实验研究为基础，提出了西方最早、最系统的学习理论。他用刺激-反应之间的联结取代了传统观念之间的联结，提出学习无须意识参与的观点，受到后来的行为主义者的关注。

（三）斯金纳操作学习理论

斯金纳是操作学习理论的创始人和行为矫正技术的开创者。他是美国新行为主义的主要代表，是对当今心理学影响最大、最重要的新行为主义者。他最有影响的主张集中体现在他的操作学习理论。

斯金纳自制了一个"斯金纳箱"，在箱内装一个特殊装置，压一次杠杆就会出现食物。他将一只饿鼠放入箱内，它会在里面乱跑乱碰，自由探索，偶然一次压杠杆就得到食物，此后老鼠压杠杆的频率越来越多，即学会了通过压杠杆来得到食物的方法，斯金纳将其命名为操作性条件反射或工具性条件作用。食物即是强化物，运用强化物来增加某种反应（即行为）频率的过程叫作强化。

斯金纳指出，虽然，某些人类的行为正如之前的心理学家说的那样，是由特定的刺激引起的，但是，这些只能解释所有人类行为的一小部分，于是他提出了另外一类行为，称之为操作性行为，因为它们是在环境中缺乏明显的无条件刺激物时操作的。斯金纳的工作主要集中在行为与后果的关系上，并由此提出了对教育实践起巨大影响的学习理论——操作学习理论。

从对动物的研究中，斯金纳认为，行为分为两类：应答性行为和操作性行为。应答性行为是由已知的刺激引起的；操作性行为则是由有机体自身发出的。无条件反应是一种应答性行为，因为它们是无条件刺激所引起，而在日常生活中操作性行为占我们行为中的大部分。操作性条件作用的主要规律有：

1. 强化：正强化和负强化

斯金纳区分了两种强化类型：正强化（又称积极强化）和负强化（又称消极强化）。当在环境中增加某种刺激，有机体反应概率增加，这种刺激就是正强化物。比如，白鼠按开关时给食物，食物就是正强化。当某种刺激在有机体环境中消失时，反应概率增加，这种刺激就是负强化物。也就是说，负强化物是厌恶刺激，是有机体力图避开的那种刺激。比如，当处于电击状态下的白鼠按开关时停止电击，停止电击就是负强化物。强化的主要作用是塑造行为。

2. 消退

消退的含义：有机体做出以前曾被强化过的反应，如果在这一反应之后不再有强化物相伴，那么这一反应在今后发生的概率便会降低，称为消退。消退是一种无强化的过程，其作用在于，当有机体自发地做出某种反应以后，不对其施与任何强化，从而降低该反应在将来发生的概率，以达到消除某种行为的目的。

3. 惩罚

惩罚的含义：当有机体做出某种反应以后，呈现一个厌恶刺激或不愉快刺激，以消除或抑制此类反应的过程，称作惩罚。惩罚与强化和消退都有所不同：强化是要增加行为发生的概率；消退是不施与强化；惩罚是通过厌恶刺激的呈现来使行为反应在将来发生的概率降低。

	正强化	负强化	消退	惩罚
刺激	增加奖励刺激	减少厌恶刺激	不施与	呈现厌恶刺激
目的	增加反应概率	增加反应概率	减少反应概率	减少反应概率
应用	塑造良好行为	塑造良好行为	消除不良行为	消除不良行为

（四）班杜拉的社会学习理论

从 20 世纪 40 年代开始，行为主义心理学家对儿童如何获得社会行为很感兴趣。条件反射和强化理论都不能解释所有的学习过程，尤其是模仿得来的合作、竞争等社会反应。针对这一情况，班杜拉进一步发展了条件反射理论，提出了社会学习的理论。在班杜拉的各类实验之中，最为著名的则是"波波玩偶"实验。

按照班杜拉的理解，对于有机体行为的强化方式有三种：一是直接强化，即对学习者做出的行为反应当场予以正或负的刺激；二是替代强化，指学习者通过观察其他人实施这种行为后所得到的结果来决定自己的行为指向；三是自我强化，指儿童根据社会对他所传递的行为判断标准，结合个人自己的理解对自己的行为表现进行正或负的强化。自我强化参照的是自己的期望和目标。

二、认知主义学习理论

认知派的学习理论认为：学习不是在外部环境的支配下被动地形成联结，而是主动地在头脑内部构建认知结构；学习不是通过练习与强化形成反应习惯，而是通过顿悟与理解获得期待；当有机体当前的学习依赖于原有的认知结构和当前的刺激情境时，学习受主体的预期所引导，而不是受习惯所支配。

（一）苛勒的完型-顿悟学习理论（格式塔学习理论）

完型-顿悟说是由德国的心理学家苛勒提出的。他通过黑猩猩实验得出完型-顿悟学习理论。

苛勒将香蕉悬挂于黑猩猩笼子的顶板，使它够不着，但笼中有一箱子可利用。识别箱子与香蕉的关系后，饥饿的黑猩猩将箱子移近香蕉，爬上箱子，摘下香蕉。在更复杂的叠箱情境中，黑猩猩把握了箱子之间的重叠及其稳固关系后，也解决了这一较复杂的问题。

1. 学习是通过顿悟过程实现的

苛勒认为，学习是个体利用本身的智慧与理解力对情境及情境与自身关系的顿悟，而不是动作的累积或盲目的尝试。顿悟虽然常常出现在若干尝试与错误的学习之后，但不是桑代克所说的那种盲目的、胡乱的冲撞，而是在做出外显反应之前，在头脑中要进行一番类似于"验证假说"的思索。动物解决问题的过程似乎是在提出一些"假说"，然后检验一些"假设"，并抛弃一些错误的"假说"。动物只有在清楚地认识到整个问题情境中各种成分之间的关系时，顿悟才会出现。

2. 学习的实质是在主体内部构造完形（蓝图）

完形是一种心理结构，是对事物关系的认知。苛勒认为，学习过程中问题的解决，都是由于对情境中事物关系的理解而构成一种"完形"来实现的。从学习的结果来看，学习并不是形成刺激-反映的联结，而是形成新的格式塔（完形）

（二）布鲁纳的发现学习论

布鲁纳是美国著名的认知教育心理学家、发现学习论的创始者。该理论又被称为认知-发现学习说或认知-结构教学论。

1. 学习观

（1）学习的实质是主动地形成认知结构。

布鲁纳认为，学习的本质不是被动地形成刺激-反应的联结，而是主动地形成认知结构。学习者不是被动地接受知识，而是主动地获取知识，并通过把新获得的知识和已有的认知结构联系起来，积极地建构知识体系。

（2）学习包括获得、转化和评价三个过程。

布鲁纳认为，学习活动首先是新知识的获得。新知识可能是以前知识的延续，也可能与原有知识相违背。获得了新知识以后，还要对它进行转化：我们可以超越给定的信息，运用各种方法将它们变成另外的形式，以适合新任务，并获得更多的知识。评价是对知识转化的一种检查，通过评价可以核对我们处理知识的方法是否适合新的任务，或者运用得是否正确。因此，评价通常包含对知识的合理性进行判断。

2. 教学观

（1）教学的目的在于理解学科的基本结构，提倡发现学习。

所谓发现学习，就是让学生独立思考，提出假设，进行验证，自己发现要学习的概念、原则等。在教学过程中，教师的作用不是为学生提供现成的答案，而是为学生提供能够独立探究的教学情境。

（2）掌握学科基本结构的教学原则。

1）动机原则。在教材难易的设置上，必须充分考虑学生学习动机的维持；太容易学会的教材，缺少成就感；太难太深难以学会，又易产生失败感；适度的调适才能维持内在的动机。

2）结构原则。教师在从事知识教学时，必先配合学生的经验，将所授教材做适当组织，务使每个学生都能从中学到知识。

3）程序原则。教材的难度与逻辑上的先后顺序，必须针对学生的心智发展水平及认知表征方式做适当的安排，以能使学生的知识经验前后衔接，从而产生正向学习迁移。

4）强化原则。教师在教学过程中应注意通过反馈使儿童知道自己的学习结果，并使他们逐步具有自我矫正、检查和强化的能力，从而强化有效的学习。

（三）奥苏贝尔的有意义接受学习论

1. 奥苏贝尔对学习的分类

奥苏贝尔根据两个维度对认知领域进行学习分类：一个维度是学习进行的方式，分为接受学习和发现学习；另一个维度是学习材料与学习者原有知识的关系，可分为机械学习和有意义学习。这两个维度互不依赖，彼此独立，并且每个维度都存在许多过渡形式。

接受学习是指教师把学习内容以定论的形式传授给学生。发现学习是指学习的内容不是以定论的方式给学生，而是由学生自己先从事某些心理活动，发现学习内容，然后再把这些内容与已有知识相联系。发现学习与接受学习的根本区别，在于学生在新旧知识相联系之前是否有一个发现的过程。

2. 有意义学习的实质及条件

有意义学习的实质是将新知识与已有知识建立起非人为（内在的）的和实质性（非字面）的联系。所谓非人为的是指新知识与已有观点的联系是合理的或有逻辑基础的。实质性的是指新知识与已有观点之间的联系是在理解后建立的，而不是字面上的联系。有意义学习的产生既受学习材料性质的影响，也受学习者自身因素的影响。

有意义学习的条件：学习材料的逻辑意义；有意义学习的心向；学习者认知结构中必须具有适当的知识，以便与新知识进行联系。

3. 有意义学习的内部心理机制——同化

奥苏贝尔认为，学生能否习得新知识，主要取决于他们认知结构中已有的有关观念。有意义学习是通过新信息与学生认知结构中已有的有关观念的相互作用才得以发生的，这种相互作用的结果导致了新旧知识的意义的同化。其中，同化理论根据新旧观念的概括水平及其联系方式不同，划分了三种同化模式：下位学习（或称类属学习）、上位学习（或称总括学习）和并列学习（或称组合学习）。

（1）下位学习是指在知识学习中新知识与原有知识的部分关联，把新知识归入认知结构中的有关部分的过程。下位学习有两种形式，分别为派生类属（归属）学习和相关类属（归属）学习。

1）派生类属（归属）学习，即新知识只是认知结构中原有观念的一个特例，或者直接从原有知识中派生出来。例如，儿童已知道"猫爱吃鱼"，那么"邻居家的猫正在吃鱼"这一新命题就可以类属于已有的命题。再如，学生在学习正方形、长方形、正三角形时已经形成了轴对称图形概念。在学习圆时，"圆也是轴对称图形"这一命题纳入或归属于原有轴对称图形概念，新的命题很快获得意义，学生立即能够发现圆具有轴对称图形的一切特征。

2）相关类属（归属）学习，即新知识是原有知识的深入、精制、修饰或限定。例如，已知"平行四边形"这一概念，那么就可以通过"菱形是四条边相等的平行四边形"这一命题来界说菱形。在这种情况下，通过对"平行四边形"的限定，产生了"菱形"这一概念。

（2）上位学习，也称总括学习，是指在认知结构中原有的几个观念的基础上学习一个包容性程度更高的命题，即原有的观念是从属观念，而新学习的观念是总括性观念。例如化学课中"元素"概念的建立。可以启发学生分析铁、铝、氢、氧、钠、钙等物质有无共同之处，并最终让学生理解这些看起来各不相同的物质归纳起来都属于一个类别：化学元素。这就是说通过归纳、综合几个具体类概念，让学生掌握了更高一级的类概念，即上位概念。

（3）并列学习是在新知识与认知结构中的原有观念既非类属关系又非总括关系时产生的。一般而言，并列学习比较困难，必须认真比较新旧知识的联系与区别才能掌握。比如学习质量和能量的关系、学习物品价格和市场需求量的关系等。

4. 先行组织者策略

奥苏贝尔学习理论在教学中具体应用的技术是先行组织者策略。所谓"先行组织者"，是先于学习任务本身呈现的一种引导性材料，它要比学习任务本身有较高的抽象、概括和综合水平，并且能够清晰地与认知结构中原有观念和新任务关联起来。也就是，通过呈现"组织者"，在学习者已有知识与需要学习的新内容之间架设一道桥梁，使学生能更有效地学习新材料。这种引导性材料被称为先行组织者。

5. 后括学习

奥苏贝尔对儿童的概念学习进行了大量的研究，对教育心理学的重要贡献是提出"后括学习"。在这种学习过程中，幼儿先学习一些处于下位关系的概念，当熟悉了这些下位概念后，就容易形成对上位概念的理解。

三、人本主义学习理论

人本主义心理学是 20 世纪五六十年代在美国兴起的一种心理学思潮，其主要代表人物是马斯洛和罗杰斯。人本主义的学习与教学观深刻地影响了世界范围内的教育改革，是与程序教学运动、学科结构运动齐名的 20 世纪三大教学运动之一。

人本主义学习理论强调人的自主性、整体性和独特性，认为学习是个人自主发起的、使个人整体投入其中并产生全面变化的活动，学生内在的思维和情感活动极为重要。在教学方法上，主张以学生为中心，放手让学生自我选择、自我发现。人本主义学习理论强调人的潜能、个性与创造性的发展，强调将自我实现、自我选择和健康人格作为追求的目标。

（一）有意义的自由学习观

根据学习对学习者的个人意义，人本主义学习理论将学习分为无意义学习和有意义学习两大类。

无意义学习，指学习没有个人意义的材料，类似于心理学上的无意义音节，不涉及感情或个人意义，仅仅涉及经验累积与知识增长，与完整的人无关，学习费力，而且容易遗忘。

有意义学习，是个体的行为、态度、个性以及在未来选择行动方针时发生重大变化的学习，是一种与学习者各种经验融合在一起的、使个体全身心地投入其中的学习。

有意义学习的特征：全神贯注、自动自发、全面发展和自我评估。

有意义学习的要素：

（1）学习是学习者自我参与的过程，包括认知参与和情感参与。

（2）学习是学习者自我发展的要求，内在动力在学习中起主要作用。

（3）学习是互相渗透的，促使学生的行为、态度及个人等发生变化。

（4）学习的结果由学习者自我评价，学习者知晓自己想学什么或学到什么。

（二）学生中心的教学观

学生中心的教学观从人本主义的学习观出发，认为凡是可以教给别人的知识，相对来说都是无用的；能够影响个体行为的知识，只能是他自己发现并加以同化的知识。因此，教学的结果，如果不是毫无意义的，那就可能是有害的。教师的任务不是教学生学习知识（这是行为主义者所强调的），也不是教学生如何学习（这是认知主义者所重视的），而是为学生提供各种学习的资源，提供一种促进学习的气氛，让学生自己决定如何学习。主张废除"教师"这一角色，代之以"学习的促进者"。

（三）知情统一的教学目标观

罗杰斯认为人的精神世界包括两个方面的内容：情感和认知。教育就是促进这两方面同时发展，教育的目标就是培养"全人"。在具体教学目标上，罗杰斯重过程轻内容，认为教育就是促进变化和学习，培养能够适应变化和知道如何学习的人。

四、建构主义学习理论

（一）建构主义的理论渊源

建构主义心理学被视为"教育心理学的一场革命"，兴起于 20 世纪 80 年代，是心理学发展史中从行为主义发展到认知主义后的进一步发展。建构主义心理学的创始人为瑞士著名心理学家皮亚杰，后来在维果茨基、奥苏贝尔、布鲁纳等人的推动下，这一理论得到充分的发展并形成了较为完整的体系。作为其学习理论的基础性假设，建构主义对知识、学习的实质提出了新的认识。

1. 皮亚杰的认知结构说

皮亚杰的认知结构说的理论核心是"发生认识论"，企图探索和解决的主要问题是：儿童出生后，认识是如何形成、发展的，受哪些因素所制约，其内在结构是什么，各种不同水平的智力、思维结构是如何先后出现的等。皮亚杰认为，知识既非来自主体，也非来自客体，个体是在与周围环境相互作用的过程中，逐步建构起关于外部世界的知识，从而使自身认知结构得到发展。涉及"图式""同化""顺应""平衡"四个基本概念。

图式就是人脑中已有的知识经验网络，如已经会骑车就是一种行为图式。

同化是指把外部环境中的有关信息吸收进来并结合到个体已有的图式中，即个体把外界刺激所提供的信息整合到自己原有认知结构内的过程。这只是数量上的变化，没有质的改变。比如会骑车了以后，再学怎么左拐弯、怎么右拐弯，去适应不同路况。

顺应是指外部环境发生变化，而原有认知结构无法同化新环境提供的信息时所引起的个体认知结构发生重组与改造的过程，是质的变化。如你觉得路途遥远，骑自行车慢，于是决定开车出发。

平衡是同化与顺应作用两种机能的平衡，它既是发展中的因素，又是心理结构。当已有的图式不能解决现有的问题，自然就产生了不平衡，就需要想办法来调整自身以重新达到平衡。如觉得路途遥远，骑自行车实在困难，怎么办？正好身边有汽车，重新学习怎样开车，于是出发，这就是一个从不平衡到平衡的过程。

可见，同化是认知结构数量的扩充（图式扩充），而顺应则是认知结构性质的改变（图式改变）。个体就是通过同化和顺应这两种形式来达到与周围环境的平衡。

2. 维果茨基的社会文化历史观

维果茨基强调，个体的学习是在一定的历史、社会文化背景下进行的，社会可以为个体的高级心理机能的发展起到重要的支持和促进作用，他特别强调活动和社会交往在人的心理发展中的突出作用。

他认为，高级的心理机能来源于外部动作的内化，这种内化不仅通过教学，也通过日常生活、游戏和劳动等来实现。另外，内在智力动作也能外化为实际动作，使主观见之于客观。内化和外化的桥梁便是人的活动。

另外，维果茨基区分了个体发展的两种水平：现实的发展水平和潜在的发展水平。现实的发展水平即个体独立活动所能达到的水平，而潜在的发展水平则是指个体在成人或比他成熟的个体的帮助下所能达到的活动水平。这两种水平之间的区域即"最近发展区"。

以上这些理论都对建构主义有很大的影响。

(二) 建构主义的基本理念

1. 建构主义知识观

在知识观上，建构主义强调知识的动态性，在一定程度上对知识的客观性和确定性提出了疑问。建构主义者强调：

（1）知识并不是对现实的准确表征，它只是一种解释、一种假设，不是最终答案。

（2）知识并不能精确地概括世界的法则，要做到具体问题具体分析。

（3）我们通过语言符号赋予了知识一定的外在形式，甚至这些命题还得到了较普遍的认可，但这不意味着学习者仍然会基于自己的经验背景进行理解并建构属于自己的知识。

2. 建构主义学习观

建构主义在学习观上强调学习的主动建构性、社会互动性和情境性三方面。

（1）学习的主动建构性。

建构主义认为，学习不是由教师向学生的传递知识的过程：学习者不是被动的信息吸收者，而是主动的信息建构者。学习者综合、重组、转换、改造头脑中已有的知识经验，来解释新信息、新事物、新现象，或者解决新问题，最终生成个人的意义。

（2）学习的社会互动性。

建构主义强调，学习是通过对某种社会主义的参与而内化相关的知识和技能、掌握有关工具的过程，这一过程常常通过一个学习共同体的合作互动来完成。学习共同体强调的是教育者与受教育者之间的相互沟通与联系，共同促进学生的学习与发展。虽然有时感觉似乎是学习者在单独进行学习，但是他在学习中采用的学习资料、用具以及学习环境都是属于社会性的，是集体经验的累积。

（3）学习的情境性。

建构主义者提出了情境性认知的观点。强调学习、知识和技能的情境性，认为知识是不可能脱离活动情境而抽象存在的，学习应该与情境化的社会实践活动结合起来。人的学习应该与情境化的社会实践活动相联系，通过社会实践而掌握相应的社会规则与知识。

3. 建构主义学生观

在学生观上，建构主义强调学生经验世界的丰富性和差异性。近年来，关于儿童早期认知发展的研究表明，即便年龄很小的孩子也已经形成了远比我们想象的要丰富得多的知识经验。学生本身的经验就是宝贵的学习财物，教师在教学过程要充分利用这一点来发展，进而取得新知识的生长点。

4. 建构主义教学观

建构主义教学观倡导以学生为中心，强调学生对知识的主动探索、主动发现和对所学知识意义的主动建构。首先，要求教师对学生进行研究，了解学生对学习材料的理解与掌握，修正以往的概念；其次，要求教师要培养学生学会新的能力与新的技巧，结合学习材料进行一些认知活动，促使学生学会组织、评价、监督、控制自己的认知过程，最终能使学生独立进行理解性的学习。

5. 建构主义学习观的教学含义

（1）探究学习：通过有意义的问题情境，让学生通过不断发现问题和解决问题来学习与所探究的问题有关的知识，形成解决问题的技能以及自主学习的能力。

（2）支架式教学：这是指教师为学生的学习提供外部支持，帮助他们完成自己无法独立完成的任务，然后逐步撤去支架，让学生独立探索学习。

（3）情境教学：建立在有感染力的真实事件或真实问题基础上的教学称为情境教学。知识、学习是与情境化的活动联系在一起的。学生应该在真实任务情境中，尝试发现问题、分析问题、解决问题。

（4）合作学习：合作学习主要是以互动合作（师生之间、学生之间）为教学活动取向的，以学习小组为基本组织形式，来共同达成教学目标。

【典型真题】陈东看到自己最好的朋友因为学习成绩优异受到校长的嘉奖后，也加倍努力学习，力争取得优异成绩。这种强化属于（　　）。

A. 直接强化　　　　　　B. 替代强化　　　　　　C. 自我强化　　　　　　D. 内部强化

【答案】B

【解析】替代强化是由班杜拉提出的强化理论，替代强化是指观察者看到榜样或他人受到强化，从而使自己也倾向于做出榜样的行为。

【典型真题】一个数学成绩优秀的学生由于某种原因产生了对数学的厌恶，他在离开学校后很可能不会再主动研究数学问题了。这种现象属于（　　）。

A. 联结学习　　　　　　B. 附属学习　　　　　　C. 正规课程　　　　　　D. 隐性课程

【答案】B

【解析】美国教育家克伯屈提出"附属学习"的概念，指的是在学习正规课程内容时，学生在有意无意之间接受态度和兴趣的熏陶。

【典型真题】程序教学是合作学习的一种重要形式。

【参考答案】错误。

程序教学是指一种能让学生以自己的速度和水平，学习自我教学性材料（以特定顺序和"小步子"安排的材料）的个别化教学方法。而合作学习是指学生在小组或团队中为了完成共同的任务，有明确的责任分工的互助性学习。因此，程序教学与合作学习是两种不同的学习方式，不能混为一谈。

【典型真题】负强化就是惩罚。

【参考答案】错误。

当有机体做出某种反应以后，呈现一个厌恶刺激，以消除或抑制此类反应的过程，称为惩罚。惩罚与负强化有所不同，负强化是通过厌恶刺激的排除来增加反应将来发生的概率，而惩罚则是通过厌恶刺激的呈现来降低反应将来发生的概率。但是，惩罚并不能使行为发生永久性的改变，它只能暂时抑制行为，而不能根除行为。因此，惩罚的运用必须慎重，惩罚一种不良行为与强化一种良好行为结合起来，方能取得预期的效果。

【典型真题】学习所引起的行为或行为潜能的变化是短暂的。

【参考答案】错误。

学习是个体在特定情境下由于练习和反复经验而产生的行为或行为潜能的相对持久的变化。这种变化是相对持久的，而不是短暂的。

考点 4　知识与技能学习

一、知识的学习

（一）知识的概念

知识有广义和狭义之分。狭义的知识一般仅指存在于语言文字符号或言语活动中的信息，如各门学科中的基本事实、概念、共识、原理等。广义的知识则是指主体通过与其环境相互作用而获得的信息及其组织。广义的知识包括认知领域的全部学习结果。

（二）知识的类型

1. 陈述性知识

陈述性知识是关于事物及其关系的知识，它包括事实、规则、发生的事件、个人的态度等。陈述性知识用于回答"是什么""为什么"的问题。陈述性知识与人们日常使用的知识概念内涵较为一致，也称为狭义的知识。

2. 程序性知识

程序性知识是关于"怎样做"的知识，是一种经过学习自动化了的关于行为步骤的知识，表现为在信息转换活动中进行的具体操作。程序性知识既可涉及驾车之类的运动技能，也可涉及在什么样的条件下使用某一数学原理之类的认知技能，还可以涉及使用自己的认知资源之类的认知策略。程序性知识与教、学中所使用的"技能"概念相一致，它可分为智力技能和动作技能两种形式。

3. 策略性知识

策略性知识是关于如何学习和如何思维的知识，即个体运用陈述性知识和程序性知识去学习、记忆、解决问题的一般方法和技巧。策略性知识在本质上属于程序性知识，但有其自身的一些特征：

（1）策略性知识的作用方向不是"对外办事"，而主要是"对内监控"，即策略性知识的作用对象不是客观现实世界，而是主体的主观内部世界中的信息加工过程。

（2）策略性知识的基本功能是解决怎么办，即如何学才最好、最有效的问题。

（三）知识学习的类型

1. 根据知识本身的存在形式和复杂程度，知识学习可以分为符号学习、概念学习和命题学习

（1）符号学习是指学习单个符号或一组符号的意义，也称符号学习理论，由美国心理学家托尔曼在 20 世纪 30 年代提出。

（2）概念学习指掌握概念的一般意义，实质上是掌握同类事物的共同的关键特征和本质属性。

（3）命题学习指学习由若干概念组成的句子的复合意义，即学习若干概念之间的关系。

2. 根据新知识与原有认知结构的关系，知识的学习可以分为上位学习、下位学习和并列学习

上位学习、下位学习、并列学习，前文已有介绍，此处不赘述。

（四）陈述性知识学习与程序性知识学习

1. 陈述性知识学习与获得

（1）陈述性知识表征。

知识表征是指信息在人脑中记载和呈现的方式。陈述性知识指命题、命题网络和图式表征。

1）命题表征。

命题是知识或信息的最小单元，一个命题是由一种关系和一组论题构成的。论题是一个命题中的主体或课题，一般指概念，多为名词或代词。关系是一个命题各论题之间的联系或对论题的限定，多为动词、形容词和副词。比如维生素 C 预防感冒。

2）命题网络表征。

如果两个命题中具有共同成分，这种共同成分一般为命题中的论题。通过这种共同成分可以把若干命题彼此联系组成命题网络。例如，"蚂蚁吃了甜果酱"，这个句子包含两个命题：蚂蚁在吃果酱、果酱是甜的。题中有共同成分"果酱"，通过共同成分，可以把两个命题联系起来。

3）图式表征。

图式除了包括一类事物的命题表征外，也包括了该类事物的知觉信息特征。图示不是命题的简单拓展，而是对同类事物的命题或知觉的共同编码方式。它是一般的、抽象的，而不是具体的或特殊的。

（2）陈述性知识学习阶段。

陈述性知识学习主要是学生对知识的内在加工过程，这一过程包括知识获得、知识保持和知识的提取三个阶段。

2. 程序性知识的学习及获得

（1）程序性知识的表征。

表征程序性知识的最小单位是产生式。即所谓的条件-行动规则，简称 C-A（Condition-Action）规则。其中 C 是保持在短时记忆中的信息，A 是外显的反应和内在的心理活动。

（2）程序性知识的学习阶段。

第一个阶段是习得阶段，在这一阶段程序性知识与陈述性知识的学习相同。换言之，程序性知识在习得阶段的任务是理解相关规则的意义，能够用自己的话语陈述所学规则。由于知道并能陈述某一规则与应用这一规则支配行为并不是一回事，因此，程序性知识的获得必须转入下一学习阶段。

第二个阶段是巩固和转化阶段，即通过变式练习使规则从陈述性形式转化为程序性形式，从而支配学习者的行为，规则开始向技能转化。

二、技能的学习

（一）技能的概念

技能是在练习的基础上形成的、按某些规则或操作程序顺利完成某种智慧任务或身体协调任务的能力。

知识与技能这两个概念是密切相关的。知识的主体与环境或思维与主体相互交换而导致的知觉建构；技能是个体在练习基础上形成的按某种规则或操作顺序顺利完成某种智慧任务或身体协调任务的能力。

（二）技能的分类

按技能的性质和特点，可以分为操作技能和心智技能两类。

1. 操作技能

操作技能又叫运动技能、动作技能，是通过学习而形成的合法则的操作活动方式。它是人们有意识、有目的地利用身体动作去完成一项任务的能力。

2. 心智技能

心智技能又称为智力技能或智慧技能，它是指一种借助于内部语言在人脑中进行的认知活动方式，如阅读、写作、心算、观察和分析等技能。

（三）操作技能的形成与培养

1. 操作技能的形成过程

（1）操作的定向阶段。

操作的定向即了解操作活动的结构，在头脑中建立起操作活动的定向映象的过程。虽然操作技能表现为一系列的操作活动，但学员最初必须了解做什么、怎么做，即首先要掌握程序性知识。程序性知识不同于操作技能，前者形成的是操作活动的定向映象，后者是实际的操作活动方式。

（2）操作的模仿阶段。

操作的模仿即实际再现出特定的动作方式或行为模式，其实质是将头脑中形成的定向映象以外显的实际动作表现出来。因此，模仿是在定向的基础上进行的，缺乏定向映象的模仿是机械的模仿。

（3）操作的整合阶段。

操作的整合即把模仿阶段学习的动作固定下来，并使各动作成分相互结合，成为定型的、一体化的动作。

通过整合，一方面动作水平得以提高，动作结构趋于合理、协调，动作的初步概括化得以实现；另一方面，学员对动作的有效控制逐步增强。

（4）操作的熟练阶段。

操作的熟练是指所形成的动作方式对各种变化的条件具有高度的适应性，动作的执行达到高度的完善化和自动化。

2. 操作技能的训练

（1）准确讲解与示范。

动作技能形成一般会经过认知阶段，教师在这一阶段的任务是学习者对所学技能有一定的认识，讲解和示范是教师常用的方法。准确的讲解和示范有利于学习者不断地调整头脑中的动作表象，对动作技能的学习具有持久的定向效应。

（2）合理安排练习。

过度练习是必要的，但不是越多越好，要根据实际情况采取适当练习，切记要防止疲劳、错误定型等问题出现。

（3）充分而有效地反馈。

运动中的反馈信息来自内部反馈和外部反馈。内部反馈，即操作者自身提供的感觉系统的反馈；外部反馈，即操作者自身以外的人和事给予的反馈。

反馈在动作技能学习过程中的作用仅次于练习，在练习中给予适当的反馈是提高练习效果的有效方法。运用反馈信息提高学习效果时注意反馈的内容、反馈的频率、反馈的方式。

（4）建立稳定清晰的动觉。

动觉是复杂的内部运动知觉，它反映的主要是身体运动时的各种肌肉活动的特性，如紧张、放松等，而不是外界事物的特性。这些有关肌肉活动的各种感知觉等与视觉、听觉有所不同，如果不经过训练，它们很难为个体明确地意识到，并经常受到外部因素的影响。因此，有必要进行专门的动觉训练，以提高其稳定性和清晰性，充分发挥动觉在技能学习中的作用。

（四）心智技能的形成与培养

1. 心智技能理论的主要观点

心智技能理论包括以下几个主要观点：

（1）加里培林的五阶段模型。

1）活动的定向阶段。这是个准备阶段，就是要了解、熟悉活动的任务，使学生知道做什么和该怎么做，从而在头脑里建立起活动的定向映象。

2）物质活动或物质化活动阶段。即借助于实物或实物的模型、图表、标本等进行学习。

3）出声的外部言语活动阶段。语言是一种抽象符号，它能表达实物之间的内在本质联系。这一阶段是以出声的外部言语形式来完成实在的活动，此时智力活动已经摆脱了实物或实物的代替物，而代之以外部语言为支持物。它是由外部的物质活动向智力活动转化的开始，是智力活动形成的一个重要阶段。

4）无声的外部言语阶段。这一阶段的特点在于智力活动是以不出声的外部言语来进行的，它要求对言语机制进行很大的改造。即出声言语时是眼、口、耳、脑同时协同活动，现在仅是眼、脑同时活动，因而这种言语形式要求学生重新掌握和学习。加里培林认为，不出声的外部言语形式的活动的形成，是活动向智力水平转化的开始，因此，这一阶段在智力活动的形成上同样十分重要。

5）内部言语活动阶段。这是智力技能形成的最后阶段，是智力活动的简化、自动化，似乎不需要有意识地参与而进行智力活动的阶段，是名副其实的智力技能形成阶段。

（2）安德森的心智技能形成三阶段论。

心智技能的形成需经过三个阶段，即认知阶段、联结阶段和自动化阶段。

（3）我国心理学家冯忠良提出了心智技能形成的三阶段说，即原型定向、原型操作、原型内化。

2. 心智技能的培养方法

教师在教学中应该从以下方面着手对学生的智力技能进行培养。

（1）展开与分解性策略。

在智力技能的教学中，应重视向学生演示心智操作程序完整的、精细的过程，以帮助学生明确操作程序及其操作步骤。所谓展开性策略，就是指在教学过程中将智力活动中所包含的各项操作详尽地展现出来，引导学生完整地经过操作从而获得相应的智力技能。所谓分解性策略，就是在教学过程中注意将完成某类任务的完整思维过程分解为几个阶段，总结并训练学生掌握每个阶段上的最佳心智动作方式和可能心智运作方式，再将它们连贯。这种分解式训练比笼统的综合训练更能促进学生学会建立子目标的策略，增强解决问题的能力，防止学生形成不适当的心智操作组合。

（2）变式练习策略。

练习是智力技能获得的必要条件，是规则由陈述性形式转化为程序性形式以支配学习行为的重要途径，也是智力技能自动化的唯一方法。教师在智力技能的教学中，提供的练习应数量充分、难度多样、安排合理，在学习初期练习速度要慢，问题要精，一次练习时间不宜过长。

变式是指提供感性材料或例证时，要不断变换呈现的形式，使其本质属性保持不变，而非本质属性不断变化。变式的运用不是越多越好，而是要注意选择典型的、特殊的变式。

（3）反馈策略。

反馈是保证智力技能准确性的有力手段，反馈的一般原则是及时、准确。反馈信息应该侧重对心智操作过程的细节的分析，而不应简单地回答"对"或"错"，应让学生明白自己错在哪里、出错的原因是什么。

（4）条件化策略。

学习智力技能的最终目的是在适当的条件下正确运用以解决问题。要使所学的智力技能在需要时能够迅速、顺利、准确地提取和运用，就必须让学生了解所学技能的适用条件。因此，教师应该经常提醒和帮助学生进行这种将智力技能条件化的工作，即明确智力技能的运用条件。

【典型真题】以下属于学习的有（　　）。

①孩子学会用筷子吃饭

②婴儿会吮吸母亲的乳汁

③猴子学会骑自行车

④把 U 盘的信息拷贝到电脑里

A.①②③　　　　　　B.②③④　　　　　　C.①③　　　　　　D.②④

【答案】C

【解析】学习是通过获得经验而产生的行为或行为潜能的相对持久的过程。本题中，②是本能反应不是学习，④项没有行为或者潜能的改变。

【典型真题】秦老师上课的时候，为了让学生更好地理解"透镜"的概念，向大家介绍了双凸镜、平凸镜、凹凸镜，秦老师的这种教学方法使用了（　　）。

A. 变式　　　　　　B. 原型　　　　　　C. 比较　　　　　　D. 命题

【答案】A

【解析】变式，通过变换同类事物的非本质特征的表现形式，变更观察事物的角度和方法，从而突出事物的本质特征，突出那些隐蔽的本质要素，从而让学生掌握事物的本质和规律。题目中老师没有改变透光这一本质要素，而是改变了透镜的形状。属于变式。

【典型真题】小王对钢琴有极大的兴趣，但是家里经济条件比较困难，只能一边看着教学视频一边在纸做的键盘上弹琴，小王现在处于（　　）阶段。

A. 操作定向　　　　　　B. 操作熟练　　　　　　C. 操作模仿　　　　　　D. 操作整合

【答案】C

【解析】操作模仿阶段就是学习者通过观察实际再现特定的示范动作或行为模式。题目中一边看着视频里的示范动作，一边进行练习就是操作模仿阶段。

【典型真题】以下说法错误的是（　　）。

A. 心智技能的培养需要激发学生的积极性与主动性

B. 相关类属学习和派生类属学习全都是概念学习

C. 从任务的复杂程度来讲，命题学习比概念学习复杂

D. 概念同化是活的概念主要形式

【答案】D

【解析】相关类属学习和派生类属学习都属于下位学习，下位学习包括对概念和命题的学习。

【典型真题】学生在驾校学习不同交通标志的含义，这是属于（　　）。

A. 符号学习　　　　　　B. 概念学习　　　　　　C. 命题学习　　　　　　D. 技能学习

【答案】A

【解析】符号学习又称作代表学习，指学习单个符号或一组符号的意义。题中交通标志的学习是符号学习。

模块五　中学生发展心理

考纲呈现

1. 掌握中学生认知发展的理论、特点与规律。
2. 了解情绪的分类，理解情绪理论，能应用情绪理论分析中学生常见的情绪问题。
3. 掌握中学生的情绪特点，正确认识中学生的情绪，主要包括情绪表现的两极性、情绪的种类等。
4. 掌握中学生良好情绪的标准、培养方法，指导中学生进行有效的情绪调节。
5. 理解人格的特征，掌握人格的结构，并根据学生的个体差异塑造良好人格。
6. 了解弗洛伊德的人格发展理论及埃里克森的社会性发展阶段理论，理解影响人格发展的因素。
7. 了解中学生身心发展的特点，掌握性心理的特点，指导中学生正确处理异性交往。

复习导引

在中学阶段，中学生的情绪、情感及人格都会发生很大变化，日渐趋近于成人，呈现出由动荡走向成熟的特点，教师要充分把握学生变化的基础理论，以更好地帮助学生处理日常的情绪情感等常见问题。

就考试本身而言，该知识体系涉及的中学生的认知发展、情绪与意志的发展、人格发展和中学生的身心发展等内容，是高频考点，常以选择题、辨析题或简答题等形式出现。

知识架构图

中学生发展心理
- 考点1 中学生的身心发展 —— 特点、性心理与异性交往、正确处理异性交往的指导
- 考点2 中学生的情绪、情感发展
  - 情绪
    - 情绪的概念、种类
    - 有关情绪的理论
    - 中学生情绪的特点
  - 情感
    - 情感的概念、分类
    - 情绪与情感的关系
    - 中学生常见的情绪问题
    - 中学生良好情绪的培养
- 考点3 中学生的意志过程
  - 概念、品质及意志行动的过程
  - 意志过程中的动机冲突
- 考点4 中学生的人格发展
  - 人格
  - 人格特质理论
  - 人格类型理论
  - 弗洛伊德的人格发展理论
  - 埃里克森的社会性发展阶段理论
- 考点5 中学生的认知发展 —— 认知发展概述、发展阶段与教育

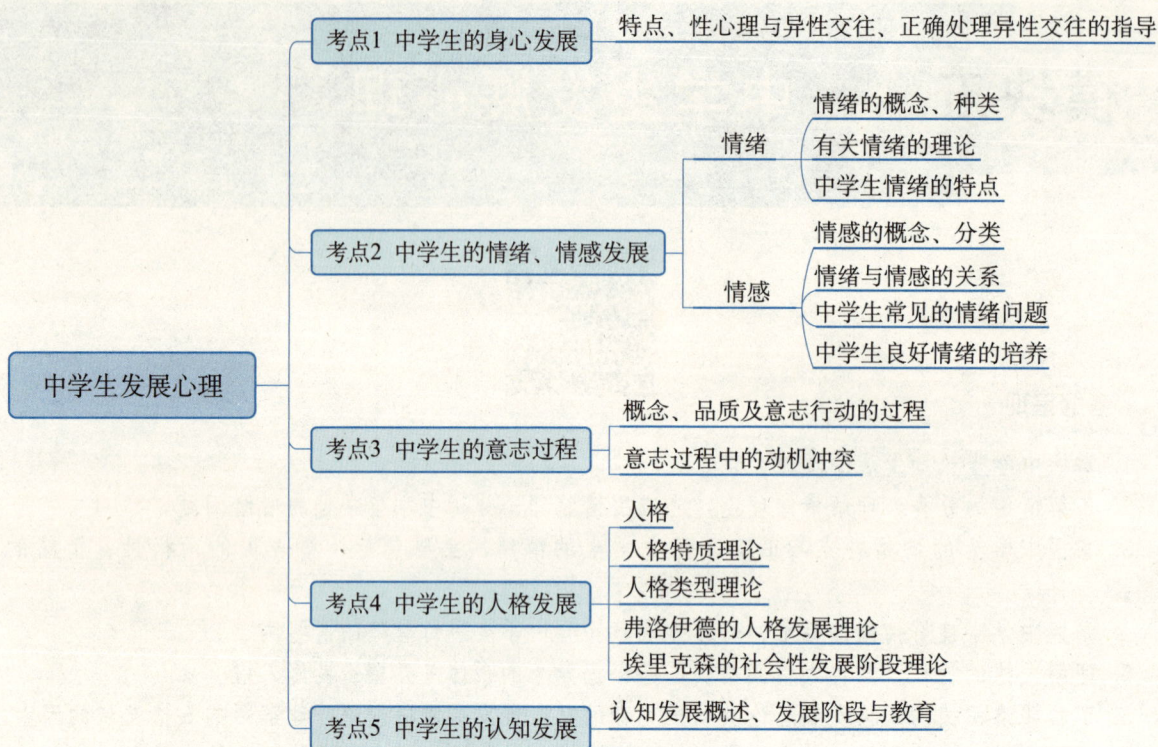

考点1 中学生的身心发展

一、中学生身心发展的特点

中学生在生理上正处于青春发育期。这一时期的最大特点是：生理特征急剧变化；智力迅速发展；情绪和情感的内容十分丰富，形式也比较复杂，他们重感情、讲友谊，稳定性也在逐步提高。总体看来，中学生的情绪和情感比较强烈，带有明显的两极性，很容易动感情。他们常常遇到一点小事，就会被感动或者感到泄气变得消沉起来。他们的情绪或者情感来得快，平息得也快，常常是暴风雨式的。

中学生这些身心的变化，集中地表现出这个阶段的四个特点：

（一）过渡性

中学以前是儿童期，儿童更多地依靠成人的照顾、保护，他们的独立性和自觉性都比较差。青年期是个体发展上的成熟期，它标志着个体开始成为独立的社会成员。中学生处于少年期和青年初期，刚好是从儿童期向青年期发展的一个过渡时期。少年期是一个半幼稚、半成熟的时期，是独立性和依赖性、自觉性和幼稚性共存并充满矛盾的时期。青年初期则是一个逐步趋于成熟的时期，是独立地走向社会生活的准备时期。

（二）闭锁性

有人作了一些研究，发现初二、初三以后的中学生，自己放东西的抽屉总爱加锁，似乎有什么秘密的东西不愿让别人知道，其实里面并无什么要紧的东西。因此，要了解和研究这个阶段的学生，尤其是高中生的心理，如果只根据他们的一时一事或某个举动就作判断，或做出研究的结论，那常常是

容易发生错误的。研究也表明，中学生容易对同年龄、同性别的人，特别是"知己"暴露真挚的心理、思想，这就成为了解中学生心理活动的一个重要途径。

（三）社会性

中学阶段是理想、动机和兴趣发展的重要阶段，是品德发展的重要阶段。良好的品德或不良品德都在中学阶段形成并获得初步成熟。

（四）动荡性

中学生的思想比较敏感，尤其是高中生，他们往往在政治活动中"打头阵"。然而，中学生也容易走"极端"。中学生希望受人重视，把他们看成"大人"，当成社会的一员。他们思想单纯，很少有保守思想，敢想敢说敢作敢为。但在他们心目中，什么是正确的幸福观、友谊观、英雄观、自由观和人生观，还不清楚。他们对于别人的评价十分敏感，好斗好胜，但思维的片面性很大，容易偏激，容易摇摆。他们往往把坚定与执拗，勇敢与蛮干、冒险混同起来。他们的精力充沛，能力也在发展，但性格未最后定型。因此对处于青少年阶段的中学生的教育和培养工作，在整个国民教育中起着关键性的作用。

二、中学生的性心理与异性交往

中学生是人一生中身体发育的鼎盛时期，尤其是初中阶段。经过初中三年的快速成长，中学生的身体和生理机能都发生了急剧的变化，这一系列的变化也导致了中学生心理的变化，尤其是性心理的变化。

（一）中学生性心理发展的特点

性心理是指在性生理的基础上，与性生理特征、性欲望、性行为有关的心理状态和心理过程，也包括了与异性交往和婚恋等心理状态。随着第二性征的出现和性机能的成熟，中学生对性的关注加强。处于青春期的中学生性心理最主要的特征就是性意识的逐渐觉醒和对性的敏感，具体表现在以下方面：

1. 性意识的出现

中学生性意识的特点为：

（1）渴望了解性知识；

（2）对异性充满好奇与爱慕；

（3）在异性面前容易紧张和兴奋；

（4）性冲动和性欲望的出现。

2. 性情感的发展变化

中学生性情感的发展要经历以下几个阶段：

（1）疏远异性阶段；

（2）接近异性阶段；

（3）异性眷恋阶段；

（4）择偶尝试阶段。

（二）性心理健康教育的对策

青春期性生理迅速的变化，使得中学生感到自己和以前有了很大的不同，性冲动的出现和压抑也使得他们常常处于困惑之中。对于中学生来说，青春期的性教育具有十分重要的意义。

（1）加强教育，理解性生理和心理的变化。

（2）更新理念，认识异性交往的意义。

（3）指导行为，让学生能够正确地处理性冲动、恰当地与异性交往。

三、对中学生正确处理异性交往的指导

在异性交往过程中，引起中学生心理困扰的一般有以下几种情形：

一是许多正常的异性交往被老师、同学或家长当成早恋对待。纯洁的友情遭人误解，各方面的压力不但使自己和异性朋友倍感痛苦，真挚的友情也有被扼杀的危险。

二是感情沟通的困扰，如：收到求爱信后该怎么处理？怎样面对对方的爱才算恰当？

三是单恋、失恋的困扰，如单恋上了一位同学而又缺乏勇气向对方示爱，就会在学习、生活上魂不守舍，而失恋又使其自信心受到重大打击。

中学生的异性交往需要老师、家长的正确引导。老师和家长要重视性教育，而且要把握好教育尺度，在传授性知识的时候，用符合中学生年龄特点、能被他们接受的方式为宜，而不是简单地把成人的知识教给孩子，或是单纯地迎合孩子的心理。

此外，采取适当的教育方式，组织男女学生共同参加一些健康有益的活动，使他们与异性交往的需求在活动中得到满足。

【典型真题】高一女生马英前几天向班主任廖老师倾诉了自己的烦恼。她感觉自己喜欢上了班里的男生周勇，上课时总是走神，不由自主地看周勇在干什么，下课后，她的目光总是跟随周勇的身影。如果看不到周勇，她就心神不定，书也看不进去。她对自己目前的状况非常忧虑，担心被父母、老师发现，担心自己的学习成绩会因此下降。她十分困扰，问廖老师自己该怎么办。

问题：

（1）请根据中学生异性交往特点分析案例中马英的问题。

（2）如果你是马英的班主任，会提出什么建议？

【参考答案】

（1）中学生这些身心的变化，集中地表现出这个阶段的四个特点：过渡性、闭锁性、社会性、动荡性。马英是高一学生，处于过渡阶段，在生理上正处于青春发育期。这一时期的最大特点是：生理特征急剧变化；智力迅速发展；情绪和情感的内容十分丰富，形式也比较复杂，他们重感情、讲友谊，稳定性也在逐步提高，这一阶段的中学生开始对异性展现出一定的兴趣。

（2）中学生的异性交往需要老师、家长的正确引导。

首先，老师和家长要重视性教育，而且要把握好教育尺度，在传授性知识的时候，用符合中学生年龄特点、能被他们接受的方式为宜，而不是简单地把成人的知识教给孩子，或是单纯地迎合孩子的心理。

其次，采取适当的教育方式，组织男女学生共同参加一些健康有益的活动，使他们与异性交往的需求在活动中得到满足。

最后，老师应该尊重马英同学，对马英同学倾诉的内容保密，并且，将马英同学的精力重点引导回学习上，为其指明方向，树立理想。

考点 2　中学生的情绪、情感发展

情绪一般是指个体在其需要是否得到满足的情景中直接产生的心理体验和相应的反应。满足人们需要的对象和事物，能够引起愉快、高兴、喜悦等肯定积极的情绪体验；不能满足人们需要的对象和事物，则引起否定态度，产生痛苦、不满、忧愁等消极的情绪体验。

一、情绪的分类

（一）情绪的概念

情绪是人对客观事物的态度体验及相应的行为反映。关于情绪的类别，长期以来说法不一。我国古代有喜、怒、忧、思、悲、恐、惊的七情说。通常认为有四种基本情绪，即快乐、愤怒、恐惧和悲哀（乐、怒、恐、哀）。

（二）情绪的种类

个体的情绪表现形式多种多样。根据主体情绪发生的强度、持续性和紧张度可以把情绪状态划分为：心境、激情、应激。

1. 心境

心境是指个体一种微弱、平静、持续时间较长而且带有感染作用的情绪状态。心境体验会使人的情绪在相当一段时间内，染上同样的情绪色彩，它具有长期性、弥散性的特点。通常所说的情绪都是指向一定的对象，但情绪也可由原来引起的对象，蔓延到与这些对象有关甚至无关的其他事物上，形成在某一段时间内一般的情绪倾向，而不限于指向一定的对象。所谓"忧者见之则忧，喜者见之则喜"，这种情绪的蔓延状态就是一个人在这段时间内的心境。

心境也有积极和消极之分。积极心境有助于工作和学习，勇于克服困难，发挥主动性和创造性；消极心境则易使人陷于颓唐，妨碍工作和学习。

2. 激情

激情是指个体一种强烈的、爆发式的而时间短暂的情绪状态。

激情是由对人具有重大意义的强烈刺激所引起，它往往发生于当事人的意料之外。在激情状态下，内脏器官、腺体、外部表情等都会有显著变化，如过度兴奋时的手舞足蹈和大笑大哭。人的一切心理过程和全部行动会随之产生显著变化，理解力和自制力也会显著降低。

激情有积极的和消极的两种。消极的激情常常对机体活动具有抑制的作用或引起高度冲动性的动作。积极的激情与冷静的理智和坚强的意志相联系，能激励人们克服艰险，攻克难关，成为正确行动的巨大动力。

3. 应激

应激是指一种出乎意料的、紧迫情况所引起的个体急速而高度紧张的情绪状态。

一方面应激可能提高人的激活能力，表现为急中生智、灵活应变。适当的心理应激不仅可以提高个体生活中的应对和适应能力，还提高注意力和工作效率，从而促使身心健康成长、发展。另一方面，应激也可能致使人行为紊乱，判断失误，不能准确地做出符合当时目的的行动。但是，人如果长时间处在应激状态中，会降低机体的免疫能力，减弱机体对外界刺激的敏锐性。

（三）有关情绪的理论

1. 情绪的早期理论

（1）詹姆斯-兰格情绪理论。

詹姆斯-兰格情绪理论是有关情绪的生理机制方面的第一个学说。美国心理学家詹姆斯和丹麦生理学家兰格都强调情绪的产生是植物性神经活动的产物，也就是说，情绪刺激引起身体的生理反应，而生理反应进一步导致情绪体验的产生。因此，后人也称之为情绪的"外周"理论。

詹姆斯-兰格情绪理论提出了情绪与机体变化的直接关系，强调了植物性神经系统在情绪产生中的作用。但是，他们片面强调植物性神经系统的作用，忽视了中枢神经系统的调节、控制作用，因而引起了很多的争议。

（2）坎农-巴德情绪理论。

坎农和巴德认为，情绪的中枢不在外周神经系统，而在中枢神经系统的丘脑。外界刺激引起感觉器官的神经冲动，传至丘脑，再由丘脑同时向大脑和植物性神经系统发出神经冲动，从而在大脑产生情绪的主观体验，由植物性神经系统产生个体的生理变化。

坎农-巴德情绪理论重视情绪中枢性生理机制的研究，但它忽视了大脑皮层对情绪的作用以及外周神经系统对情绪的意义，而有较大局限性。

2. 情绪的动机-唤醒理论

（1）扬的理论。

1961 年美国心理学家扬通过实验研究指出，情感过程与感知过程的不同就在于它产生动机作用并影响了行为。他认为情感的作用主要有四个方面：激活诱发行为；维持并结束行为；调整行为，决定其是否继续与发展；组织行为，决定神经活动模型的形式。扬的理论着重于情绪的动机作用，大量引用了唤醒概念，将情感看成愉快—不愉快两极之间的享乐序列，享乐程度不同，其唤醒功能也不同，因而对行为施加了不同的影响。

虽然扬对情绪的动机作用给予了高度重视，但与其他心理学家不同的是，他更多地看到了情绪的破坏性。他认为情绪的唤醒作用干扰行为正常和有秩序的进行。扬的理论夸大了情绪的破坏性，忽视了情绪的适应性，因而受到了人们的质疑。

（2）利珀的理论。

利珀也从动机唤醒的角度来理解情绪，但强烈地反对那种认为情绪对行为具有瓦解作用的观点，他主张情绪是具有动机和知觉作用的积极力量，组织、维持并指导行为。在利珀看来，情绪具有破坏性的观点，是对当情绪状态干扰或使期望的行为瓦解时更容易引起人们注意的事实的一种误解。

利珀认为，情绪起着动机的作用，它在大多数时间里处于温和的激活状态，在无意识的情况下控制着主体的行为，指示着行为方向。例如，情绪促使我们决定采取什么方式去应付当前的局面。情绪的动机功能的基础是生理性动机，但可由社会信号所激发，"情绪机制"像反射一样进行活动。

（3）汤姆金斯的动机理论。

汤姆金斯 1962 年提出了一个独创性的情绪理论。他更多地使用感情一词而不是情绪。他认为，感情系统是原始的，它具有先天决定作用，与后天形成的驱动力系统相互影响并为之提供能量。感情不受时间和强度的限制，因而具有多变的特点。感情是最基本的动机系统，它的作用是激活、唤醒或放大内驱力，成为行为的动力。

汤姆金斯认为感情交流主要通过面部完成，对面部线索的分析有助于确定个体的感情状态。

3. 情绪的行为理论

行为主义将情绪视为在强化刺激和复杂的经典性条件作用中习得的行为模式。华生于 1929 年提出了第一个行为主义情绪理论。他强调"情绪是一种遗传的'反应模式'"，并认为抚摸等刺激是婴儿产生情绪的强化条件，有了这些条件，婴儿才逐渐学会了微笑等情绪反应。华生设想有三种基本情绪反应：恐惧、愤怒和爱。他的情绪理论与实验研究为后来建立完整的行为主义情绪概念奠定了基础。

继华生之后，哈洛、斯塔格纳、米伦森、格雷等人都为行为主义情绪研究做了许多有益的工作。

哈洛和斯塔格纳认为，人类存在着先天无差别的基本情感。这些无条件的感觉反应（感情即主体体验到中枢生理变化）是情绪产生的根源。原始感情反应在与外部环境接触中受到多种联系的奖与惩，由此学习形成了各种情绪，这种社会学习又受到神经中枢的调节。

米伦森受华生和普拉奇等人的影响，认为通过一个经典性条件作用过程引起的情绪变化会增加或抑制其他情绪行为。

格雷通过对先天的恐惧、早期的条件反应和情绪在语言中的最初表现做了有益和有说服力的分析，提出了侧重探讨变态情绪的情绪理论。他认为，情绪是由外部事件引起的内部状态，当外部事件与内部状态之间关系变得混乱时，就产生病理反应。

情绪的行为理论是从外部刺激引起行为习得的角度来理解情绪，主要的缺点是忽略了主体认知功能的作用。

4. 情绪的认知理论

(1) 阿诺德和拉扎勒斯的认知和评价理论。

早期的情绪理论将重点放在对情绪的生理变化和生理唤醒的解释上，而以美国心理学家阿诺德倡导的认知评价理论则将情绪的产生同认知活动联系起来，使情绪理论的发展步入了一个新阶段。

阿诺德在 20 世纪 50 年代提出了著名的情绪认知评价理论。该理论主要有两个方面的内容：

1) 情绪刺激必须通过认知评价才能引起一定的情绪。

阿诺德认为，同样的刺激情境由于个体对它的估量和评价不同，个体会产生不同的情绪反应。对以往经验的记忆存贮和通过表象达到的唤起，在认知评价中起关键作用。老虎是让人恐惧的，但关在动物园的老虎与山林中的老虎不一样，它不会引起人的恐惧。因为经验告诉人们被铁笼牢牢围住的老虎无法对人构成威胁，这种认知评价决定了个体对笼中老虎没有恐惧情绪，更多的是好奇与欣赏。

2) 强调大脑皮层兴奋对情绪产生的重要作用。

阿诺德认为，当外界情绪刺激作用于感受器时，产生的神经冲动经内导神经传至大脑，再到大脑皮层，由大脑皮层产生对情绪刺激与情境的评估，形成一种相应的情绪。

拉所勒斯发展了阿诺德的认知评价学说，将"评价"扩展为评价、再评价的过程。他认为，这个过程由筛选信息、评价、应付冲动、交替活动、身体反应的反馈，以及对活动后果的知觉等环节组成。情绪的产生是生理、行为和认知三种成分的综合反应，对认知起决定作用的是个体心理结构，即信仰、态度和个性特征等。社会文化因素影响着个体对刺激情境的知觉和评价。

(2) 沙赫特和辛格的三因素论。

美国心理学家沙赫特和辛格在 20 世纪 60 年代由一系列情绪实验的结果推论出与前人迥然不同的情绪认知理论——三因素论。这个理论的基本观点是：认知的参与以及认知对环境和生理唤醒的评价过程是情绪产生的机制。各种情绪状态的特征是交感神经系统以一定形式的普遍唤醒。人们通过环境的暗示和认知加工对这些状态进行一定的解释和分类。认知对刺激引起的一定生理唤醒的引导与解释导致情绪的产生。

（四）中学生情绪的特点

青春期是"疾风怒涛"时期，是人生的"第二次断乳期"。这时期的青少年情绪体验跌宕起伏、剧烈波动，情感活动广泛且丰富多彩，表现出很明显的心理年龄特征，具体表现为以下特点：

1. 爆发性和冲动性

青少年对各种事物比较敏感，自我意识迅速发展，心理行为自控能力较弱。一旦激起某种性质的情感情绪就如火山般的猛烈爆发出来，表现出强烈的激情特征，情感情绪冲破理智的意识控制，淋漓尽致地显露出他们对外界事物的爱、恨、不满或恐惧、绝望等情绪。

2. 不稳定性和两极性

青少年情绪虽然强烈，但波动剧烈，两极性明显，很不稳定，情绪很容易从一个极端剧烈地转向另一个极端，他们对事物看法较片面，很容易产生偏激反应。心理学家曾把处于这个时期青少年的情感情绪形象地比喻为"像一个钟摆"，在寻求平衡点的过程中摇晃于两极之间，这主要与这个时期青少年的认知发展特点有关。

3. 外露性和内隐性

随着年龄的增大、认知范围的扩大、个人知识经验的积累、自我意识的逐渐成熟，青少年情感情绪的自我认识、自我观察体验、自我监控的能力逐渐增强，他们逐渐学会控制自己的情感表现和行为反应。他们既表现出强烈的情感情绪反应，对外界事物的喜怒哀乐喜形于色，淋漓尽致地抒发他们的内心感受；又能逐渐掩饰、压抑自己的情绪，使这种情绪的表露带有很大的文饰性，并逐渐学会用理智控制自己的情绪反应。

4. 心境化和持久性

一方面青少年会因为成功或收获而使快乐的情绪体验延长成为积极良好的心境；另一方面因挫折或失败会使不愉快的消极情绪延长为不良的心境。青少年的许多不良情绪（如焦虑、抑郁、自卑、烦躁、失望等）往往具有情绪心境化色彩。

二、情感

（一）情感的概念

情感一般指个体意识到自己与客观事物的关系后而产生的稳定的、深刻的心理体验和相应的反应。

（二）情感的分类

1. 道德感

道德感是用一定的道德标准去评价自己或他人的思想和言行时产生的情感体验。主要表现在对待国家、民族、集体以及人与人之间的关系等各个方面，如爱国主义情感、集体主义感、荣誉感、自尊心等。

2. 理智感

理智感是在智力活动中，认识、探求或维护真理的需要是否得到满足而产生的情感体验。对科学探索的好奇心，对研究中未证实结果的怀疑，对科学真理的热爱和追求，对偏见和谬误的鄙视和排斥，以及幽默感和讽刺，都属于理智感。

3. 美感

美感是用一定的审美标准对自然、社会或艺术上的表现给予评价时所产生的情感体验。人都有不同程度的美感能力，但不是天生的，而是在社会实践中产生和发展起来的。不同时代、阶级、民族和地域的人，固然有不同的美感；个人与个人之间也会因文化修养、个性特征等的不同，而形成美感的差异性。美感的基本特征之一，是形象的直线性和可感性。

（三）情绪与情感的关系

1. 情绪与情感的区别

（1）情绪的产生与有机体的自然需要有关；而情感的产生则与人的社会性需要有关。

（2）情绪是人和动物所共有的心理现象，而情感则是人类特有的一种心理现象。

（3）情绪产生早（个体生命开始即产生），情感产生晚（社会生产实践中产生）。

（4）情绪具有情境性和动摇性，而情感则具有稳定性和深刻性。

（5）情绪多是外显性和冲动性，而情感则具有内隐性与持久性。

2. 情绪与情感的联系

情绪与情感两者密切联系、相互依存、相互转化。

（1）情绪变化受情感制约，而情感又在各种变化的情绪中得到体现。

（2）情绪是情感的外在表现，情感是情绪的本质内容。

（四）中学生常见的情绪问题

1. 忧郁

忧郁表现为情绪低落、心情悲观、郁郁寡欢、闷闷不乐、思维迟缓、反应迟钝等。忧郁情绪是学生群体中一种比较普遍的消极情绪表现。长期的忧郁会使人的身心受到严重损害，让人无法有效地学习、工作、生活。

2. 恐惧

中学生常见的恐惧情绪有社交恐惧和学校恐惧。社交恐惧表现在怕与人打交道，遇陌生人特别是异性时面红耳赤、神经紧张，严重时拒绝与任何人接触，把自己孤立起来，对日常生活、学习造成很大的妨碍；学校恐惧表现为对环境不适应，紧张、焦虑，害怕去学校。这种紧张情绪有时会导致诸如呼吸困难、心跳加快、出汗发抖、腹痛腹泻等症状，个别严重者会演变成情绪障碍。

3. 孤独

孤独感是青春期中一种常见的情绪感受，是自然正常的，它标志着中学生的独立意识、自我意识的发展。但是，长期孤独会使人变得消沉、脆弱、萎靡不振、痛苦，进而严重影响身心健康，影响正常的学习、生活和人际关系。

4. 愤怒

中学生由于思维片面、偏激，控制冲动能力较差，容易产生愤怒情绪。愤怒会使人的神经系统出现紊乱，诱发高血压、脑出血、神经衰弱等症状。暴怒会使人丧失理智，甚至导致违法犯罪。

（五）中学生良好情绪的培养

1. 良好情绪的标准

（1）有良好情绪的学生能正确反映一定的环境的影响。

有良好情绪的学生善于准确表达自己的感受。需要注意的是，教师不但应该鼓励学生表达积极的情绪，同时也应该允许学生表达消极情绪，因为压抑消极情绪对身心健康是有害的。在学生表达消极情绪后，教师还应该正确引导他们予以克服。

（2）有良好情绪的学生能对引起情绪的刺激做出适当强度的反应。

当教师发现学生对某些事情表现出的情绪过度强烈或过分抑制时，就应该注意这是不正常的。

（3）有良好情绪的学生应该具备情绪反应的转移能力。

如果引起积极情绪的刺激环境消失了，学生还长时间地陶醉在愉快、兴奋的情绪中，这是不适当的。同样，陷入消极情绪而不能自拔的学生，也会影响自己的学习或活动效率。

（4）良好的情绪应符合学生的年龄特点。

如一个学生表现出来的情绪特点与他所处的年龄阶段应有的情绪特点不符合，则需引起老师的注意，并对其采取相应的教育措施。

2. 中学生良好情绪的培养方法

（1）引导形成正当、合理的需要。

当某种需要得到满足时，人就会产生积极的情绪；反之，当某种需要没有得到满足时，人则会产生消极的情绪。因此中学生对自己要有"自知之明"，否则会因自己非能力所及的志向而终日郁郁不乐；对客观事物也要有正确的认识，这样才不会因遇到挫折而苦恼。

（2）培养正确的人生观。

具有共产主义人生观和远大理想的人，就会胜不骄，败不馁，情绪稳定而深沉。个人主义严重的人，往往斤斤计较，情绪就会因此而波动较大。

（3）锻炼身体。

情绪与身体状况密切相连。身体健康的人常常表现出精神振奋、心情开朗等积极的情绪。

（4）培养幽默感。

幽默是一种健康的品质，它可以活跃气氛，驱除忧愁。

（5）培养消除不良情绪的能力。

不良情绪出现时，不能简单地抑制它。否则一旦有适当的机会，它还会发泄出来。要消除不良情绪，一要认识到不良情绪的存在；二要找出不良情绪的产生原因；三要掌握一些调节和消除不良情绪的方法，如自我暗示、适应和用意志控制情绪等。

3. 引导中学生情绪调节的方法

（1）教会学生形成适宜的情绪状态；

（2）丰富学生的情绪体验；

（3）培养学生正确看待问题的意识；

（4）正确调整情绪；

（5）保持和创造快乐的情绪。

【典型真题】晓东在解决了困扰了他许久的数学难题后出现的喜悦感属于（　　）。

A. 道德感　　　　　B. 理智感　　　　　C. 美感　　　　　D. 效能感

【答案】B

【解析】理智感是人在理智活动过程中认识、探求和维护真理的需要得到满足而产生的主观体验。如人们在探索未知事物时表现出的兴趣、好奇心和求知欲，问题得以解决并有新的发现时的喜悦感等。

【典型真题】在一项暑期夏令营活动中，天气炎热，同学们都感到口干舌燥，此时，小丽会因自己还剩半杯水而高兴，而小悦则因只有半杯水而担忧，这说明情绪具有（　　）。

A. 主观性　　　　　B. 感染性　　　　　C. 客观性　　　　　D. 两极性

【答案】D

【解析】情绪的两极性可表现为肯定的和否定的对立性质，如满意和不满意、喜悦和悲伤、爱和憎等。两极性也可表现为积极的（或增力的）和消极的（或减力的）两方面。前者可提高、增强人的活动能力，如喜悦可促使人积极地行动；后者则会降低人的活动能力，如悲伤引起的郁闷会削弱人的活动能力。两极性也可表现为紧张和轻松（紧张的解除）。两极性还可表现为激动和安静。

【典型真题】小华最近遇到了一些困难，心理辅导老师引导他梳理了错误观念，形成了正确的认识，解决了问题。小华所接受的这种心理辅导方法是（　　）。

A. 行为分析法　　　B. 合理情绪疗法　　　C. 系统脱敏法　　　D. 来访者中心疗法

【答案】B

【解析】合理情绪疗法是认知疗法的一种。通过改变不合理的信念、调整认知，改变其情绪和行为。

【扩展】行为分析法：

美国心理学家亨特提出应用行为分析法（Applied Behaviour Analysis，简称ABA），是将目标任务（即教学的知识、技能、行为、习惯等）按照一定的方式和顺序分解成一系列的较小的或者相对独立的步骤，然后采用适当的强化方法，按照任务分解确定的顺序逐步训练每一步骤，直到儿童掌握所有步骤，最终可以独立完成任务，并且在其他场合下能够应用其所学会的知识、技能。它以操作制约的原理和方法为核心去改变儿童的行为，按儿童的学习目标设计情境和选定可影响该目标行为的增强物，并以他们自发的反应行为，建立新的适应行为，消除或改善因孤独症症状而引致的不当行为。

目标分解，即把任务（知识、技能、行为、习惯等）分成若干很小的步骤。比如，学习洗手：打开水龙头—淋湿双手—拿肥皂—抹肥皂—把肥皂放回原位—搓手（搓手心—交叉搓手背）—用水冲洗双手—清洗手心、手背—关水龙头—把手擦干。再比如，要教儿童学会配对物品或图片：先要教他学习相配一模一样的物品。先把一件物品（比如，一个杯子）放在面前的桌子上，然后把一个同样的杯子给儿童，并说："把它放在一样的东西旁"（配对）。在这个过程中一定要使用"提示"和"强化"来促使儿童正确反应，完成要求。学会第一步之后，第二步就要在桌子上摆放两件物品（比如，一个杯子和一个球），儿童就须在摆放之前辨别和区分。由于儿童已经练习过前面的内容，第二步就会容易一些。ABA把每项技能分成很小的步骤练习，就是为了使儿童在学习中更容易获得成功，尽量使他们在学习过程中减少挫折感。训练中儿童必须先学会每项技能的第一步，才可以开始学第二步。

为了促使儿童对指令做出（正确）的反应，必须使用提示帮助（这包括手把手练习、语言提示、手势和操作示范等提示）。传统的教育过程往往不包括像ABA这样的提示形式。教一个非孤独症儿童时，他可能通过观察来学习，比如问他"今天是星期几？"他不会回答，或者回答不正确时，可以再询问另一个儿童。如果别的儿童回答正确，那么正常儿童下次也就可以回答出来了。但是孤独症儿童就不一样了，必须给他们提示，给他们多次的机会让其做出反应，再多次得到强化。ABA这种方法更强调对儿童指令后，儿童须马上做出反应。因此，提示的技术就更具意义。

【典型真题】学生张琼进入青春期后，非常关注自己的相貌，但她认为自己长相难看，不被人喜欢。看到同学聚在一起咯咯地笑，她就认为她们在笑话自己；在寝室里，若听到同学在谈论某某长得漂亮，会以为是在影射自己；上课未被老师点名发言，也会认为老师嫌自己难看不愿意点自己。这一切致使她郁郁寡欢，不愿意与同学沟通交流，学习效率低下，学习成绩明显下降。

问题：请运用心理学知识分析案例中张琼的问题，并提出合理建议。

【参考答案】

青春期是人生中的一个激动而且混乱的时期，是人的行为、性格和智力等心理素质迅速发展的关键时期。处于这一特殊的发育阶段的青少年，由于生理、心理方面疾风骤雨式的千变万化，加之文化知识及社会经验的不足，很容易产生不健康的心理，导致心理问题或心理障碍。

材料中张琼的典型心理问题是强烈的自卑意识和失落感，常常把别人无意的话、不相干的动作当作对自己的轻视或嘲笑。强烈的自我意识，迫切的自尊要求，产生了强烈的不安、焦虑和恐惧，造成神经过敏、多疑，最终严重影响学习成绩。

对怀有自卑感的人，应摆脱孤立无援、独自苦恼的状态，将自己的困惑向周围人诉说，争取周围人及家属的"共鸣性理解"，对消除自卑感具有良好作用。

同时，要针对自己的弱点制订一个逐步训练的计划，并坚持不懈地执行，提高语言技巧及社交手段。也可观察一下周围的人，发觉别人也不像自己所认为的那样十全十美，别人对自己并无歧视之意，也就不再"自惭形秽"了。

【典型真题】情绪和情感是由独特的主观体验、外部表现和（   ）三种成分组成的。

A. 内部感觉　　　　　B. 面部表情　　　　　C. 生理唤醒　　　　　D. 激情状态

【答案】C

【解析】情绪和情感是由独特的主观体验、外部表现和生理唤醒三种成分组成的。主观体验是个体对不同情绪情感状态的自我感受；情绪和情感的外部表现通常称为表情，它是情绪和情感状态发生时身体各部分的动作量化形式，包括面部表情、姿态表情和语调表情；一定的情绪状态总伴有内脏器官、内分泌腺或神经系统的生理变化，情绪状态发生时的生理反应称为生理唤醒。

【典型真题】强调丘脑在情绪中有重要作用的理论是（   ）。

A. 詹姆斯-兰格情绪理论　　　　　　　　B. 坎农-巴德情绪理论

C. 沙赫特的情绪理论　　　　　　　　　　D. 阿诺德的情绪理论

【答案】B

【解析】坎农和巴德认为，情绪的中枢不在外周神经系统，而在中枢神经系统的丘脑。外界刺激引起感觉器官的神经冲动，传至丘脑，再由丘脑同时向大脑和植物性神经系统发出神经冲动，从而在大脑产生情绪的主观体验，由植物性神经系统产生个体的生理变化。

考点3　中学生的意志过程

一、意志的定义

意志是人自觉地确定目的，并支配行动、克服困难、实现目的的心理过程。意志：意，心理活动的一种状态；志，对目的方向的坚信、坚持。意志，即对实现目的有方向、有信念地坚持的一种心理活动（含潜意识中的心理活动）。

二、意志的品质

（一）自觉性

自觉性是指一个人对于自己的行动目的和意义有充分的、自觉的认识，并随时监控自己的行为，使之合乎于正确目的的心理品质。与自觉性相反的品质是盲目性和独断性。

（二）果断性

果断性是指一个人根据实际情况，迅速地明辨是非，适时采取决定和执行决定的心理品质。与果断性相反的品质是优柔寡断。

（三）自制性

自制性是指一个人善于控制自己的冲动，并有意识地调节和支配自己的情感和行动的心理品质。与自制性相反的品质是任性。

（四）坚韧性

坚韧性指一个人在行动中能长期保持旺盛的精力百折不挠地克服困难，坚持到底实现预定目的的心理品质。与坚韧性相反的品质是动摇性和顽固性。

三、意志行动的过程

（一）决定阶段

意志的决定阶段，也是意志行动的准备阶段。在这个阶段中，首先要解决动机斗争的问题，然后是确定行动的目的和选择达到目的的方法。任何意志行动都与一定的动机相联系，而动机又与需要相关。动机是由需要产生的愿望、意图、信念和理想等，它们都是意志行动的内部原因和动力，决定着一个人行动的性质和方向。

（二）执行阶段

执行阶段指将行动计划付诸实现的过程。在执行阶段中，意志的品质表现为努力克服主观上和客观上遇到的各种困难，坚定地执行所定的行动计划。如果在执行原定计划时遇到障碍就半途而废，这是意志薄弱的表现。

人的心理是知、情、意的统一体，三者相互促进、相互影响、相互渗透。意志以认识为基础，随着认识的发展而发展。人只有认识主体和客体的区别与关系，认识客观事物的变化规律，才能有意识地根据客观规律确定行动的目的，进行意志行动。所以意志自由，是以正确认识客观现实为前提，而人在改造客观世界的同时又可以不断提高自己的认识能力。在许多情况下，意志过程与人的情感密切联系着。高尚的情感可以成为意志的动力，而消极的情感往往成为意志的阻力。

四、意志过程中的动机冲突

动机冲突（又称心理冲突），这是指一个人在某种活动中，同时存在着一个或数个所欲求的目标，或存在两个或两个以上互相排斥的动机。当处于相互矛盾的状态时，个体难以决定取舍，表现为行动上的犹豫不决，这种相互冲击的心理状态，称为动机冲突，它是造成挫折和心理应激的一个重要原因。动机冲突和挫折的区别是：动机冲突必须有两个或两个以上互相排斥的动机，而挫折可以只有一个动机；动机冲突往往发生在动机已经形成，但还未见诸行动时，而挫折则常常发生在为达到目标而采取行动的过程之中或过程之后。

（1）双趋冲突（接近-接近型冲突）。同时并存两种能满足需要的目标，它们具有同等的吸引力，但只能选择其中之一时所产生的动机冲突。即所谓的"两者都想要，只能得其一"，例如，鱼和熊掌不可兼得、忠孝两难全。

（2）双避冲突（回避-回避型冲突）。同时遇到两个力图回避的威胁性目标，但只能避其一所产生的冲突。即指同时有两个可能对个体具有威胁性、不利的事发生，两种都想躲避，但受条件限制，只能避开一种，接受一种，在作抉择时内心产生矛盾和痛苦。例如，进退维谷；前有狼，后有虎。

（3）趋避冲突（接近-回避型冲突）。同一个目标既有吸引力，又有排斥力，人既希望接近，同时又不得不回避，从而引起的冲突。即"一个事物既想要又害怕得到"。例如，女生爱吃糖又怕长胖；临近考试，学生想要出去玩，又害怕成绩考不好。

（4）多重趋避冲突（多重接近-回避冲突）。对含有吸引力与排斥两种力量的多种目标予以选择时所发生的冲突。例如：一个学生想选修一些有吸引力的课程，但又害怕考试失败；想参加校足球队为学校争光，但又害怕耽误时间太多；想参加学校的公共协会学习公共关系知识，但又怕不能被接受而面子上不好看。

【典型真题】中学生既不想完成作业又不想被老师惩罚，这种心理现象属于（　　）。

A. 双趋冲突　　　　　　　　　　　　B. 双避冲突

C. 趋避冲突　　　　　　　　　　　　D. 多重趋避冲突

【答案】B

【解析】本题考查的知识点为意志的动机冲突，以案例的形式让你进行判断。写作业和教师惩罚都是学生力图回避的威胁性目标，产生的是双避冲突。

【典型真题】学生想做班干部为同学服务，又怕做不好被同学嘲笑，这种矛盾心理属于（　　）。

A. 双趋冲突　　　　　　　　　　　　B. 双避冲突

C. 趋避冲突　　　　　　　　　　　　D. 多重趋避冲突

【答案】C

【解析】根据题干，一方面，学生想做班干部，这是其想追求的目标；另一方面，这位同学又担心做不好被同学嘲笑，这是其想躲避的，这属于对一个目标的追求过程中同时具有好恶的情感，属于趋避冲突。故本题应选C。

【典型真题】小明既想参加演讲比赛锻炼自己，又害怕讲不好被人讥笑，他面临的心理冲突是（　　）。

A. 双趋冲突　　　　B. 双避冲突　　　　C. 趋避冲突　　　　D. 双重趋避冲突

【答案】C

【解析】本题考查意志过程中的冲突知识点。趋避冲突是指对同一目的兼具好坏的矛盾心理。

考点4　中学生的人格发展

一、人格

（一）人格的概念

人格又称个性，是个人在适应环境的过程中所表现出来的系统的独特的反应方式，是个体区别于他人的稳定而统一的心理品质。它由个人在其遗传、环境、成熟、学习等因素交互作用下形成。

（二）人格的特征

人格是一个具有丰富内涵的概念，具有独特性、稳定性、统合性和功能性的特点。

1. 独特性

一个人的人格是在遗传、环境、教育等因素的交互作用下形成的。不同的遗传、生存及教育环境，形成了各自独特的心理特点。人与人没有完全一样的人格特点，"人心不同，各有其面"，这就是人格的独特性的体现。

2. 稳定性

人格的稳定性表现为两个方面。一是人格的跨时间的持续性。在人生的不同时期，人格持续性首先表现为自我的持久性。二是人格的跨情境一致性。所谓人格特征是指一个人经常表现出来的稳定的心理与行为特征，那些暂时的、偶尔表现出来的行为则不属于人格特征。俗话说，"江山易改，禀性难移"，这里的"秉性"就是指人格。强调人格的稳定性并不代表它在人的一生中是一成不变的，随着生理的成熟和环境的变化，人格也有可能产生相应变化，这是人格可塑性的一面。正因为人格具有可塑性，才能培养和发展人格。人格是稳定性与可塑性的统一。

3. 统合性

统合性又称人格的整体性。人格是由多种成分构成的一个有机整体，具有内在统一的一致性，受自我意识的调控。人格统合性是心理健康的重要指标。一个人具有多种心理成分和特质，如才智、情绪、愿望、价值观和习惯等，但它们并不是孤立存在的，而是密切联系并整合成为一个有机组织。当一个人的人格结构在各方面彼此和谐统一时，他的人格就是健康的。否则，可能会出现适应困难，甚至出现人格分裂。

4. 功能性

人格决定一个人的生活方式，甚至决定一个人的命运，因而是人生成败的根源之一。当面对挫折与失败时，坚强者能发奋拼搏，懦弱者会一蹶不振，这就是人格功能的表现。

（三）人格的结构

人格是一个复杂的结构系统，它包括许多成分，其中主要包括气质、性格、认知风格、自我调控等方面。

1. 气质

气质是表现在心理活动的强度、速度、灵活性与指向性等方面的一种稳定的心理特征，即我们平时所说的脾气、秉性。人的气质差异是先天形成的，受神经系统活动过程的特性所制约。孩子刚一落生时，最先表现出来的差异就是气质差异，有的孩子爱哭好动，有的孩子平稳安静。气质是人的天性，并无好坏之分。气质类型包括胆汁质、多血质、黏液质、抑郁质。

气质类型	高级神经活动过程	高级神经活动类型	气质类型特点	代表人物
胆汁质	强、不平衡	不可遏制型（兴奋型）	反应迅速，态度热情积极，待人直率诚恳，行为坚忍不拔，智力活动敏捷。缺点是脾气暴躁，易冲动发怒，缺乏耐心。	张飞、李逵
多血质	强、平衡、灵活	活泼型	感情外露，遇事敏感，行动迅速，思想活跃，可塑性大，对环境适应性强，快人快语，善于并易于结交朋友，有很强的活动能力和语言表达能力。缺点是注意点变换快，喜怒无常，做事轻举妄动，考虑不周，盲目性大，缺乏毅力。	王熙凤、曹操

续表

气质类型	高级神经活动过程	高级神经活动类型	气质类型特点	代表人物
黏液质	强、平衡、不灵活	安静型	反应性低，情绪不易变化，也不易外露。心情一般比较平稳，变化较慢，通常不为外物所动。然而一旦引起某情绪，则形成强烈、稳固而深刻的体验。有些死板，缺乏生气。	沙僧、林冲等
抑郁质	弱	弱型（抑郁型）	多愁善感，心理反应速度慢，遇事犹豫不决，缺乏果断，动作迟缓。有较多的敏感性，能体察出一般人所觉察不出的事。富于想象，办事谨慎，对力所能及的工作坚忍不拔。面临危险和紧张情况时，常表现出恐惧和畏缩；受挫后，会心神不安。这种人不好抛头露面，不爱表现自己，不善与人交往，常有孤独感。	林黛玉

2. 性格

性格是指表现在人对现实的态度和相应的行为方式中的比较稳定的、具有核心意义的个性心理特征，它是一种与社会相关最密切的人格特征。如一个人在各种场合总表现出对人的热情诚实、与人为善，对自己虚心谦逊、严于律己，遇事坚毅果断、深谋远虑等都属于性格。性格包括如下：

（1）态度特征：如诚实或虚伪、谦逊或骄傲等。

（2）意志特征：如勇敢或怯懦、果断或优柔寡断等。

（3）情绪特征：如热情或冷漠、开朗或抑郁等。

（4）理智特征：如思维敏捷、深刻、逻辑性强或思维迟缓、浅薄、没有逻辑性等。

3. 认知风格

（1）认知风格概念。

认知风格是指个人所偏爱使用的信息加工方式，也叫认知方式。认知风格主要有：场独立型和场依存型、冲动型和沉思型、同时型和继时型等。

（2）认知风格类型。

1）场独立型与场依存型。场独立型对客观事物作判断时，倾向于利用自己内部的参照，不易受外来因素影响和干扰；在认知方面独立于周围的背景，倾向于在更抽象和分析的水平上加工，独立对事物做出判断。

场依存型则对物体的知觉倾向于把外部参照作为信息加工的依据，难以摆脱环境因素的影响。他们的态度和自我知觉更易受周围的人，特别是权威人士的影响和干扰，善于察言观色，注意并记忆言语信息中的社会内容。

	场独立型	场依存型
参照物	内部参照	外部参照
学科兴趣	自然科学和数学	社会科学和人文科学
学科成绩	自然科学成绩好；社会科学成绩差	自然科学成绩差；社会科学成绩好
学习策略	独立自觉学习；由内在动机支配	易受暗示，学习欠主动；由外在动机支配
教学偏好	结构不严密的教学	结构严密的教学

2）冲动型与沉思型。在学习过程中，有些学生反应非常快，但往往回答的内容不够准确，这种反应方式称为冲动型；而有的学生反应虽然很慢，却很仔细、准确，这种反应方式称为沉思型。该类型

的分类依据为速度和精确度。

3）同时型与继时型。左脑优势的个体往往表现出继时型认知风格，而右脑优势的个体往往表现出同时型认知风格。继时型认知风格的特点是，在解决问题时，能一步一步地分析问题，每一个步骤只考虑一种假设或一种属性，提出的假设在时间上有明显的前后顺序；同时型认知风格的特点是，在解决问题时，采取宽视野的方式，同时考虑多种假设，并兼顾到解决问题的各种可能。

4. 自我调控系统

自我调控系统是人格中的内控系统或自控系统，由自我认识、自我体验和自我控制（或自我调节）三个子系统构成，因此也叫自我意识，其作用是对人格的各种成分进行调控，保持人格的完整、统一和谐。

自我认知是个体对自身及其与外界关系的认识，包括自我观察和自我评价。自我认识主要涉及"我是谁"或"我是怎样一个人"等问题。

自我体验是个体对自己怀有的一种情绪体验，主要涉及"对自己是否满意、是否悦纳自己"等问题。自我体验主要涉及自我价值感、成功与失败的体验、自豪感、羞愧感等。

自我控制是自我意识在行为上的表现，是实现自我意识调节的最后环节。自我意识包括自我监控、自我激励和自我教育等成分。

（四）影响人格发展的因素

1. 生物遗传因素

第一，遗传是人格不可缺少的影响因素。第二，遗传因素对人格的作用程度因人格特征的不同而异。通常智力、气质这些与遗传因素关系较密切，而价值观、信念、性格等与社会因素关系更密切。第三，人格发展过程是遗传与环境交互作用的结果。

2. 个人主观因素

后天环境对能力的形成和发展固然起主导作用，但没有个人的努力和勤奋，要获取事业成功同样是不可能的。

3. 社会文化因素

第一，社会文化对人格具有重要影响作用；第二，社会文化对个人的影响力因文化强弱而异，社会对顺应要求越严格，其影响力越大；第三，社会文化因素决定了人格的共同性特征，它使同一社会的人在人格上具有某种程度的相似性。

4. 家庭因素

强调人格的家庭成因，重点在于探讨家庭间的差异对人格发展的影响，探讨不同的教养方式对人格差异的影响。家庭教养方式一般可以分为三类：

（1）权威型教养方式。采用这种教养方式的父母在子女教育中表现出支配性，孩子的一切都由父母来控制。在这种环境下长大的孩子容易形成消极、被动、依赖、服从、懦弱，做事缺乏主动性，甚至会形成不诚实的人格特征。

（2）放纵型教养方式。采用这种教养方式的父母，对孩子过于溺爱，让孩子随心所欲，父母对孩子的教育有时达到失控的状态。在这种环境中成长的孩子多表现为任性、幼稚、自私、野蛮、无礼、独立性差、蛮横无理、胡闹等。

（3）民主型教养方式。父母与孩子在家庭中处于一个平等和谐的氛围，父母尊重孩子，给孩子一定的自主权，并给予孩子积极正确的指导，父母的这种教养方式使孩子形成了一些积极的人格品质，如活泼、自立、彬彬有礼、善于交往、富于合作精神、思想活跃等。

5. 学校教育因素

学校的教育对学生性格的形成起主导作用。

二、人格特质理论

起源于 20 世纪 40 年代的美国，主要代表人物为奥尔波特和卡特尔。特质理论认为：特质是决定个体行为的基本特性，是人格的有效组成元素，也是测评人格常用的基本单位。

(一) 奥尔波特的特质理论

他把人格特质分为两类：一类是共同特质（Common Traits），指在某一社会形态下，大多数人或一个群体所共有的、相同的特质；另一类是个人特质（Individual Traits），指个体身上独具的特质。个人特质又分为三种：首要特质、中心特质、次要特质。

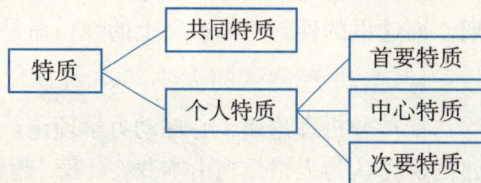

首要特质：一个人最典型、最有概括性的特质。

中心特质：构成个体独特性的几个重要特质，在每个人身上有 5～10 个。

次要特质：个体的一些不太重要的特质，往往只有在特殊情况下才会表现出来。

(二) 卡特尔的人格特质理论

卡特尔提出了基于人格特质的一个理论模型。模型分为四层，即个别特质和共同特质；表面特质和根源特质；体质特质和环境特质；动力特质、能力特质和气质特质。各层之间用连线表示个别特质和共同特质之间的关系。

（1）个别特质和共同特质。

个别特质：卡特尔把个人具有的特质称为个别特质。它是一个人相对稳定的思想和情绪方式，是内部和外部都可以测量的特质。

共同特质：卡特尔把群体共有的特质称为共同特质。在研究人格的文化差异时，可比较不同文化的共同特质。

（2）表面特质和根源特质。

表面特质：从外部行为能直接观察到的特质。

根源特质：相互联系而以相同原因为其基础的行为特质。1949 年，卡特尔用因素分析法提出了 16 种相互独立的根源特质，编制了"卡特尔 16 种人格因素调查表"（16PF）。

（3）体质特质和环境特质。

体质特质：由先天生物因素决定的，如兴奋性、情绪稳定性等。

环境特质：由后天环境因素决定的，如焦虑、有恒性等。

（4）动力特质、能力特质和气质特质。

动力特质：指具有动力特征的特质，它使人趋向某一目标，包括生理驱力、态度和情操。

能力特质：表现在知觉和运动方面的差异特质，包括晶体智力和流体智力（Fluid Intelligence）。晶体智力是以习得的经验为基础的认知能力；流体智力是以生理为基础的认知能力。流体智力是一种以生理为基础的认知能力，如知觉、记忆、运算速度、推理能力等。流体智力是与晶体智力相对应的概念，流体智力随年龄的老化而减退。而晶体智力则并不随年龄的老化而减退，晶体智力主要指学会的技能、语言文字能力、判断力、联想力等。

气质特质：决定一个人情绪反应的速度与强度的特质。

(三) 现代特质理论

（1）艾森克的"三因素模型"。三因素包括外倾性、神经质、精神质。艾森克据此编制了艾森克人格问卷（EPQ）。

（2）塔佩斯的"五因素模型"。五因素包括外倾性、宜人性、责任心、神经质或情绪稳定性、开放性。五个特质的开头字母构成了"OCEAN"，代表了"人格的海洋"。麦克雷和可斯塔编制了"大五人格因素的测定量表（修订）"（NEO-PI-R）。

（3）特里根的"七因素模型"。与五因素相比较，增加了正效价和负效价两个因素。

三、弗洛伊德的人格发展理论

弗洛伊德的人格发展理论中，总离不开性的观念，所以他的发展分期解释，就被称为性心理发展期。而这里的性，不是狭义上的性，而是一种被称为力比多（Libido）的驱动力。

（一）弗洛伊德的人格结构划分

精神分析理论属于心理动力学理论，是奥地利精神科医生弗洛伊德于 19 世纪末 20 世纪初创立的。弗洛伊德认为人格结构由本我、自我、超我三部分组成。

本我：遵循快乐原则。位于人格结构的最底层，是由先天的本能、欲望所组成的能量系统，包括各种生理需要。本我是无意识、非理性、非社会化和混乱无序的。

自我：遵循现实原则。自我是从本我中逐渐分化出来的，位于人格结构的中间层。其作用主要是调节本我与超我间的矛盾。

超我：遵循道德原则（至善原则）。超我是从自我分化出来、道德化了的自我，处于人格的最高层。超我具有三个作用：一是抑制本我的冲动；二是对自我进行监控；三是追求完善的境界。

（二）弗洛伊德的人格发展阶段

1. 口唇期（0～18 个月）

原始欲力的满足主要靠口腔部位的吸吮、咀嚼、吞咽等活动获得满足。婴儿的快乐也多得自口腔活动。此时期的口腔活动若受限制，可能会留下后遗性的不良影响。成人中有所谓的口腔性格，可能就是口腔期发展不顺利所致。在行为上表现为贪吃、酗酒、吸烟、咬指甲等，甚至性格上的悲观、依赖、洁癖，都被认为是口腔性格的特征。

2. 肛门期（18 个月到 3 岁）

原始欲力的满足主要靠大小便排泄时所生的刺激快感获得满足。此时期卫生习惯的训练，对幼儿来说是关键。在这一阶段儿童开始接受排便习惯的训练，他必须学会控制自己的排便行为以适应社会的要求。儿童在肛门期欲望的满足和他在大小便训练过程中所学到的人际关系方式，对他未来的人格形成产生较大影响，满足太少或过分满足均可导致发展的滞留，形成肛门性格。如管制过严，可能会留下后遗性的不良影响。成人中有所谓的肛门性格者，在行为上表现出冷酷、顽固、刚愎、吝啬等。

3. 性器期（3～5 岁）

从 3 岁到 5 岁，儿童在此期间通过性器官满足原始欲望，表现出对生殖器官的极大兴趣，喜欢触摸自己的性器官。儿童这一阶段的矛盾和冲突的解决，对其将来性别特征的形成和对异性的态度及性生活是很重要的。如果这一阶段发生滞留或失败，可能导致将来的许多行为问题，如所谓的"性器官人格"。

在口腔期、肛门期和性器期的发展过程中，大部分人格特征已形成。因此，5 岁以前是人格发展的关键时期。

4. 潜伏期（5～12 岁）

5 岁以后的儿童，兴趣扩大，由对自己的身体和父母感情转变到周围的事物，故而从原始的欲力来看，呈现出潜伏状态。在这一时期，儿童的兴趣转向周围事物和智力活动中，参加学校和团体的活动，与同伴娱乐、运动，发展同性的友谊，满足来自外界的好奇心等。此时原始的欲望仿佛处于潜伏状态，在这一阶段，两性之间比较疏远。

5. 生殖期（青春期到成年期）

此时期开始时间主要体现为男生约 13 岁、女生约 12 岁，此时期个体性器官逐渐成熟，两性差异开始显著。自此以后，性的需求转向相似年龄的异性，开始有了两性生活的理想、婚姻家庭的意识，至此，性心理的发展趋于成熟。

四、埃里克森的社会心理发展理论

埃里克森的社会心理发展理论认为，儿童人格的发展是一个逐渐形成的过程，它必须经历一系列顺序不变的阶段，每一阶段都有一个生理成长与社会文化环境、社会期望之间的冲突和矛盾所决定的发展危机，每一个危机都涉及一个积极的选择与一个潜在的消极选择之间的冲突。

埃里克森认为人格的发展贯穿于个体的一生，整个发展过程可以划分为八个阶段，其中前五个阶段属于成长和接受教育的时期。

阶段	年龄	冲突	人格发展任务	障碍者的心理特征
婴儿期	0～18 个月	基本的信任感对基本的不信任感	发展信任感，克服不信任感	面对新环境时会焦虑不安
儿童早期	18 个月到 4 岁	自主对羞怯与怀疑	培养自主感，克服羞怯与怀疑	缺乏信心，行动畏首畏尾
学前期	4～6 岁	主动对内疚	培养主动感，克服内疚感	畏惧退缩，缺少自我价值感
学龄期	6～12 岁	勤奋对自卑感	培养勤奋感，克服自卑感	缺乏生活基本能力，充满失败感
青年期	12～20 岁	自我同一性对角色混乱	建立同一性，防止角色混乱	生活无目的、无方向感，时而感到彷徨迷失
成年早期	20～24 岁	亲密感对孤独感	发展亲密感，避免孤独感	与社会疏离时感到寂寞孤独
成年中期	24～50 岁	充沛感对颓废感	获得充沛感，避免停滞感	不关心别人与社会，缺少生活意义
成年晚期	50 岁以后	完善对绝望	获得完善感，避免绝望与沮丧	悔恨旧事，唉声叹气

【典型真题】田和热爱学习、关心同学、助人为乐，组织班级同学认真学习，她的这些品质属于性格里面的哪种特征？（　　）

A. 态度特征　　　　　B. 理智特征　　　　　C. 意志特征　　　　　D. 情绪特征

【答案】A

【解析】性格的态度特征是指个体在对现实生活各个方面的态度中表现出来的一般特征。热爱学习、关心同学、助人为乐等属于性格中良好的态度特征。

【典型真题】初中生晓敏在解决问题时，习惯于一步一步分析问题，每步只考虑一种假设或一种属性，提出的假设在时间上有明显的先后顺序。晓敏的认识方式属于（　　）。

A. 冲动型　　　　　B. 直觉型　　　　　C. 继时型　　　　　D. 同时性

【答案】C

【解析】在解决问题时，能一步一步地分析问题，每一步骤只考虑一种假设或一种属性，提出的假设在时间上有明显的前后顺序，是继时型的特征，故选 C。

【典型真题】上初中以来，刘俊突然好像不认识自己了。"我到底是谁？我将来做什么呢？"这类问题常常困扰着他。根据埃里克森的社会心理发展理论，他处于（　　）发展阶段。

A. 亲密感对孤独感　　　　　　　　　　B. 勤奋对自卑感

C. 自我同一性对角色混乱　　　　　　　　　　　D. 信任对不信任

【答案】C

【解析】根据埃里克森的社会心理发展理论，此时期处于自我同一性对角色混乱阶段。处在这一阶段的学生总是会关注"自己是谁""将来会成为什么样的人"以及"怎样努力成为自己理想中的那个人"等一系列的问题。

【典型真题】人们通常认为"北方人开朗、豪放，南方人含蓄、细腻"。根据奥尔波特的人格理论，上述人格特质属于（　　　）。

A. 共同特质　　　　B. 首要特质　　　　C. 次要特质　　　　D. 中心特质

【答案】A

【解析】"北方人开朗、豪放，南方人含蓄、细腻"是指的两种群体的人分别共同具有的特点。因此属于"共同特质"。奥尔波特把人格特质分为两类，即共同特质和个人特质。故本题选A。

【典型真题】简述弗洛伊德的人格发展理论。

【参考答案】

弗洛伊德的人格发展理论中，总离不开性的观念，所以他的发展分期解释，就被称为性心理发展期。而这里的性，不是狭义上的性，而是一种被称为力比多的驱动力。他将人格阶段分为五个阶段。

（1）口唇期（0～18个月）。在这一阶段口、唇、舌是性感区，人容易出现依赖和攻击性。

（2）肛门期（18个月到3岁）。这一阶段的性感区是肛门，原始欲力的满足主要靠大小便排泄时所产生的刺激快感获得满足。

（3）性器期（3～5岁）。这一阶段的性感区在生殖器，人开始性格分化，容易出现恋母情结和恋父情结。

（4）潜伏期（5～12岁）。在这一阶段，儿童的玩伴多为同性。儿童的兴趣扩大，由对自己的身体和父母感情转变到周围的事物，故而从原始的欲力来看，呈现出潜伏状态。此一时期的男女儿童之间，在情感上较前疏远，团体性活动多呈男女分离趋势。

（5）生殖期（青春期到成年期）。这一阶段也叫两性期。自此以后，性的需求转向相似年龄的异性，开始有了两性生活的理想、婚姻家庭的意识，至此，性心理的发展趋于成熟。

【典型真题】肖平、王东、高力和赵翔喜欢踢足球，也爱观看足球比赛。但是他们在观看足球比赛时，情绪表现不一样。当看到自己喜欢的球星踢了一个好球时，肖平立刻大喊："好球！好球！"同时兴奋得手舞足蹈；王东也挺激动，叫好并鼓掌，但是没有肖平那么狂热，有时还劝告肖平别喊；高力只是平静说了一句"这球踢得还不错，有水平"；而赵翔则始终沉默不语，会心一笑。

问题：（1）请指出这四个人的气质类型。

（2）请说明四种气质类型的特征。

（3）请说明教师了解学生气质类型在教育教学中的意义。

【参考答案】

（1）四个人的气质类型分别是：肖平是胆汁质，王东是多血质，高力是黏液质，赵翔是抑郁质。

（2）胆汁质的特征：直率热情、精力旺盛、表里如一、刚强，但暴躁易怒、脾气急、易感情用事、好冲动。

多血质的特征：活泼好动、反应迅速、热爱交际、能说会道、适应性强，但稳定性差、缺少耐性、见异思迁，具有明显的外向倾向。

黏液质的特征：安静稳重踏实、反应性低、交际适度、自制力强、话少，表现出内倾性，同时可塑性差，有些死板，缺乏生气。

抑郁质的特征：有些孤僻、不善交往，易多愁善感，反应迟缓，适应能力差，容易疲劳，性格具有明显的内倾性。

(3) 气质在个体心理活动和行为方式中,起着一定的作用,它影响着个体活动各方面的发生和发展。了解学生的气质特征和气质类型,对于人才培养和学生身心健康发展都有重要作用。

首先,不同气质类型的学生有各自的特点,作为教师应了解并有针对性地因材施教。每一种气质都存在向某些积极或消极性格品质发展的可能,作为教师在教育学生过程中不应刻意改变学生气质,而是要注意帮助各种气质类型的学生,发展积极品质而克服消极品质。

其次,针对不同气质类型的学生特点,可以分别采取各种相适应的教育措施,帮助学生克服消极因素,形成良好品格。教师在了解学生气质类型的基础上,要注意从学生的气质出发,进行教育。

对胆汁质的学生进行具有说服力的严厉的批评,可以促使他们遵守纪律,约束自己的任性行为,但不能激怒他们,在日常工作学习中要去锻炼他们的自制力,沉着冷静地对待事物。

对于多血质的学生,可交给他们更多的任务,让他们有机会参加更多的活动,在活动中磨炼他们的意志的坚韧性、情绪的稳定性。

对于黏液质的学生需要更耐心地进行教育,指出他们的缺点和错误时应给予他们更多的思考时间,才能使他们逐步认识自己的问题所在。

对于抑郁质的学生则需要给予更多的关怀和照顾,不宜在公开场合批评他们,要鼓励他们参加公开活动的勇气。

最后,教师只有将不同气质类型的学生区别对待,一把钥匙开一把锁,才能使不同气质类型学生的优势都得到充分发挥,使学生乐于学习,充分发挥自身的潜力,达到自我实现,这才是我们教育的最终目的。

【典型真题】液体智力属于人类的基本能力,它受文化教育的影响较大。

【参考答案】错误。

液体智力也叫流体智力,是一种以生理为基础的认知能力,凡是新奇事物的快速辨识、记忆、理解等能力,比如记忆广度等,在性质上即属流体智力。其特征是,对不熟悉的事物,能以迅速准确的反应来判断彼此间的关系。一般人在 20 岁后,流体智力的发展达到顶峰,30 岁以后将随年龄的增长而降低。此外,心理学家也发现,流体智力属于人类的基本能力,受教育、文化的影响较少。因此,在编制适用于不同文化的文化公平测验时,多以流体智力作为智力比较的基础。

考点5 中学生的认知发展

一、中学生认知发展概述

(一) 中学生注意发展的特点

中学生的注意目的性逐渐增强并趋于成熟;有意注意在学习、生活中发挥重要作用,无意注意进一步得到深化并达到成人水平;注意品质不断改善。

1. 注意稳定性提高,但发展速度相对较慢

注意稳定性不良在小学生中是普遍现象,这是由于他们容易受到外界刺激和自身兴趣的左右。随着意志力的发展,中学生控制自己注意的能力显著增强,注意的稳定性得到了迅速的提高。

2. 注意广度接近成人

注意的广度除了与注意对象的特点和性质有关外,主要取决于个人的知识经验。中学生随着学习的不断深入、生活经验的丰富和见识的增长,注意的广度也有了长足的提高。13 岁儿童的注意广度已接近成人。

3. 注意分配能力还不够成熟

个体的注意分配能力发生较早，但发展较为缓慢。基于对学生注意分配能力的考虑，在教学活动中，老师不要求初中生记笔记，对高中生只要求记讲课要点。

4. 注意转移能力缓慢增长

注意转移的能力是随个体大脑神经系统内抑制能力、第二信号系统的发展而得以迅速发展的。研究表明，注意转移发展的趋势是小学二年级至初中二年级是迅速增长期，初中二年级至高中二年级是发展的停滞期，高中一年级到大学二年级是缓慢增长期。

（二）中学生感知发展的特点

1. 感觉的发展

（1）感受性和观察力进一步发展。

青少年的视觉感受性在不断提高，精确区分各种颜色和色度的能力也在不断增强。

（2）各种感觉能力接近甚至超过成人水平。

研究表明，初中生区分各种色度的能力比小学生高出 60％以上。15 岁前后，视觉和听觉感受性甚至会超过成人。

2. 知觉的发展

（1）知觉的有意性和目的性提高。

（2）知觉的精确性和概括性开始发展。

（3）少年期学生开始出现逻辑知觉。这种知觉是和逻辑思维密切联系的，即在知觉过程中，能够把一般原理、规则和个别事物或问题联系起来。

（4）初中阶段，少年期学生的空间和时间知觉有了新的发展。

（三）中学生记忆发展的特点

（1）记忆的容量日渐增大，短时记忆广度接近成人。

（2）对直观形象的材料记忆要优于抽象材料，对图形记忆要优于词语。

（3）有意记忆逐渐占主导地位，能够学会依据不同的教材内容，由自己提出恰当的记忆任务，主动选择良好的记忆方法。

（4）理解记忆成为主要记忆手段。

（5）抽象记忆逐渐占据主导地位。

（四）中学生思维发展的特点

1. 抽象逻辑思维逐渐处于主导地位，并随着年龄的增长日趋成熟

在初中阶段，抽象逻辑成分已经在一定程度上占有相对优势，但在很大程度上还属于经验型，即思维活动在许多情况下还受到具体的、直观的感性经验的直接支持。只有到了高中阶段，思维才能逐步摆脱经验的限制，从而可以根据理论来进行逻辑推理，达到"理论型"。

2. 形式逻辑思维逐渐发展

形式逻辑思维在高中阶段处于优势，主要表现在概念、推理和逻辑法则等的应用能力上。

3. 辩证逻辑思维迅速发展

发展趋势是：初一年级学生已经开始掌握辩证逻辑的各种形式，但水平较低；初中三年级学生的辩证逻辑思维则处于迅速发展阶段，是一个重要的转折时期；高中学生的辩证逻辑思维已趋于优势的地位，他们已经能够多层次地看待问题，理解一切事物都处于相互制约、互相联系或是对立统一的关系之中。

（五）中学生智力发展的特点

1. 智力水平得到飞跃性提高，智力发展进入关键期

随着年龄增长、体内机能增强、社会实践增加，记忆力和想象力同步发展，使得整个智力水平都得到飞跃式的提高。有关研究表明，初中二年级到高中二年级是中学生智力发展的关键期。

2. 智力基本达到成熟

关于智力发展的限度问题，目前还没有一个十分可靠的结论，但有一点是清楚的，那就是人到18岁左右，智力已达到成熟时期的水平。此后，随着知识经验的增长，总的智力能量不会有显著增长。

3. 各方面智力发展不等速，并存在个体差异

总体而言，个体的智力因素中，言语发展较晚，到20岁以后达到高峰；逻辑思维能力是智力的核心，于18岁之后达到顶峰；知觉发展较早，12岁左右达到高峰。不同个体智力发展的速度和达到顶峰的时间也存在巨大差异，有早慧型，有晚熟型。

二、中学生认知发展阶段与教育

（一）皮亚杰的认知发展理论

1. 皮亚杰的发生认识论

皮亚杰的认知发展理论的核心是"发生认识论"，具体可参见模块四的相关内容。

2. 儿童认知发展的四个阶段

关于认知发展问题，皮亚杰认为认知发展是一种建构的过程，在个体与环境的相互作用中实现的，从而表现出按不变顺序相继出现的四个阶段。每一个阶段有它主要的行为模式；其中，每一个阶段都是一个统一的整体。他将个体的认知发展分为四个阶段。

阶段	年龄	特征
感知运动阶段	0～2岁	主要特征是感觉和动作的分化，仅靠感觉和动作适应外部环境，应付外界事物。 认知特点： （1）通过探索感知与运动之间的关系来获得动作经验； （2）低级的行为图式； （3）获得了客体的永恒性（9～12个月）。
前运算阶段	2～7岁	1. "万物有灵论"（泛灵论）； 2. 一切以自我为中心； 3. 思维具有不可逆性、刻板性； 4. 没有守恒概念； 5. 做出判断时只能运用一个标准或维度。
具体运算阶段	7～11岁	1. 去自我中心； 2. 这个阶段的标志是守恒观念的形成（守恒性）； 3. 具体逻辑思维； 4. 理解原则和规则，但只能刻板遵守规则，不敢改变； 5. 思维具有可逆性（儿童思维发展的最重要特征）。
形式运算阶段	11～16岁	1. 能理解命题之间的关系； 2. 能够根据逻辑推理、归纳或演绎方式来解决问题； 3. 能够理解符号意义、隐喻和直喻，能作一定的概括； 4. 思维具有可逆性、补偿性和灵活性。

3. 影响发展的因素

（1）成熟，指机体的成长，特别是指神经系统和内分泌系统的成熟。

（2）练习和经验。皮亚杰把经验区别为物理经验和逻辑数理经验两种。

（3）社会性经验，指社会环境中人与人之间的相互作用和社会文化的传递。

（4）具有自我调节作用的平衡过程。皮亚杰认为，具有自我调节作用的平衡过程是智力发展的内在动力。

4. 皮亚杰认知发展理论的教育价值

（1）充分认识儿童不是"小大人"是教育获得成功的基本前提。

从思维方面讲，儿童对问题的解决，最初是依赖先天图式，到感知运动阶段末期，出现动作思维的萌芽。

从言语方面来说，儿童在感知运动阶段的末期，才出现了言语的萌芽。自我中心的语言有三种表现形式：重复、独白、集体独白。

（2）遵循儿童的思维发展规律是教育取得成效的根本保证。

儿童智力发展不仅是渐进的，而且是遵循一定顺序的。每个阶段是不可逾越的、不可颠倒的，前一阶段总是后一阶段发展的条件。因此，教育必须遵循这一规律。

（二）维果茨基的相关理论

维果茨基，苏联心理学家。他强调人类社会文化对人的心理发展的重要作用，认为人的高级心理机能是在人的活动中形成和发展起来并借助语言实现的。

1. 维果茨基发展观的基本内容

（1）文化历史发展理论——用以解释人类心理本质上和动物不同的高级心理机能。

（2）教育和发展的关系。

在教学与发展上，维果茨基提出了三个重要的问题：一个是"最近发展区"思想；一个是教学应当走在发展的前面；一个是关于学习最佳期限问题。

维果茨基认为，儿童有两种发展水平：一是儿童的现有水平，即由一定的已经完成的发展系统所形成的儿童心理机能的发展水平；二是即将达到的发展水平。这两种水平之间的差异就是最近发展区。也就是说，儿童在有指导的情况下，借助成人帮助所能达到的解决问题的水平与独自解决问题所达到的水平之间的差异，实际上是两个邻近发展阶段间的过渡。

教学应着眼于学生的最近发展区，把潜在的发展水平变成现实的发展水平，并创造新的最近发展区。维果茨基特别提出："教学应当走在发展的前面"。

教学的作用表现在两个方面：一方面决定着儿童发展的内容、水平和速度等；另一方面也创造着最近发展区。

（3）心理发展观。

心理发展是个体的心理自出生到成年，在环境与教育的影响下，在低级心理机能基础上，逐渐向高级机能转化的过程。

（4）内化学说。

维果茨基的内化学说的基础是他的工具理论。具体地说，在儿童认知发展的内化过程中，语言符号系统的作用是至关重要的。

2. 维果茨基的发展理论对教学的影响

首先，维果茨基认为，心理发展是一个量变与质变相结合的过程，是由结构的改变，到最终形成新质的意识系统的过程；

其次，维果茨基强调活动，认为心理结构是外部活动内化的结果；

最后，维果茨基强调内部心理结构，认为新知识必须在旧知识的基础上建构。

维果茨基的思想体系是当今建构主义发展的重要基石，其中值得注意的是支架式教学。

这种教学方式的要点在于：首先，强调在教师指导的情况下学生的发展活动；其次，教师指导成分将逐渐减少，最终要使学生达到独立发现的水平，将监控学习和探索的责任由教师向学生转移。维果茨基的理论对于合作学习、情境学习等教学模式也有一定的指导性。

【典型真题】人的高级心理机能是在一定社会历史文化背景下，借助语言，通过人与人的社会交往而形成的，持这种观点的心理学家是（　　）。

A. 维果茨基　　　　　B. 乔姆斯基　　　　　C. 巴甫洛夫　　　　　D. 弗洛伊德

【答案】A

【解析】题干中表述的观点是由维果茨基提出的文化历史发展观。

【典型真题】学生的实际发展水平在成人的指导下可以达到水平之间的差距，维果茨基称之为（　　）。

A. 教学支架　　　　　B. 最近发展区　　　　　C. 先行组织者　　　　　D. 互相协助

【答案】B

【解析】维果茨基的"最近发展区"理论指学生实际发展水平与成人指导下达到的水平之间的差距，故选B。

【典型真题】赵明能够根据 A＞B，B＞C，则 A＞C 的原理，推出 A、B、C 的关系，根据皮亚杰的认知发展理论，赵明的认知发展处于哪个阶段？（　　）

A. 感知运动阶段　　　　B. 前运算阶段　　　　C. 具体运算阶段　　　　D. 形式运算阶段

【答案】D

【解析】形式运算阶段的儿童思维最大的特点是已经摆脱了具体可感知事物的束缚，使形式从内容中解脱出来，这个时期的儿童能根据假设进行推理。

【典型真题】中学生晓波通过物理实验发现，钟表的摆动幅度不取决于钟摆的材料或重量，而是取决于钟摆的长度。根据皮亚杰的认识发展阶段理论，晓波的认知发展水平已达到（　　）。

A. 感知运动阶段　　　　B. 前运算阶段　　　　C. 具体运算阶段　　　　D. 形式运算阶段

【答案】D

【解析】能够经过试验推理从而得出结论，属于形式运算阶段。故选D。

模块六　中学生心理辅导

考纲呈现

1. 了解心理健康的标准，熟悉中学生常见的心理健康问题，包括抑郁症、恐怖症、焦虑症、强迫症、网络成瘾等。

2. 理解心理辅导的主要方法，包括强化法、系统脱敏法、认知疗法、来访者中心疗法、理性-情绪疗法等。

复习导引

中学生正处在青春期发展的关键时期，身心都发生着巨大的变化。青春期的学生有了自我想法与主见，逐渐向成年人的方向转变。教师在学生青春期过程中应该深入了解学生心理，通过心理健康标准去衡量学生心理发展情况。当学生心理出现问题时，教师要运用科学与正确的方法去调试学生心理，做好中学生的心理辅导。

就考试本身而言，中学生心理辅导所考知识多集中在中学生常见心理健康问题，即出现了问题需用何种方法来解决学生的心理健康问题，故需要熟知心理健康的常见解决方法，题型通常是选择题、简单题及材料分析题。

知识架构图

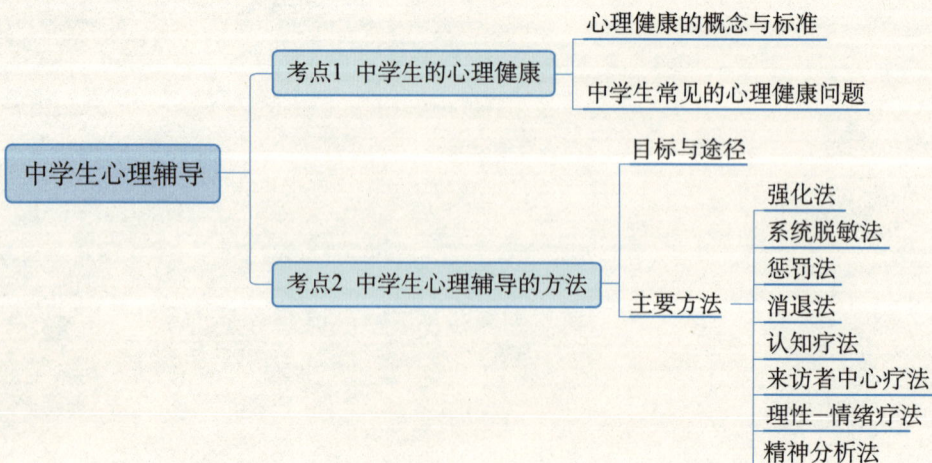

考点 1　中学生的心理健康

一、心理健康的概念

世界卫生组织提出："健康不仅是躯体没有疾病，还要心理健康、社会适应良好和有道德。"健康包括身体健康、心理健康、道德健康和良好的社会适应能力。如果个体能够适应发展着的环境，具有完善的个性特征；认知、情绪反应、意志行为均处于积极状态，并能保持适当的调控能力；在生活中，能够正确认识自我，自觉控制自己，正确对待外界影响，使心理保持平衡协调，就已具备了心理健康的基本特征。

二、心理健康的标准

(1) 具有充分的适应力；

(2) 能充分地了解自己，并对自己的能力做出适当的评价；

(3) 生活的目标切合实际；

(4) 不脱离现实环境；

(5) 能保持人格的完整与和谐；

(6) 善于从经验中学习；

(7) 能保持良好的人际关系；

(8) 能适度地发泄自己的情绪和控制自己的情绪；

(9) 在不违背集体利益的前提下，能够有限度地发挥个性；

(10) 在不违背社会规范的前提下，能够恰当地满足个人的基本需求。

三、中学生常见的心理健康问题

（一）焦虑症

焦虑症是以与客观威胁不相适合的焦虑反应为特征的神经症。通常表现为紧张不安，忧心忡忡，注意力很难集中，对轻微刺激作过度反应，难以做决定；与之伴随的心理表现为心跳加快、出汗、肌肉持续性紧张、尿频尿急、睡眠障碍等。

学生焦虑症状产生的原因主要是学校的统考，升学的、持久的、过度的压力；家长对子女过高的期望；学生个人过分地争强好胜；学业上多次失败的体验等。通常采用肌肉放松、系统脱敏方法来缓解、解决焦虑症，教师要善用自我认知疗法，指导学生在考试中使用正向自我对话。

（二）抑郁症

抑郁症是以持久性的情绪低落为特征的神经症。症状表现为心理上的情绪消极、淡漠，缺乏热情，失去满足感，有时则表现为消极的认知倾向，低自尊、无能感与无助感；生理上的疲劳、失眠、食欲不振等。该病症多由心理原因造成。

通常要注意给当事人以情感支持和鼓励；以坚定而温和的态度激励学生积极行动起来，从生活与工作中体验成就感与满足感，同时也可采用行为认知疗法，改变当事人原有的成败归因模式；必要时服用抗抑郁药物可以缓解症状。

（三）强迫症

强迫症即强迫性神经症，是一种常见的神经官能症。大多数人都有过强迫观念或者强迫行为，但是只有当它干扰了正常的学习、工作和生活时，才能被称为神经症。诱发原因之一为社会心理原因，如学习压力较大、学习困难、家庭要求严格等；原因之二为个人原因，如胆小怕事、优柔寡断、偏执刻板等。

强迫症最常用的治疗方法为森田疗法。森田理论引导人们把强迫观念或行为等当作人的一种自然的状态来顺其自然地接受与接纳它，不要当作异物去拼命地想排除它，否则，就会由于"求不可得"而引发思想矛盾和精神交互作用，导致内心世界的激烈冲突。治疗强迫行为另一种有效的方法是"暴露与阻止反映"，这种方法也被心理学界广泛使用。

(四) 恐怖症

恐怖症是以恐怖症状为主要表现的一种神经症。当事人对某些特定的对象或处境产生强烈和不必要的恐惧情绪，生理伴有明显的焦虑及自主神经症状，并主动采取回避的方式来解除这种不安。当事人明知恐惧情绪不合理、不必要，但却无法控制，以致影响其正常活动。恐惧的对象可以是单一的或多种的，如动物、广场、闭室、登高或社交活动等。恐怖症以青年期与老年期发病者居多，女性更多见。

恐怖症多由遗传、个人因素及社会因素导致，通常采用行为疗法或认知行为疗法。认知行为疗法是治疗恐怖症的首选方法。认知行为治疗在调整患者行为的同时，强调对患者不合理认知的调整，效果更好。尤其对社交恐怖症患者，其歪曲的信念和信息处理过程使得症状持续存在，纠正这些歪曲的认知模式是治疗中非常关键的内容。

(五) 网络成瘾

网络成瘾，又称网络成瘾综合征，临床上是指由于患者对互联网过度依赖而导致的一种心理异常症状以及伴随的一种生理性不适。导致当事人出现该情况多由个人、家庭及社会因素影响等，常用的解决方法有：

(1) 当事人本身可采用行为疗法，通过控制上网时间和次数，形成良好的上网习惯。

(2) 教师可采用认知疗法，针对网络成瘾问题本身及背后的问题，如学业不良、自卑心理、人际交往障碍等，探讨如何正确使用互联网，减少网络成瘾的危害。

(3) 由于家庭功能失调造成的网络成瘾，可通过调整家庭成员间的关系，营造良好的家庭氛围，为矫正网络成瘾提供条件。

四、压力与挫折

(一) 压力

1. 压力的含义

压力通常是指由于刺激引起，伴有躯体技能以及心理活动改变的一种身心状态。

2. 压力的种类

(1) 躯体性压力：躯体直接发生刺激作用造成的身心紧张状态。

(2) 心理性压力：指来自人们头脑中的紧张性信息，如心理冲突与挫折、不切实际的期望。

(3) 社会性压力：个人生活方式的变化，并要求人们对其做出调整和适应的情境与事件。如从一种语言或文化，进入另一种环境，面临新的生活环境方式。

3. 压力的调节方法

(1) 了解自己的能力，制定合理的目标。

(2) 劳逸结合，积极休息，培养兴趣爱好。

(3) 加强体育锻炼，生活有规律。

(4) 积极面对人生，自信豁达，知足常乐。

(5) 改变不合理观念，通过有意地改变自己的内部语言来改变不适应状况。

（二）挫折

1. 挫折的含义

（1）挫折情境：导致个体确定的目标不能实现的干扰事件，或阻碍达到目的的行动条件以及情境等。

（2）挫折认知：对挫折情境的认识、态度、评价与解释状况。

（3）挫折反应：伴随着挫折认知产生的情绪和行为反应。

2. 挫折的应对

教师通过有意识的辅导，帮助学生掌握积极适应挫折的方法和技术。

（1）升华。指心理欲望从社会不可接受的方向转向社会可接受方向的过程。

（2）补偿。指个人所追求的目标，理想受到挫折，由于本身缺陷而达不到目标时，用另一种目标替代来弥补，从而减轻心理的不适感。

（3）幽默。个体遇到挫折，处境困难时，用一种机智、诙谐、自嘲等语言，化解困难，摆脱内心的失衡状态。

（4）合理的宣泄。创设一种情景，使受挫折者能自由抒发受压抑的情绪。

（5）认同。一个人以各种各样的方式建立与另一个人或一个目标的同一性。

（6）认知改变。个体对挫折情境的认知评价如何，直接影响挫折感的是否产生。

【典型真题】某生近期情绪低落、思维迟缓、活动减少，容易自我否定甚至产生自杀念头。他的主要问题是（　　）。

A. 焦虑症　　　　　B. 强迫症　　　　　C. 抑郁症　　　　　D. 恐怖症

【答案】C

【解析】抑郁症是以持久的心境低落为特征的神经症，表现是情绪消极、悲观、颓废，淡漠，认知倾向消极、缺乏动机、热情，悲观厌世，甚至会有自杀的企图或行为。题干中该生的心理问题符合抑郁症的表现，故选C。

【典型真题】小燕近期非常苦闷，一提到学习就心烦意乱、焦躁不安，对老师有抵触情绪，成绩也明显下降。小燕存在的心理问题是（　　）。

A. 焦虑症　　　　　B. 神经衰弱症　　　　C. 强迫症　　　　　D. 抑郁症

【答案】A

【解析】焦虑症是以与客观威胁不相适合的焦虑反应为特征的神经症。小燕一提到学习就心烦意乱、焦躁不安，对老师有抵触情绪，这都是焦虑症的表现。

【典型真题】简述压力产生的来源。

【参考答案】

压力是人们对刺激产生的一种心理与生理上的综合感受。压力的来源主要有以下几方面：

心理压力源：

（1）认知：信息太多或太少，目标模糊、不确定，时间紧，难以选择或没有选择等，都会导致压力的产生。

（2）情绪：恐惧、焦虑、悲伤、愤怒、厌倦等情绪也会导致压力。

（3）人格因素：易敏型人格或抑郁型人格容易产生压力。

生理压力源：

（1）生理性：睡眠缺乏、疲劳等。

（2）环境：噪声污染、空气污染、过度拥挤等。

社会压力源：

（1）社会、科技的飞速发展，剥夺了个性的发展。

（2）家庭压力：家庭成员之间缺乏交流沟通等。

（3）工作压力：职业发展、人际沟通、人际相处等。

【典型真题】 汪娟最近有一个毛病，写作业时总觉得不整洁，擦了写，写了擦，反反复复。她明知这样做没有必要，就是控制不住，她可能出现了（　　）。

A. 抑郁症　　　　　　B. 焦虑症　　　　　　C. 强迫症　　　　　　D. 恐怖症

【答案】 C

【解析】 强迫症包括强迫观念和强迫行为，指当事人反反复复地去做自己并不希望执行的动作，倘若不这样想、不这样做，他就会感到极端焦虑、惴惴不安。

【典型真题】 孙斌经常想："人为什么是两条腿"，一天想好几次，明知没有必要却又无法控制，以致影响学习和生活，他的心理问题属于（　　）。

A. 强迫症　　　　　　B. 焦虑症　　　　　　C. 抑郁症　　　　　　D. 恐怖症

【答案】 A

【解析】 强迫症包括强迫观念和强迫行为，孙斌无法控制自己思考无意义的问题属于强迫观念。

考点 2　中学生心理辅导的方法

一、心理辅导的目标与途径

心理辅导是指心理辅导者与受辅导者之间建立起一种具有咨询功能的融洽关系，以帮助来访者正确认识自己、接纳自己，进而欣赏自己，并克服成长中的障碍，改变不良意识和倾向，充分发挥个人潜能，迈向自我实现的过程。

心理辅导的目标有两个：一是学会调适；二是寻求发展。

在学校开展心理健康教育有以下几条途径：（1）开设心理健康教育有关课程；（2）开设心理辅导活动课；（3）在学科教学中渗透心理健康教育的内容；（4）结合班级、团队活动开展心理健康教育；（5）个别心理辅导或咨询；（6）小组辅导。

二、心理辅导的主要方法

（一）强化法

强化法又称"操作条件疗法"，是应用操作性条件反射原理，矫正不良行为，训练与建立良好行为。具体操作方法为每当学生出现所期望的心理与目标行为，或者在一种符合要求的良好行为之后，采取奖励办法立刻强化，以增强此种行为出现的频率。

（二）系统脱敏法

系统脱敏法的创立者是南非的精神病学家沃尔普，这种方法主要用于当事人在某一特定的情境下产生的超出一般紧张的焦虑或恐怖状态。

系统脱敏法包含三个步骤：一是建立焦虑层次（从最轻微的焦虑到引起最强烈的恐惧依次安排）；二是训练来访者松弛肌肉；三是让来访者在肌肉松弛的情况下，从最低层次开始想象产生焦虑的情境，这样直到来访者能从想象情境转移到现实情境，并能在原引起恐惧的情境中保持放松状态，焦虑情绪不再出现为止。

（三）惩罚法

惩罚的作用是消除不良行为。惩罚有两种：一是在不良行为出现后，呈现一个厌恶刺激（如否定评定、给予处分）；二是在不良行为出现时，撤销一个愉快刺激。

（四）消退法

消退法指通过停止对某不良行为的强化，使该行为逐渐消失的一种行为治疗方法。该方法包括两个特征：一是行为之后停止维持该行为强化物的供给；二是降低该行为出现的频度。

（五）认知疗法

认知疗法是根据认知过程影响情感和行为的理论假设，通过认知和行为技术来改变患者的不良认知的一类心理治疗方法的总称。

认知疗法的基本观点：认识过程及其导致的错误观念是行为和情感的中介，适应不良的情感和行为与适应不良的认知有关。所谓不良的认知，即不合理的、歪曲的、消极的信念和想法。

认知疗法的四个基本辅导过程是：

第一，建立求助的动机。

第二，适应不良认知的矫正。

第三，在处理日常生活问题的过程中，将新的认知模式应用到社会情境之中。

第四，改变有关自我的认知。

（六）来访者中心疗法

来访者中心疗法是由美国心理学家罗杰斯创立的。此方法是人本主义心理疗法的主要代表。来访者中心疗法是通过为来访者创造无条件支持与鼓励的氛围使来访者能够深化自我认识、发现自我潜能并且回归本我，来访者通过改善"自我"或自我意识来充分发挥积极向上的、自我肯定的、自我实现的和无限成长的潜力，以改变不良行为，矫正自身的心理问题。其实质是帮助来访者去掉那些用于应付生活的面具，从而恢复真实的自我。

来访者中心疗法具有同其他疗法不同的特点，主要体现在以下几方面：

（1）充分相信人的潜力，认为来访者有能力找出更好的应付现实生活的方法，无须治疗者来干涉。强调只有来访者本人最了解自己，只有他自己才能找到什么是更适当的行为。

（2）在治疗过程中，咨询员不是指导者，也不是权威或专家，而是一个有专业知识的伙伴或朋友。在与来访者谈话时，咨询员要以热情的态度倾听，不打断、不解释，不把自己的观点强加给对方，也不妄加评论，只是对来访者的发言表示兴趣、理解和耐心。也就是说，应把主动权交给来访者，以来访者为核心。

（3）强调咨询员与来访者之间应建立融洽的关系。这种关系是最重要的。咨询员应创造一个真诚、温暖和理解的咨询氛围。在这种氛围里，没有人告诉来访者做什么，没有人对来访者干扰和控制，只有咨询员的温暖、关怀和理解，使来访者感到轻松、自由、安全，可以将内心的忧虑和痛苦一吐为快。

（4）在整个治疗过程中咨询者不给予指导，这也是来访者中心疗法与其他心理疗法最根本的区别。也就是说，咨询员不要代来访者作决定；也不确定下一步该讨论什么，讨论的主题是什么；不解释和分析来访者的谈话，也不指出他存在的问题。咨询员可以作情感反应和内容反应，具体方法是重述来访者说话的要点，鼓励来访者继续说下去。

（5）关于咨询的内容，不是把重点放在来访者的过去，不一定要追究来访者的病史，而是直接处理来访者现在的情况，尤其是当前的情绪困扰。

（6）成功的咨询表现为来访者生活能力不断提高，能妥善处理生活中的问题；缓解了情绪困扰与内心的紧张和焦虑；变得更有信心；与他人的关系更融洽，行为也更成熟。此外，来访者的心理适应能力也增强了，能勇敢面对困难与挫折。

（七）理性-情绪疗法

心理学家艾里斯曾提出理性-情绪疗法。艾里斯认为，人的情绪是由人的思想决定的，合理的观念导致健康的情绪，不合理的观念导致负向的、不稳定的情绪，即人的行为的 ABC 理论。

A：A 是指诱发性事件，即个体遇到的主要事实、行为、事件。

B：个体对 A 的信念、观点，即个体在遇到诱发事件之后相应而生的信念。

C：事件造成的情绪结果，即在特定情景下，个体的情绪及行为的结果。

ABC 理论指出，诱发性事件 A 只是引起情绪及行为反应的间接原因；而人们对诱发性事件所持的信念、看法、解释才是引起人的情绪及行为反应的更直接的起因。用积极、现实的合理信念替代绝对化的非理性信念是调节不良情绪和行为的关键。在理性-情绪疗法中一般采取下列步骤来实施这一改变过程：确认产生烦恼的事件；回顾事件发生时自己的每一个念头，看看它们是如何影响自己的，从中找出不合理的信念；用积极、现实的陈述抵抗不合理、消极的信念。

（八）精神分析法

精神分析取向心理治疗或称精神动力取向心理治疗，指的是建立在精神分析理论上的心理治疗方法，聚焦于对来访者的无意识心理过程进行分析，探讨这些无意识因素是如何影响来访者目前的关系、行为模式和心理状态的。通过对来访者生活历史的探索，探讨来访者是如何经历既往的人生而发展变化，帮助来访者更好地应对当下的成人生活。

精神分析法是通过自由联想、移情、对梦和失误的解释等来治疗和克服婴儿期的动机冲突带来的影响的一种方法。

【典型真题】学生张亮在课堂上出现怪异行为时，老师和同学都不理睬。他的这种行为便逐渐减少了，这种行为矫正法称为（　　）。

A. 强化法　　　　　B. 系统脱敏法　　　　C. 消退法　　　　　D. 惩罚法

【答案】C

【解析】对于产生的行为不予处理，该行为会逐渐消失，这样的方法叫作消退法。

【典型真题】心理辅导老师通过帮助李晓明建立焦虑等级，让他想象引起焦虑的情境，进行放松训练，从而缓解他的考试焦虑。这种心理辅导的方法是（　　）。

A. 强化法　　　　　　　　　　　B. 系统脱敏法

C. 理性-情绪疗法　　　　　　　　D. 来访者中心疗法

【答案】B

【解析】系统脱敏法主要是诱导求治者暴露出导致神经症焦虑和恐惧的情境，并通过心理的放松状态来对抗这种焦虑和恐惧的情绪，从而达到消除焦虑和恐惧的目的。

模块七　中学德育

考纲呈现

1. 了解品德结构，理解中学生品德发展的特点。

2. 理解皮亚杰和柯尔伯格的道德发展理论，理解影响品德发展的因素，掌握促进中学生形成良好品德的方法。

3. 熟悉德育的主要内容，包括爱国主义和国际主义教育、理想和传统教育、集体主义教育、劳动教育、纪律和法制教育、辩证唯物主义世界观和人生观教育等。

4. 熟悉和运用德育过程的基本规律（包括德育过程是具有多种开端的对学生知、情、意、行的培养提高过程；德育过程是组织学生的活动和交往，对学生多方面教育影响的过程；德育过程是促使学生思想内部矛盾运动的过程；德育过程是一个长期的、反复的、不断前进的过程），分析和解决中学德育实际中的问题。

5. 理解德育原则，掌握和运用德育方法，熟悉德育途径。

6. 了解生存教育、生活教育、生命教育、安全教育、升学就业指导教育等的意义及基本途径。

复习导引

德育内容的考查是每年考试中的重中之重，在过往考试中，选择、简答、辨析、材料分析题型中都曾出现过，所以各位同学务必谨慎对待。在德育整个大知识点中，同学们务必掌握德育的规律、原则和方法，必须熟悉这三者的含义，并且掌握如何在实际教育生活中运用或进行评价案例，这样才能保证在考试中不丢分。

知识架构图

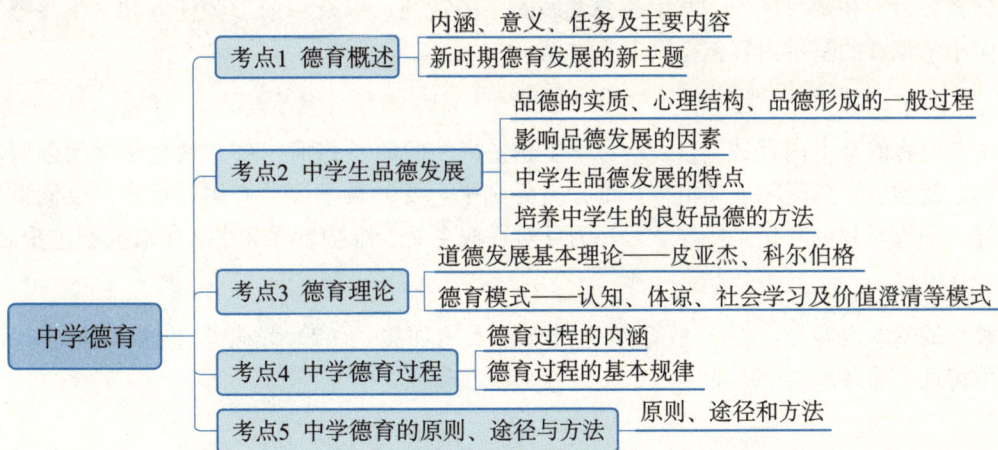

考点 1 德育概述

一、德育的内涵

广义的德育是指有目的、有计划地对社会成员在政治、思想与道德等方面施加影响的活动。在我国，德育一词涵盖的范围甚广，依据教育的基本实践，一般认为德育的组成部分包括四个基本方面，即政治教育、思想教育、法纪教育和道德品质教育。

狭义的德育专指学校德育，指教育者培养受教育者品德的活动。具体来说，它指的是教育者根据一定社会的道德要求和受教育者的个体需要及品德形成规律，有目的、有计划、有系统地对受教育者施加影响，并通过受教育者积极主动的内化与外化，促进其养成一定思想品德的教育活动。简言之，德育即思想品德教育，是将社会道德转化为学生个体思想品德的教育活动。

二、德育的意义

(1) 德育工作是社会主义精神文明建设的重要组成部分。

(2) 德育工作是青少年一代健康成长的需要。

(3) 德育是人的全面发展教育的重要组成部分。

(4) 德育是实现教育目的的条件和保障。

三、德育的任务

德育任务是指学校为实现德育目标应肩负的工作职责。根据《中学德育大纲》和《小学德育纲要》的有关规定，中小学德育主要有以下几方面的任务：

(1) 培养学生初步树立坚定正确的政治方向。

(2) 引导学生逐步树立科学世界观和人生观。

(3) 逐步使学生养成社会主义的基本道德、法纪观念和文明行为习惯。

(4) 培养学生具有一定的品德能力和品德心理。

四、德育的主要内容

德育内容具体规定学生发展的政治方向和应掌握的思想观点与道德规范。学校德育内容的确定，主要是依据教育目的和德育任务、学生品德发展的年龄特征，以及当前形势任务和学生品德实际等因素。我国中小学德育的基本内容包括以下几方面：

(一) 爱国主义教育

爱国主义教育的基本内容是：(1) 培养学生热爱祖国的深厚感情。(2) 教育学生增强国家和民族的意识。(3) 使学生发扬国际主义精神，维护世界和平，要教育学生关心国际形势，要同世界各国人民和平友好、平等互利，互相支持与学习，为反对霸权主义、维护世界和平、争取人类进步而斗争。

(二) 理想教育

理想教育的基本内容是：(1) 教育学生树立远大的理想。(2) 教育学生继承和发扬革命传统。(3) 使学生将远大的理想与个人的学习、实践紧密联系起来。

（三）集体主义教育

集体主义教育的基本内容是：（1）培养学生具有为人民服务的思想；（2）教育学生关心、热爱集体；（3）培养学生善于在集体中生活和工作的习惯。

（四）劳动教育

我国是社会主义国家，人民当家做主，劳动是每一个公民的权利和义务。劳动教育的基本内容是：（1）教育学生认识劳动的伟大意义；（2）教育学生勤奋学习，树立爱科学、学科学的良好风气；（3）教育学生正确对待升学和就业。

（五）自觉纪律教育

不同社会有不同的纪律，社会主义社会实行的是自觉纪律。自觉纪律教育的基本内容是：（1）提高学生对自由与纪律的认识。（2）教育学生严格执行纪律要求，养成遵守纪律的习惯。

（六）民主和法制教育

从根本上说，资产阶级民主是为维护资本主义制度服务的，社会主义是为实现人民当家做主，将把民主推向新的历史高度。民主和法制教育的基本内容是：（1）培养学生的民主思想和参与意识。（2）要求学生掌握法律常识，严格遵纪守法。

（七）科学世界观和人生观教育

科学世界观和人生观教育的基本内容是：（1）对学生进行辩证唯物主义和历史唯物主义基本观点教育。（2）教育学生认识人生的崇高目的和意义。

（八）人道主义和社会公德教育

人道主义和社会公德教育的基本内容是：（1）教育学生发扬社会主义人道主义精神。（2）培养学生的文明行为。（3）帮助学生养成良好的品质。

五、新时期德育发展的新主题

（一）生命教育

1. 生命教育的含义

生命教育有广义与狭义两种：狭义的生命教育指的是对生命本身的关注，包括个人与他人的生命，进而扩展到一切自然生命。广义的生命教育是一种全人的教育，它不仅包括对生命的关注，而且包括对生存能力的培养和生命价值的提升。

2. 生命教育的基本途径

生命教育应该渗透到学校所有教育教学活动中，主要采用六条途径来开展：学科教学、专题教育、课外活动、教师培训、家庭教育和社会教育。

（1）学科教学中渗透生命教育。

在显性学科如自然、社会、思想品德、体育、健康教育等学科中，开展生命知识和生命伦理的教育。在隐性学科如地理、生物、语文、音乐、美术等学科中，挖掘生命教育的元素，有机融入生命教育。

（2）专题教育中融合生命教育。

在学校开展的青春期教育、心理教育、安全教育、健康教育、环境教育、法制教育、禁毒和预防艾滋病教育等专题教育中，全面融合生命教育，从关爱生命的视角将各种教育内容进行整合，将科学精神和人文精神相结合，赋予各种教育和管理以人文关怀。

（3）课外活动中实践生命教育。

课外活动主要是指利用德育活动课、节日活动、纪念活动、仪式活动、社会实践等来实践生命教育。其中德育活动课是实施生命教育的主要渠道。通过德育活动课，让学生在活动中掌握生命知识，从而形成正确的生命意识、生命态度。

（4）教师培训是生命教育的关键。

即教师要有强烈的生命教育意识和有效实施生命教育的能力。学校可采取集体培训与个人自学、实践与理论相结合的方法。

（5）家庭、社会教育是生命教育的扩展空间。

生命教育是一项全社会的系统工程，要取得满意的成效离不开社会的支持系统，如良好的家庭关系、和睦的邻里交往、融洽的社区氛围、积极向上的社会风气等。

（二）生活教育

1. 生活教育的含义

生活教育是帮助学生获得生活常识、掌握生活技能、确立生活目标、实践生活过程、获得生活体验、树立正确生活观念、追求幸福生活的教育。

2. 学校生活教育的途径和方式

在学校教育中体现"生活教育"：首先，从职业和生涯规划指导中，体现生活教育的内容，为学生以后的生活做准备；其次，通过学校实践的活动，以及教学内容的"知行统一"，在行动中实现教育为提高生活质量的内容。

根据课堂生活、课余生活、校外生活不同特点和现代社会生活的不同要求，可采取多种活动方式，充分利用生活的各个场所，有力发挥生活这种教育手段，有效达到现代教育目标。

（1）探究型活动方式。

学生大量的时间是在课堂上度过的，改进课堂教学方式、提高课堂效率就是促进学生的课堂生活质量。一般要求是：有目的地选择重演和再现的内容；通过设疑提问或借助现代教育技术，创造探究和发现的情境；帮助组织小群体、提供优结构的材料；鼓励运用多种方式完成发现；指导学生进行科学加工；开设研究性课程，让学生自己选题、设计方案、实施研究、撰写结题报告或论文。

（2）交往型活动方式。

组织各种学习小组、研究小组、实践小队，不仅鼓励进行小群体内相互交流、共同协作，而且安排学生走出校门，深入社会访问调查。通过主题班会、联欢晚会、演讲和辩论比赛，增强学生自由准确地表达，和谐愉快地交往。

（3）体验型活动方式。

体验是人类的一种心理感受，与个体生活经历有着密切的关系。学校以体验学习、体验劳动、体验爱心、体验道德为主线，开展多种多样的体验生活。

在课堂生活中，倡导体验学习，并努力引导学生主动体验，调动学生情感、知觉、思维、注意等一系列心理功能。课余体验劳动主要有：校内执勤、保卫、做卫生、种树、清理操场等。

（4）创造型活动方式。

一方面要求教师在课堂上通过材料组织、情景创设、问题设计，努力激发学生的创造性思维，开展创造性活动；另一方面，组织大型的文化艺术节，为学生体验创造生活、展示个性特长搭建广阔舞台。

（三）生存教育

1. 生存教育的含义

生存教育就是通过开展一系列与生命保护和社会生存有关的教育活动和社会实践活动，向受教育者系统传授生存的知识和经验，有目的、有计划地培养学生的生存意识、生存能力和生存态度，树立科学的生存价值观，从而促进个性自由全面健康发展，实现人与自然的和谐统一的过程。

2. 生存教育的基本途径

生存教育要以家庭教育为基础、学校教育为主干、社会教育为保障，通过专题式教育和渗透式教育两大途径来实施。

专题式教育可分为组织开展以生存教育为主题的专题活动和以综合课程的思路开设此类课程两个方面。渗透式教育可分为学科课程渗透和活动课程渗透两种。

（四）安全教育

1. 安全教育的含义

安全教育是指教育学生确立自主维护生命安全、财产安全的意识；严防危及生命安全的犯罪。中学生安全教育包括：交通安全；校内外活动安全；消防安全；卫生防病，饮食及家居安全等。

2. 安全教育的基本途径

（1）切实提高对中学生安全教育工作重要性的认识。

安全教育是维护中学生安全的一项基本教育，是中学生素质教育的一部分，是人才保障的根本教育，它始终贯穿于人才培养的全过程。要把做好中学生安全教育工作提高到能不能营造优良育人环境、能不能维护校园和社会的稳定、能不能实现学校的教育培养目标这一高度来认识，时刻把学生安全教育工作摆在重要位置。

（2）充分调动各方面力量开展宣传教育活动，形成齐抓共管的局面。

对学生的安全教育，仅靠保卫部门是远远不够的，还要依靠学生管理工作者和学生组织及学生家长等有关部门和人员共同参与，形成齐抓共管的局面，才能收到良好的效果。特别是要发挥思想教育阵地的作用，利用学校思想政治教育的工作体系和优势。此外，要发挥课堂教学的主渠道作用，在有关课程和教学环节中由任课老师结合课程内容适时地对学生进行安全教育和法制教育。

（3）突出重点、注重提高教育实效。

加强学生的安全教育，既要全面展开，又要有重点地进行，做到点面结合，以点带面。一是教育的内容要以防人身伤害、防财务受损、防心理失常、防违法犯罪、保学业完成为重点。二是针对不同的教育对象开展不同内容的教育。如对有不良行为的"后进生"要以防违法犯罪为主要内容，帮助、引导他们健康成长，成为一个遵纪守法的好学生；对喜爱运动，行为又过于冒险的学生，要加强防运动损伤教育，教育他们做好安全防护工作；对有心理失常表现的学生要加强心理健康教育，帮助他们消除心理障碍；等等。

（4）组织学生积极参与学校的安全管理工作。

让中学生参与学校的安全管理工作是提高中学生安全防范意识的有效途径。学校要十分注意激发学生的参与意识，提高他们的自我教育、自我管理、自我服务能力，引导他们积极主动参与校园安全管理工作。

（5）争取相关部门协作，整治校园周边环境，优化育人环境。

学校在加大对校园安全保卫力量的投入、提高保卫人员素质和学校安全教育水平的同时，要积极争取地方政府、公安机关的支持，严厉打击危害学校及中学生安全的不法行为，切实改善校园周边治安状况，优化育人环境。

（五）升学就业指导教育

1. 升学就业指导教育的含义

升学和就业指导是指教师根据社会的需要指导学生树立正确的职业观，帮助他们了解社会职业，进而引导他们按照社会需要和自己的特点为将来升学选择专业与就业选择职业，在思想上、学习上和心理上做好准备。

2. 升学就业指导教育的途径

教育学生做好升学与就业的"两手准备"，可以利用多种途径与方法，诸如渗透于各学科课程中，或组织专题报告会，或开展系列的主题教育活动，或通过与家长、社区协作的其他校外活动等。

考点 2　中学生品德发展

一、品德概述

（一）品德的实质

品德又称道德品质，是个体依据一定的社会道德准则在行动中表现出来的稳定的心理特征和倾向。品德反映了人的社会性，是个体在社会生活中将外在的社会规范转化为个体的内在需要的结果，是社会道德在个人身上的具体表现；品德具有相对稳定性，是一个人认识与行为的统一，是人的一贯行为表现。

品德与道德是两个既联系又有区别的概念。道德是由社会舆论和个人内在信念系统支持或驱使的行为规范的综合。道德是社会现象，是以社会舆论的力量来调整人们之间相互关系的各种行为规范和准则；而品德是个体现象，是人对社会道德的主观反映，是自主调控的行为表现。

（二）品德的心理结构

品德主要是由道德认识、道德情感、道德意志和道德行为四种心理成分构成的。

1. 道德认识

道德认识是人们对道德规范及其执行意义的认识，是个体品德的核心部分。它主要是指一个人面对矛盾冲突的情境能自觉地意识到是非善恶，进而能就行动做出缜密的抉择。

2. 道德情感

道德情感是人的道德需要是否得到实现及其所引起的一种内心体验。道德情感就是伴随着道德认识而出现的。一般地说，在现实生活中的各种事件或是他人、个人的行为，凡是符合自己的认识或自己所维护的道德观念时，就会产生积极的情绪体验，否则就会产生消极的情绪体验。

3. 道德意志

道德意志是个体自觉地调节行为，克服困难，以实现一定道德目的的心理过程，通常表现为一个人的信心、决心和恒心。意志行动过程包括：头脑中产生各种可供选择的行动方案；预测各种行动方案的结果；衡量行动后的利弊得失；按自己的决定行动；现实生活中结果的出现；接受行为结果的反馈；反馈影响心理结构。

4. 道德行为

道德行为是品德形成的最终环节，是在道德认识和道德情感的推动下，表现出来的对他人或社会具有一定道德意义的实际行为。道德行为是衡量品德的重要标志。看一个学生的品德，主要不是看他认识到什么，而是看他是否言行一致。

（三）品德形成的一般过程

一般认为，品德的形成过程经历依从、认同与内化三个阶段。

1. 依从

依从包括从众和服从两种。从众是指人们对于某种行为要求的依据或必要性缺乏认识与体验而跟随他人行动的现象。服从是指在权威命令、社会舆论或群体气氛的压力下，放弃自己的意见而采取与大多数人一致的行为。服从可能出于自愿，也可能是被迫的。

依从阶段的行为具有盲目性、被动性、不稳定性，随情境的变化而变化。行为受外界的压力，而不是内在的需要。

2. 认同

认同是在思想、情感、态度和行为上主动接受他人的影响，使自己的态度和行为与他人接近。认同实质上就是对榜样的模仿，其出发点就是试图与榜样一致。这一阶段的学生行为具有一定的自觉性、主动性和稳定性等特点。

3. 内化

内化指在思想观点上与他人的思想观点一致，并将自己所认同的思想和自己原有的观点、信念融为一体，构成一个完整的价值体系。

在内化阶段，个体的行为具有高度的自觉性和主动性，并具有坚定性，表现为"富贵不能淫，贫贱不能移，威武不能屈"。此时，稳定的品德即形成了。

二、影响品德发展的因素

（一）外部条件

（1）家庭教养方式。

（2）社会风气。社会风气由社会舆论、大众媒介传播的信息、各种榜样的作用等构成。

（3）同伴群体。归属于某一个团体的需要是个体的一种基本需要，因此，正式的班集体、非正式的小团体等对学生都具有一定的吸引力。他们试图使自己的言行态度与同伴群体保持一致，以得到同伴群体的接纳和认可。

（4）学校教育。学校里在群体成员中占优势的言语倾向和作用，即校风和班风对学生起着潜移默化的影响。此外，教师的模范作用、学校的德育课程和各科教学都会对学生的品德发展产生系统、深刻而多方面的影响。

（二）内部条件

1. 认知失调

人类具有一种维持平衡和一致性的需要，即力求维持自己的观点、信念的一致，以保持心理平衡。当认知不平衡或不协调时，比如，新出现的事物与自己原有的经验不一致，或者自己的观点与他人的、社会的观点或风气不一致等，内心就会有不愉快或紧张的感受，个体就试图通过改变自己的观点或信念，以达到新的平衡。可以说，认知失调是态度改变的先决条件。

2. 态度定式

个体由于过去的经验，对所面临的人或事可能会具有某种肯定或否定、趋向或回避、喜好或厌恶等内心倾向性，这种事先的心理准备或态度定式常常支配着人对事物的预期与评价，进而影响人是否接受有关的信息和接受的量。

3. 道德认识

态度、品德的形成与改变取决于个体头脑中已有的道德准则和规范的理解水平及掌握程度，取决于已有的道德判断水平。根据皮亚杰和柯尔伯格的研究，要改变或提高个体的道德水平，必须考虑其接收能力，遵循先他律后自律的循序渐进原则。比如，当学生的道德判断能力处于其发展的第三阶段时，最好向他们讲解第四阶段的道理。否则一味向他们灌输第五或第六阶段的大道理，即使可以熟记这些大道理，也不能被他们的认知结构同化，自然也不能作为一种内在的道德信念来指导行为。实施道德教育时，不应只注意道德教育的形式进行说教，而应结合学生的实际生活和切身体验，晓之以理。

此外，个体的智力水平、受教育程度、年龄等因素也对态度与品德的形成与改变有不同程度的影响。

三、中学生品德发展的特点

（一）伦理道德发展具有自律性，品德心理中自我意识成分明显

在整个中学阶段，学生的品德迅速发展，处于伦理形成时期。伦理是必须遵守的行为准则，它是道德关系的概括，伦理道德是道德发展的最高阶段。同时，中学时期学生的自我意识发展迅速，从仿效他人的评价发展到独立进行道德评价，品德心理中自我意识成分明显。

1. 形成道德信念与道德理想，道德信念在道德动机中占据相当地位

从品德心理形成的过程来看，中学生对于道德知识的理解水平逐步深化，道德观念也向稳定性发展，逐步形成比较明确的道德信念与道德理想。

2. 学生道德信念的形成要经历一个长期的阶段，表现出阶段性

（1）道德信念的准备时期，在 10 岁以前；

（2）道德信念的萌发期，在 10 岁到 15 岁；

（3）道德信念的确定期，在 15 岁以后。

3. 道德行为习惯逐步巩固

中学阶段是人一生中道德行为习惯形成的关键时期。中学生已经基本形成了与道德伦理相一致、较稳定的道德习惯。

4. 品德结构更加完善

中学生的道德认识、道德情感与道德行为三者相互协调，形成了一个较为完善的动态结构，使他们不仅按照自己的道德准则去行动，而且也逐渐成为稳定的个性心理结构的一部分。

（二）品德发展由动荡向成熟过渡

1. 初中阶段品德发展具有动荡性

初中生道德动机的多变性与稳定性交织在一起，随着年龄的增长，总的趋势是向稳定性发展，多变性减少。初中生在活动中，容易被"诱因"引起的欲望所驱使，道德动机简单，情境性动机、情绪性动机、兴奋性动机突出，动机容易发生变化。品德不良、违法犯罪多发生在这个时期，初二年级是品德发展的关键期。随着社会化水平的提高，理智性动机发展，兴趣趋向稳定，道德动机向稳定性发展。

2. 高中阶段品德发展趋向成熟

高中阶段或青年初期的品德发展进入了以自律为主要形式、应用道德信念来调节道德行为的成熟时期，表现在能自觉地应用一定的道德观点、信念来调节行为，并初步形成人生观和世界观。

四、培养中学生的良好品德的方法

（一）有效的说服

教师经常应用言语来说服学生改变态度，在说服的过程中，教师要向学生提供某些证据或信息，以支持或改变学生的态度。

教师的说服不仅要以理服人，还要以情动人。一般而言，说服开始时，富于情感色彩的说服内容

容易引起兴趣，然后再用充分的材料进行说理论证，比较容易产生稳定的、长期的说服效果。对于低年级的学生来说，情感因素作用更大些，通过说服也可以引发学生产生某些负向的情绪体验，如恐惧、焦虑等，这对于改变作弊、吸烟、酗酒等简单的态度有一定的效果。

教师进行说服时，还应考虑学生原有的态度。若原有的态度与教师所希望达到的态度之间的差距较大，教师不要急于求成，不要提出过高的不切实际的要求，否则不仅难以改变态度，还容易产生对立情绪。教师应该以学生原有的态度为基础，逐步提高要求。

（二）树立良好的榜样

榜样在观察学习中具有重要作用，因此，给学生呈现榜样时，应考虑到榜样的年龄、性别、兴趣爱好、社会背景等特点，以尽量与学生相似，这样可以使学生产生可接近感，避免产生高不可攀或望尘莫及之感。另外，多给学生呈现受人尊敬、地位较高、能力较强且具有吸引力的榜样，这样的榜样具有感染力和可信性，使学生产生情感共鸣，也容易成为学生向往的、追随的对象，激发学生产生见贤思齐的上进心，使学生通过学习这样的榜样来发展自我、完善自我。

（三）利用群体约定

研究发现，经集体成员共同讨论决定的规则、协定，对成员有一定的约束力，使成员承担执行的责任。一旦某成员出现越轨或违反约定的行为，则会受到其他成员的有形或无形的压力，迫使其改变态度。

（四）价值辨析

研究者认为，人的价值观刚开始不能被个体清醒地意识到，必须经过一步步的辨别和分析，才能形成清晰的价值观念并指导自己的道德行为。在价值观辨析的过程中，教师引导学生利用理性思维和情绪体验来检查自己的行为模式，鼓励他们努力发现自身的价值观。

（五）给予恰当的奖励与惩罚

奖励和惩罚作为外部的调控手段，不仅影响着认知、技能或策略的学习，而且对个体的态度与品德的形成也起到一定的作用。

奖励有物质的（如奖品），也有精神的（如言语鼓励）；有内部的（如自豪、满足感），也有外部的。给予奖励时，首先要选择、确定可以得到奖励的道德行为。一般来讲，应奖励爱护公物、拾金不昧、尊老爱幼等一些具体的道德行为，而不是奖励一些概括性的行为。其次，应选择、给予恰当的奖励物。同一种奖励物，其效用可能因人而异，应考虑个体的实际情况，选用最有效的奖励物。再次，应强调内部奖励。外部的物质奖励只是权宜之计，不可过多使用。应引导学生进行自我强化，让学生亲身体验做出道德行为后的愉快感、自豪感、欣慰感，以此转化为产生道德行为的持久的内部动力。

从抑制不良行为的角度来看，惩罚还是有必要的，也是有助于良好的态度与品德形成的。当不良行为出现时，可以用两种惩罚方式：一是给予某种厌恶刺激，如批评、处分、舆论谴责等；二是取消个体喜爱的刺激或剥夺某种特权等，如不许参加某种娱乐性活动。应严格避免体罚或变相体罚，否则将损害学生的自尊，或导致更严重的不良行为，如攻击性行为。惩罚不是最终目的。给予惩罚时，教师应让学生认识到惩罚与错误行为的关系，使学生心悦诚服，同时还要给学生指明改正的方向或提供正确的、可替代的行为。

【典型真题】衡量学生思想品德水平高低的根本标准是（   ）。

A. 道德认识   B. 道德意志   C. 道德情感   D. 道德行为

【答案】D

【解析】衡量学生思想品德水平高低的根本标准是道德行为。故选D。

【典型真题】王军写了保证书，决心遵守《中学生守则》，上课不再迟到。但是冬天天气冷，王军迟迟不肯钻出被窝，以至于再次迟到。对王军进行思想品德教育的重点在于提高其（　　）。

A. 道德认识水平　　　　　　　　　　B. 道德情感水平

C. 道德意志水平　　　　　　　　　　D. 道德行为水平

【答案】C

【解析】王军虽然知道不能迟到，但是不能够坚持早起，这说明他的道德意志水平薄弱。对王军进行思想品德教育的重点应在于提高其道德意志水平。C选项正确。

【典型真题】刘老师与学生一起讨论"网络语言的危害"，形成了"拒绝网络语言"的认识，共同提出相应的具体要求并被全班同学所认可，这种品德培养方法是（　　）。

A. 有效说服　　　　　　　　　　　　B. 树立榜样

C. 群体约定　　　　　　　　　　　　D. 价值辨析

【答案】C

【解析】群体约定是指经集体成员共同讨论决定的规则、协定，对其成员有一定的约束力，使成员承担执行的责任。刘老师与学生讨论了网络的危害、提出了相应的要求并被全班同学认可，这属于群体约定。

【典型真题】小玲和她的同学都非常喜欢自己的学校，在很多方面都能很好地与学校保持一致，这体现了群体的哪种功能？（　　）

A. 归属功能　　　　B. 支持功能　　　　C. 认同功能　　　　D. 塑造功能

【答案】C

【解析】认同功能是把自己放在别人的位置上，从别人的思想、观点或态度来看待事物。小玲跟她的同学在很多方面都能与学校保持一致说明对学校群体表示认同，体现了群体的认同功能。

【典型真题】学生能相信并接受他人的观点，从而改变自己的态度与行为，同时将这些观点纳入自己的价值体系，说明其品德发展达到（　　）。

A. 服从阶段　　　　B. 依从阶段　　　　C. 认同阶段　　　　D. 内化阶段

【答案】D

【解析】品德的形成要经历依从、认同、内化三个阶段。内化指在思想观点上与他人的思想观点一致，将自己所认同的思想和自己原有的观点、信念融为一体，构成一个完整的价值体系。题干中该生的品德发展达到了内化阶段。

【典型真题】非正式群体在班级管理中只有消极作用。

【参考答案】错误。

班级非正式群体是学生在活动中自发形成的，未经任何权力机构承认或批准而形成的群体。非正式群体的作用：满足学生正常的心理需要；促进学生人格的独立和发展；促进学生的社会化；培养学生的交往能力。非正式群体既有积极作用，也有消极作用。

【典型真题】有什么样道德认识，就一定有什么样的道德行为。

【参考答案】错误。

道德认识是指对道德行为规范及其意义的认识，是人的认识过程在品德上的表现。道德认识是个体品德的基础，是道德情感、道德意志产生的依据，对道德行为具有定向的意义，是行为的调节机制。道德行为是品德形成的最终环节，是指个体在一定的道德意识支配下表现出来的对他人和社会的有道德意义的活动。它是个体道德认识的外在表现，是实现道德动机的手段。道德行为的形成受到主观和客观等各方面的影响，因此，不一定能形成和道德认识相应的道德行为，二者不一定完全一致，题目中的观点是片面的。

考点3 德育理论

一、道德发展基本理论

（一）皮亚杰的道德发展理论

对偶故事

（1）一个叫约翰的小男孩在他的房间时，家人叫他去吃饭，于是他走进餐厅。餐厅门后有一把椅子，椅子上有一个放着15个杯子的托盘，但约翰并不知道门后有这些东西。他推门进去，门撞倒了托盘，结果15个杯子都被撞碎了。

（2）从前，有一个叫亨利的小男孩。一天，他母亲外出了，他想从碗橱里拿出一些果酱。他爬到一把椅子上，并伸手去拿。由于放果酱的地方太高，他的手臂够不着。在试图取果酱时，他碰倒了一个杯子，结果杯子掉下来碎了。

皮亚杰对每个对偶故事都提了两个问题：

1. 这两个小孩是否有同样的内疚感？

2. 这两个孩子哪一个的行为更不好？为什么？

通过被试者的反应，皮亚杰发现，儿童的道德判断是从早期的注重行为结果的评价向注重行为的动机发展，其道德认知水平从"他律"向"自律"发展。

对偶故事法是皮亚杰研究道德判断时采用的一种方法。利用讲述故事向被试者提出有关道德方面的难题，然后向儿童提问。利用这种难题测定儿童是依据对物品的损坏结果还是依据主人公的行为动机做出道德判断。由于皮亚杰每次都是以成对的故事测试儿童，因此，此方法被称为对偶故事法。

1. 基本观点

皮亚杰通过一些对偶故事的观察实验，揭示了儿童道德判断的发展进程，把儿童的道德分为他律道德和自律道德两种水平，把儿童的品德发展划分为四个阶段：

（1）自我中心阶段。

自我中心阶段（2～5岁）是从儿童能够接受外界的准则开始的。这时期儿童还不能把自己同外在环境区别开来，而把外在环境看作是他自身的延伸。规则对他来说不具有约束力。皮亚杰认为儿童在5岁以前还是"无律期"，顾不得人我关系，而是以"自我中心"来考虑问题。

（2）权威阶段。

这一阶段（5～8岁）也称作"他律期"。该时期的儿童服从外部规则，接受权威指定的规范，把人们规定的准则看作是固定的、不可变更的，而且只根据行为后果来判断对错。

（3）可逆性阶段。

这一阶段（8～10岁）的儿童已不把准则看成是不可改变的，而把它看作是同伴间共同约定的。儿童一般都形成了这样的概念：如果所有人都同意的话，规则是可以改变的。儿童已经意识到一种同伴间的社会关系，应当相互尊重。准则对他们来说已具有一种保证他们相互行动、互惠的可逆特征。同伴间的可逆关系的出现，标志着品德由他律开始进入自律阶段。这一时期也称作自律期，也就是自主期。道德发展到这个时期，不再无条件地服从权威。当然这个时期判断还是不成熟的，要到十一二岁后才能独立判断。有人称该时期为道德相对主义或合作的道德。

（4）公正阶段。

这一阶段（10～12岁）的公正观念是从可逆的道德认识脱胎而来的。他们开始倾向于主持公正、平等。公正的奖惩不能是千篇一律的，应根据各个人的具体情况进行。皮亚杰认为，品德发展的阶段不是绝对孤立的，而是连续发展的。儿童品德的发展是一个连续的统一体，分阶段只是为了研究的方便，并不表明发展的连续统一体的中断。

2. 皮亚杰在儿童道德发展规律的优势与局限

（1）皮亚杰的道德发展理论的优势。

1）关于认知发展与道德发展的关系问题。皮亚杰肯定了认知发展是道德发展的必要条件，指出儿童的道德判断和道德情感的发展以及儿童对道德规则的学习和理解都受认知水平的制约；认为道德情感的激发有赖于道德认识，价值判断有赖于事实判断。

2）关于儿童的道德发展的规律问题、道德发展过程中量和质的问题。皮亚杰提出了儿童道德发展的阶段论，指出儿童的道德发展是一个连续的整体过程，在这个连续的整体过程中，由于心理结构的变化而表现出明显的阶段性特征。

3）关于教育在儿童道德发展中的作用。认知发展是道德发展的一个必要条件，可以通过教育的手段加以促进。

（2）皮亚杰的道德发展理论的局限性。

1）他认为，随着年龄的增长以及同伴的相互关系的不断发展，儿童道德判断的基础便从考虑后果转化为考虑意图，在这个转变过程中起重要作用的是同伴间的协作，而不是成人的教育或榜样，从而否定了榜样的作用，这是不对的。

2）皮亚杰虽然揭示了道德认识在儿童道德发展中的作用，也注意到了情感和意志的发展在儿童道德发展中的作用，但是忽视了"行"的因素，也是错误的。

3）皮亚杰所讲的"成人强制"是指一切来自儿童外部的东西，没有区分成人向儿童灌输一定的道德规则同采取强制手段迫使儿童采取一定言行之间的差别，因而绝对否定成人约束对儿童道德发展可能具有积极作用，这是错误的。

3. 皮亚杰道德发展理论的教育启示

（1）重视提高学生的道德判断能力；

（2）不同年龄阶段的儿童需采取不同的德育方法。

（二）柯尔伯格的道德发展理论

道德两难故事

欧洲有个妇人患了癌症，生命垂危。医生认为只有一种药才能救她，就是本城一个药剂师最近发明的药。药剂师花了200元制造药，但他竟索价2 000元。病妇的丈夫海因兹到处向熟人借钱，一共才借得1 000元，只够药费的一半。海因兹不得已，只好告诉药剂师，他的妻子快要死了，请求药剂师便宜一点卖给他，或者允许他赊欠。但药剂师说："不成！我发明此药就是为了赚钱。"海因兹走投无路竟撬开商店的门，为妻子偷来了药。

讲完故事后，主试者向被试者提出下述问题：这个丈夫应该这样做吗？为什么应该？为什么不应该？法官该不该判他的刑，为什么？等等。对于儿童的回答，柯尔伯格真正关心的是他们证明其立场时所给出的理由。柯尔伯格采用纵向法，对72名10～26岁男孩的道德判断进行长达10年的跟踪测量，并对所得结果在其他国家进行验证。

1. 基本观点

柯尔伯格编制"道德两难故事"作为儿童道德判断的工具，对儿童的道德判断能力进行了研究。柯尔伯格将道德发展阶段划分成三种道德水平：前习俗水平、习俗水平和后习俗水平。每一水平又包括两个阶段，即三水平六阶段的道德发展阶段论。

（1）前习俗水平。

这一水平的儿童道德判断着眼于人物行为的具体结果和自身的利害关系，包括以下两个阶段：

1）惩罚与服从定向阶段。

这一阶段的儿童以惩罚与服从为导向，由于害怕惩罚而盲目服从成人或权威。道德判断的根据是是否受到惩罚，认为凡是免受惩罚的行为都是好的，遭到批评、指责的行为都是坏的，缺乏是非善恶的观念。

2）相对功利定向阶段。

这一阶段的儿童对行为的好坏的评价首先是看能否满足自己的需要，有时也包括是否符合别人的需要，稍稍反映了人与人之间的关系，但把这种关系看成类似买卖的关系，认为有利益的就是好的。

（2）习俗水平。

这一水平的儿童的特点是能了解、认识社会行为规范，意识到人的行为要符合社会舆论的希望和规范的要求，并遵守、执行这些规范，包括以下两个阶段：

1）寻求认可定向阶段。

这一阶段的儿童以人际关系的和谐为导向，对道德行为的评价标准是看是否被人喜欢、是否对别人有帮助、是否会受到赞扬。为了赢得别人的赞同，当个好孩子，就应当遵守规则。

2）权威他律定向阶段。

这一阶段的儿童以服从权威为导向，服从社会规范，遵守公共秩序，尊重法律的权威，以法制观念判断是非，知法守法。

（3）后习俗水平。

这一水平个体的特点主要表现为道德判断超出世俗的法律与权威的标准，而以普遍的道德原则和良心为行为的基本依据，包括以下两个阶段：

1）社会契约定向阶段。

这一阶段的个体认识到法律、社会道德准则仅仅是一种社会契约，是大家商定的，是可以改变的，一般他们不违反法律和道德准则，但不用单一的规则去评价人的行为，表现出一定的灵活性。

2）普遍原则的道德定向阶段（良心道德阶段）。

此阶段的个体判断是非不受外界的法律和规则的限制，而是以不成文的、带有普遍意义的道德原则，如正义、公平、平等、个人的尊严、良心、良知、生命的价值、自由等为依据。

2. 教育价值

（1）提倡民主化的道德教育。

柯尔伯格的道德发展理论提倡的是一种公正、民主的原则。在进行道德教育时也应体现出一种民主化的教育氛围，教育者与教育对象之间、教育对象相互之间都应该充分地体现出一种民主，彼此之间平等信任、相互尊重，改变传统道德教育具有高低地位区别的道德教育方式。

（2）遵循学生的道德发展规律。

柯尔伯格提出的"三水平六阶段"论反映的是个体从低级向高级发展的一般趋势。根据柯尔伯格的道德发展阶段论，每一阶段的发展都各具特点，在进行道德教育的实践活动中，应遵循学生的道德发展规律，只有抓住学生每一阶段的特点，才能有针对性地开展教育，促使学生向更高更好的水平发展。

（3）尊重学生的主体性地位。

柯尔伯格的道德发展理论提倡民主化的师生关系，体现在道德教育过程中，很重要的一个方面是尊重学生的主体地位。改变传统的教育模式，尊重学生的主体地位，发挥学生的主观能动性，教育主体与教育客体之间平等交流，注重学生的自我教育和自我管理，变被动学习为主动学习。

（4）采用多样化的教育方式。

单一的教育方式不能吸引学生的兴趣、激发学生的学习积极性。在进行道德教育的实践活动中，倡导多样化的教育方式，应注重教育者的引导作用，发挥教育对象的主体作用，将多种教学方式灵活地融合在一起，同时结合学生道德发展的实际情况进行，启发学生的思想觉悟，提高学生的道德水平。

二、德育模式

德育模式是在德育实施过程中德育理念、德育内容、德育手段、德育方法、德育途径等的有机组合式。当代影响较大的德育模式有认知模式、体谅模式、社会学习模式、价值澄清模式等。

（一）认知模式

1. 认知模式实施德育的方法和策略

（1）了解学生当前的道德判断发展水平；

（2）运用道德难题引起学生的意见分歧和认知失衡；

（3）向学生揭示比他们高一阶段的道德推理方式；

（4）引导学生在比较中自动接受比自己原有的道德推理方式更为合理的推理方式；

（5）鼓励学生把自己的道德判断付诸行动。

2. 道德两难问题的教育意义

（1）道德两难问题可促进儿童的道德判断力的发展；

（2）道德两难问题可提高学生的道德敏感性；

（3）道德两难问题可提高在道德问题上的行动抉择能力；

（4）道德两难问题可深化学生对各种道德规范的理解，提高学生的道德认知。

（二）体谅模式

体谅或学会关心的道德教育模式形成于 20 世纪 70 年代，为英国学校德育学家彼得·麦克费尔和他的同事所创，风靡于英国和北美。与认知模式强调道德认知发展不同，体谅模式把道德情感的培养置于中心地位。

该模式假定与人友好相处是人类的基本需要，满足这种需要是教育的首要职责。它以一系列的人际与社会情境问题启发学生的人际意识与社会意识，引导学生学会关心，学会体谅。体谅模式把道德情感的培养置于中心地位。按照麦克费尔的观点，道德教育的任务应当建立在体谅的基本核心之上。这种基本核心是所有人自然具有的，而且根据经验可以证实，人的相似之处是深刻的，人的不同之处是表面的。对于道德发展来说，给机会表达隐藏于心中的敏感点是至关重要的。体谅模式的理论特征有：

（1）坚持性善论；

（2）坚持人具有一种天赋的自我实现趋向；

（3）把培养健全人格作为德育目标；

（4）大力倡导民主的德育观。

体谅模式有助于教师较全面地认识学生在解决特定的人际-社会问题的各种可能反应；有助于教师较全面地认识学生在解决特定的人际-社会问题时可能遭到的种种困难，以便更好地帮助学生学会关心。它提供了一系列可能的反应，教师能够根据反应情况指导学生，围绕大家提出的行动方针举办讲座或进行角色扮演。

（三）社会学习模式

社会学习模式是由美国的班杜拉创立的，该模式吸取了认知发展论的某些观点，与行为主义的合理内核相结合，形成了新的认知-行为主义学说。

该理论认为，学习并非刺激-反应（S-R）的结果，而是相当复杂的过程，S-R说既不能说明新行为的产生，也无法解释人的完整行为和复杂行为系统的完整模式，更不能说明学习后要延续时间才会出现行为等问题。班杜拉认为环境、行为和人三个主体因素是交互影响的，主张德育应当在引导学生道德真谛的过程中，把获得的认识付诸道德行动，在改变环境的实践中提高道德水平。

（四）价值澄清模式

价值澄清模式的代表人物有美国的拉斯思、哈明等人。

价值澄清模式是德育模式的一种，目的在于塑造人的价值观。价值澄清学派认为：当代社会根本不存在一套公认的道德原则或价值观可传递给儿童；当代儿童生活在价值观日益多元化且相互冲突的世界，在每一个转折关头或处理每件事务时都面临选择；选择时人们都依据自己的价值观，但人们常常不清楚所持的价值观到底是什么就已做出了选择。

【典型真题】 在柯尔伯格有关儿童道德判断发展阶段的研究中，寻求认可取向阶段属于（　　）。

A. 前习俗水平　　　B. 习俗水平　　　C. 后习俗水平　　　D. 权威水平

【答案】 B

【解析】 本题考查的知识点为小学道德发展的特点。柯尔伯格将道德判断分为前习俗水平、习俗水平、后习俗水平。习俗水平的两个阶段是寻求认可定向和权威他律定向。故选B。

【典型真题】 儿童道德发展是一个从他律到自律的过程。提出这一理论的心理学家是（　　）。

A. 罗杰斯　　　B. 皮亚杰　　　C. 埃里克森　　　D. 弗洛伊德

【答案】 B

【解析】 皮亚杰通过对偶故事法，研究得出儿童道德发展是一个他律到自律的过程；柯尔伯格通过道德两难故事法，研究得出儿童道德发展的三水平六阶段理论。故选B。

【典型真题】 小青常在课堂上玩手机，小娜提醒小青学校规定课堂上不能玩手机，可小青不听，因此小娜认为小青不是好学生。根据柯尔伯格道德发展理论，小娜的道德发展处于（　　）阶段。

A. 惩罚和服从　　　B. 相对功利　　　C. 权威他律定向　　　D. 道德伦理

【答案】 C

【解析】 柯尔伯格提出了三水平六阶段的道德发展阶段论。其中第四个阶段是权威他律定向阶段。这个阶段儿童认为正确的行为就是尽到个人责任、尊重权威和维护社会秩序。文中小娜的做法符合这个阶段的特征，故选C。

【典型真题】 小李认为服从、听话就是好孩子，对权威应绝对尊敬和顺从。依据柯尔伯格的道德发展理论，小李的道德发展处于（　　）。

A. 惩罚与服从定向阶段　　　　　B. 相对功利定向阶段

C. 寻求认可定向阶段　　　　　D. 权威他律定向阶段

【答案】 A

【解析】 题干中的描述属于惩罚与服从定向阶段的特征，这个阶段的孩子认为正确的行为是：绝对服从规则和权威，避免惩罚，不造成实际伤害。故选A。

【典型真题】 中学生小辉因害怕被教师批评而遵守上课纪律。根据柯尔伯格的道德认知发展阶段理论，小辉的道德发展处于（　　）阶段。

A. 相对功利定向　　　B. 惩罚与服从定向　　　C. 寻求认可定向　　　D. 权威他律定向

【答案】 B

【解析】题中描述的小辉害怕被批评而遵守课堂纪律，是为了避免惩罚而产生的行为，属于惩罚与服从定向。故选B。

考点4　中学德育过程

一、德育过程的内涵

德育过程是以形成受教育者一定思想品德为目标，教育者与受教育者共同参与的教育活动过程。它由四个相互制约的要素共同构成，这四个要素分别是：教育者、受教育者、德育内容和德育方法。它们之间通过教育者和受教育者各自的活动发生一定的关系，相互依存，相互作用。因此，德育过程是施教与受教相统一的双边活动过程。

教育者是德育过程的组织者、领导者，在德育的过程中起主导作用。教育者包括直接和间接的个体教育者和群体教育者。

受教育者包括受教育者个体和群体，他们都是教育的对象。在德育过程中，受教育者既是德育的客体，又是德育的主体。

德育内容是用以形成受教育者品德的社会思想政治准则和法纪道德规范。学校德育内容是根据学校德育目标和学生品德形成发展规律确定的。

德育方法是教育者施教传道和受教育者受教修养的相互作用的活动方式的总和。

德育过程是一系列矛盾运动过程，矛盾是其运动的动力。在德育过程中，从过程之外到过程之内存在着三个方面的矛盾，分别是：（1）学校教育影响与一般社会影响之间的矛盾；（2）教师提出的德育目标要求与受教育者现有品德水平之间的矛盾；（3）受教育者的道德认知与道德实践之间的矛盾。

其中第二对矛盾是德育过程中的主要矛盾。受教育者的品德水平与德育目标有差距，主要是因为受教育者还处在成长、发展阶段中，还没有完成或未实现社会化需求。因此，德育过程的展开，就是要解决这一主要矛盾。这一矛盾的不断产生和解决，会不断地将社会所要求的道德规范转化为受教育者的品德，从而完成德育任务。

二、德育过程的基本规律

（一）德育过程是对学生知、情、意、行的培养提高的过程

学生的思想品德是由知、情、意、行四者构成的，学生思想品德的形成与发展就是这四种心理因素相互作用的结果。因此，培养学生品德的德育过程，就是培养四种品德心理因素并使之协调发展的过程。

知即道德认知，是人们对是非、善恶的认识和评价，以及在此基础上形成的道德观念，包括道德知识和道德判断两个方面。道德认知是品德形成的基础。

情即道德情感，是人们对客观事物作是非、善恶判断时引起的内心体验，表现为人们对客观事物的爱憎、好恶的态度。道德情感是学生产生道德行为的内部动力，是实现知行转化的催化剂。

意即道德意志，是人们为实现一定的道德行为所做出的自觉而顽强的努力。道德意志是调节品德行为的精神力量。

行即道德行为，是通过实践或练习形成的，为实现道德认识、情感以及由道德需要产生的道德行为动机定向及外部表现。道德行为是衡量一个人品德水平的重要标志。

知、情、意、行四个要素相互联系，相互转化，互为条件，缺一不可。其中知是基础、行是关键。培养品德心理因素的过程或顺序，一般来说，是提高品德认识、陶冶品德情感、锻炼品德意志和培养品德行为习惯。但由于社会生活的复杂性、德育影响的多样性，知、情、意、行相互独立性，因此，

知、情、意、行在发展方向和水平上常处于不平衡状态，表现为"知行脱节"、出现"情通理不通"或具有多种开端等现象，这就要求我们不必恪守一种开端或一般教育程序，可以根据学生的年龄特征、个性差异，以及品德发展的具体情况等条件选择多种开端和多种教育程序，最后达到使学生品德在知、情、意、行四方面的和谐发展。

全面培养学生品德心理因素的过程也体现在德育的过程中。因知、情、意、行之间既相互独立又相互作用，所以我们要进行全面培养，最终促使学生品德全面、和谐、协调地发展。

（二）德育过程是促进学生思想内部矛盾斗争的过程，是教育和自我教育统一的过程

德育过程就是教育者根据受教育者的实际情况，对其不断提出合理要求，以促进学生思想道德品质内部矛盾向教育者所期望的方向发展的过程，是教育者的教育、受教育者的自我教育互相作用、矛盾统一的过程。

德育过程的基本矛盾，是社会通过教师向学生提出的道德要求与学生已有品德水平之间的矛盾，是德育过程中最一般、普遍的矛盾，是学生所接受的新的社会道德要求与学生原有的品德水平之间的矛盾，是学生品德发展的内部矛盾。因此，必须深入具体地促进学生品德发展内部矛盾的产生与积极转化，并为此而调节学生品德发展的外部环境。

（1）促进学生品德发展内部矛盾的积极转化。学生品德发展的内部矛盾包括认识性质的矛盾、能力性质的矛盾、思想性质的矛盾。

（2）要调节学生品德发展的外部矛盾。学生品德发展的外部矛盾，主要指学校德育的要求同社会、家庭等方面对学生的影响不一致而产生的矛盾。

（三）德育过程是组织学生的活动和交往的过程

学生的思想品德是在活动和交往的过程中，接受外界教育影响逐渐形成和发展起来的，并通过活动和交往表现出来。活动和交往是品德形成的源泉。教育性活动和交往是德育过程的基础。在活动和交往的范围下，只有根据德育目标和思想品德形成规律设计、实施的活动，才能促进个体品德发展和对学生品德发展方向起规范和保证作用。

学生在活动中必定受到多方面的影响，其中既有校内的正式影响，又有校外的非正式影响；既有积极正面的影响，也有消极负面的影响。学校德育应在多方面影响中发挥主导作用，抵制负面消极影响，将各种积极正面的教育影响统一到教育目的上来，形成学校、家庭、社会教育的合力，促进学生良好品德的形成和发展。

（四）德育过程是长期的和反复的过程

德育过程是一个长期的过程。

首先，这是由人类的认识规律所决定的。人类社会不断发展进步，要使德育适应社会的需求，就需要在德育内容、手段、方法等方面不断地调整、补充。

其次，德育过程是一个长期的过程。随着人类社会的不断进步，德育要在内容、手段、方法等方面不断调整和补充，同时，知、情、意、行等心理因素的培养提高也需要长期的训练和积累，这就决定了德育过程必然是一个长期的、坚持不懈的过程。

德育过程是一个反复的过程。青少年学生正处于成长时期，世界观尚未形成，思想很不稳定，加上现代社会影响因素的日益复杂化，因此在品德发展中会出现时高时低，甚至出现倒退的反复现象。学生品德形成过程中的反复绝不是简单、机械的重复，而是注入了新的内容，螺旋式的不断深化，带有逐步提高的性质。

【**典型真题**】"寓德育于教学之中，寓德育于活动之中，寓德育于教师榜样之中，寓德育于学生自我教育之中，寓德育于管理之中。"这体现的德育过程是（　　　）。

A. 培养学生知情意行的过程

B. 促进学生思想内部矛盾斗争发展的过程，是教育和自我教育统一的过程

C. 长期、反复的逐步提高的过程

D. 组织学生的活动和交往，统一多方面的教育影响的过程

【答案】D

【解析】在活动和交往中，学生主动接受多方面的教育影响。德育过程就是对各种影响进行干预、协调的过程，是统一多方面教育影响的过程。在活动和交往中，学生的主动性和品德能力得到了锻炼和提高。故选D。

【典型真题】德育过程即品德形成过程。

【参考答案】错误。

(1) 思想品德形成过程是学生个体品德自我发展的过程；德育过程则是教育者对受教育者的教育过程，是双边活动过程。

(2) 思想品德形成过程中，学生受各种因素影响，包括自发的环境因素的影响；德育过程中学生主要受有目的、有计划、有组织的教育影响。

(3) 从学生思想品德形成过程的结果看，品德形成可能与社会要求一致，也可能不一致；从德育过程的结果看，学生形成的思想品德则与社会要求一致。

联系：德育过程影响品德形成过程，品德的形成需要德育来促成。

区别：第一，德育过程是教育者的一种教育过程，是教育者有目的、有计划、系统地对儿童品德进行培养的过程，它是受教育者与外部教育相互作用的过程。

第二，品德的形成过程是指人在外部影响下，内部思想品德的变化发展过程，是主体人与外部各种教育、影响因素相互作用，产生一定思想品德变化发展结果的过程，属于人的素质和发展范畴。品德形成是人的发展过程，是儿童政治、思想、道德结构不断构建完善的过程。它侧重于道德主体的内部运动，影响这一过程实现的因素包括生理的、社会的、主观的和实践的等多种因素。因此，品德形成过程是主体与外界各种影响相互作用的过程。

【典型真题】德育的起点是提高道德认识。

【参考答案】错误。

(1) 德育过程的一般顺序可以概括为知、情、意、行，以知为开端、以行为终结；但是由于社会生活的复杂性，德育影响的多样性等因素，德育具体实施过程，又具有多种开端。

(2) 教师可根据学生品德发展的具体情况，或从导之以行开始，或从动之以情开始，或从锻炼品德意志开始。

考点5　中学德育的原则、途径与方法

一、中学德育的原则

德育原则和德育规律是两个不同的概念。规律是客观的，不以人的意志为转移。原则则带有主观色彩，是人们根据一定的需要制定或提出的。正确的原则必然反映了客观规律的要求，但不等同于客观规律。主要的德育原则如下：

(一) 导向性原则

1. 基本含义

导向性原则是指进行德育时要有一定的理想性和方向性，以指导学生向正确的方向发展。

2. 贯彻要求

贯彻导向性原则的基本要求：

（1）坚定正确的政治方向；

（2）德育目标必须符合新时期的方针政策和总任务的要求；

（3）要把德育的理想性和现实性结合起来。

（二）疏导原则

1. 基本含义

疏导原则是指进行德育要循循善诱，以理服人，从提高学生认识入手，调动学生的主动性，使他们积极向上。

2. 贯彻要求

贯彻疏导原则的基本要求是：

（1）讲明道理，疏导思想；

（2）因势利导，循循善诱；

（3）以表扬激励为主，坚持正面教育。

（三）尊重学生与严格要求学生相结合原则

1. 基本含义

尊重学生与严格要求学生相结合原则是指进行德育要把对学生个人的尊重和信赖与对他们的思想和行为的严格要求结合起来，使教育者对学生的影响与要求易于转化为学生的品德。

2. 贯彻要求

贯彻这一原则的基本要求是：

（1）爱护、尊重和信赖学生；

（2）教育者对学生提出的要求要做到合理正确、明确具体和严宽适度；

（3）教育者对学生提出的要求要认真执行，坚定不移地贯彻到底，督促学生切实做到。

（四）教育的一致性与连贯性原则

1. 基本含义

这一原则是指进行德育应当有目的、有计划地把来自各方面对学生的教育影响加以组织、调节，使其相互配合，协调一致、前后连贯地进行，以保障学生品德能按教育目的的要求发展。

2. 贯彻要求

贯彻这一原则的基本要求是：

（1）要统一学校内部各方面的教育力量；

（2）要统一社会各方面的教育影响，争取家长和社会的配合，逐步形成以学校为中心的"三位一体"德育网络；

（3）处理好衔接工作，保持德育工作的经常性、制度化、连续性、系统性。

（五）因材施教原则

1. 基本含义

因材施教原则是指进行德育要从学生的思想认识和品德发展的实际出发，根据他们的年龄特征和个性差异进行不同的教育，使每个学生的品德都能得到最好的发展。

2. 贯彻要求

贯彻这一原则的基本要求是：

（1）深入了解学生的个性特点和内心世界；

（2）根据学生个人特点有的放矢地进行教育，努力做到"一把钥匙开一把锁"；

（3）根据学生的年龄特征有计划地进行教育。

（六）知行统一原则

1. 基本含义

这一原则是指既要重视思想道德的理论教育，又要重视组织学生参加实践锻炼，把提高认识和行为养成结合起来，使学生做到言行一致、表里如一。

2. 贯彻要求

（1）加强思想道德的理论教育，提高学生的思想道德认识；

（2）组织和引导学生参加各种社会实践活动，促使他们在接触社会的实践活动中加深情感体验，养成良好的行为习惯；

（3）对学生的评价和要求要坚持知行统一的原则；

（4）教育者要以身作则，严于律己。

（七）正面教育与纪律约束相结合的原则

1. 基本含义

这一原则是指德育工作既要正面引导、说服教育、启发自觉，调动学生接受教育的内在动力，又要辅之以必要的纪律约束，并使两者有机结合起来。

2. 贯彻要求

（1）坚持正面教育原则；

（2）坚持摆事实、讲道理，以理服人；

（3）建立健全学校规章制度和集体组织的公约、守则等，并且严格管理，认真执行。

（八）依靠积极因素，克服消极因素的原则（长善救失原则）

1. 基本含义

这一原则是指德育工作中，教育者要善于依靠、发扬学生自身的积极因素，调动学生自我教育的积极性，克服消极因素。

2. 贯彻要求

（1）教育者要用一分为二的观点全面分析，客观地评价学生的优点和不足；

（2）教育者要有意识地创造条件，将学生思想中的消极因素转化为积极因素；

（3）教育者要提高学生自我认识、自我评价能力，启发他们自觉思考、克服缺点、发扬优点。

知识拓展 ★

陶行知和他的四块糖的故事

陶行知先生在做校长时，一天在校园里看到一名男生正想用砖头砸另一个同学。陶行知及时制止同时令这个学生去自己的办公室。

在外了解情况后他回到办公室，发现那名男生正在等他，便掏出第一颗糖递给他："这是奖励你的，因为你很准时，比我先到了。"接着又掏出第二颗糖："这也是奖励你的，我不让你打人，你立刻就住手，说明你很尊重我。"该男生将信将疑地接过糖。

陶行知又掏出第三颗糖："据了解，你打同学是因为他欺负女生，说明你有正义感。"这时那名男生已经泣不成声了："校长，我错了。不管怎么说，我用砖头打人是不对的。"

陶校长这时掏出第四颗糖:"你已经认错,我们的谈话也结束了。"陶先生以出其不意的奖励感化教育,轻而易举地攻破了学生的心理,圆满达到了教育的目的。

试想,这则故事如何帮助我们速记德育原则呢?

正所谓"陶行知正面疏导军校一连队的学生:只有积极遵守纪律,才有尊严"。可用这句口诀来速记德育八个原则,"陶行知"体现知行统一原则,"正面"和"守纪律"体现正面教育与纪律约束相结合的原则,"疏"体现疏导原则,"导"体现导向性原则,"一连"体现教育的一致性与连贯性原则,"积极"体现依靠积极因素克服消极因素的原则,"才"体现因材施教原则,"学生"和"尊严"则体现尊重学生与严格要求学生相结合的德育原则。

二、中学德育的途径

德育途径是指学校教育者对学生实施德育时可供选择和利用的渠道,又称为德育组织形式。我国中小学德育途径是广泛多样的,其中主要包括:

(一)教学

教学是学校的中心工作,在学校全部工作中所占时间最多,而学生在校的主要活动是学习,所以教学是对学生进行德育工作最基本、最经常、最有效的途径。

(二)班主任工作

班级是学校教导工作的基本单位,班主任是班级教育系统的重要力量。因此,班主任工作是学校教育工作中重要而又特殊的途径。通过班主任工作,学校可以强有力地管理基层学生集体,教育每一个学生,更好地发挥各个德育途径的作用。

(三)团队活动与集会活动

共青团、少先队是青少年学生自己的集体组织。通过自己的组织进行德育,有利于调动学生的积极性、主动性和创造性,培养主人翁意识以及自我教育和管理的能力,是学生自我教育的重要形式。团队通过开展各种健康有益、生动活泼的活动,如夏令营、冬令营活动,文化科技娱乐活动,来激发青少年学生的上进心、荣誉感,促使他们严格要求自己,自觉提高思想认识,培养优良品德。

校会、班会、周会、展会等集会活动也是德育的途径。校会是学校组织的全校师生参加的活动,班会是教学班组织的全班同学参加的活动。学校有常规的校会、班会,也有专题性校会、班会,如节日庆祝会、文化节、科技节、主题班会等。

(四)课外活动

在科技与文体等课外活动中,包含着丰富多彩的思想教育内容。学生积极参加这些活动,能够在塑造科学精神、探索精神、良好情操、顽强意志等方面得到发展。

(五)社会实践活动

学生的思想品德是在活动和交往中形成,并通过活动和交往表现出来。社会实践活动有助于将品德知识更好地转化为品德行为,减少或避免知行脱节现象。因此,社会实践活动也是学校德育不可缺少的重要途径。社会实践活动一般包括三种类型:一是社会生产劳动;二是社会宣传和服务活动;三是社会调查活动,包括参观、访问、考察等。

(六)志愿者活动

志愿者活动以"奉献、友爱、团结、互助"为宗旨,以志愿服务的方式参与社会生活、奉献个人力量,是新时期青少年参与社会实践、锻炼个人综合品质和道德品格的良好载体活动。

（七）劳动

通过劳动，学生容易产生对劳动科学与技术的兴趣与爱好，能激发出巨大的热情与力量，经受思想上的考验，从而形成勤俭节约、朴实顽强的优良品德。

三、中学德育的方法

德育方法是为达到既定的德育目标，教育者与受教育者参与德育活动所采取的各种方式的总称。

（一）说服教育法

说服教育法是借助语言和事实，通过摆事实、讲道理，以影响受教育者的思想意识，使其明辨是非，提高其思想认识的方法。这是社会主义国家的学校对学生进行德育的基本方法。

说服教育的主要功能是提高受教育者在思想、政治、道德等方面的认识，使其形成正确的观点、方法。一般来说，青少年学生的问题大都是思想认识方面的。因此，要解决问题，就要晓之以理，启发自觉，运用说服教育来以理服人。

运用说服教育法，教育者切不可空洞说教，以势压人，而要注意：

第一，有目的性和针对性；

第二，有知识性和趣味性，内容真实、可信；

第三，态度真诚、热情；

第四，善于捕捉说理时机，拨动学生的心弦，以增强教育效果。

（二）榜样示范法

榜样示范法是教育者以他人高尚的思想、模范的行为、优异的成就来影响受教育者的一种方法。

榜样的力量是无穷的。运用榜样示范法，一方面，能通过榜样的言行，将深刻抽象的理论具体化、人格化，使其生动而鲜明，富有感染性；另一方面，符合青少年学生模仿性强、可塑性大的年龄特征，以及崇拜英雄、追求上进的心理需求。所以，榜样示范是中小学德育常用的方法之一。

运用榜样示范法，首先，要选好示范的榜样，榜样应具有先进性、时代性和典型性。榜样一般有三种：一是教育者的示范；二是伟人及英雄模范人物的典范；三是优秀学生的典型。其次，要引导学生深刻理解榜样精神的实质，不要停留在表面模仿的层次上。再次，激起学生学习榜样的敬慕之情。最后，要激励学生自觉用榜样来调节行为，提高境界。

（三）指导实践法

指导实践法是教育者组织学生参加多种实际活动，在行为实践中使学生接受磨炼和考验，以培养优良思想品德的方法。

指导实践法的主要功能在于培养学生的优良行为，养成良好的品德习惯，增强品德意志，从而培养品德践行能力。

运用指导实践法要注意：

第一，运用实践锻炼的两种方式，对学生进行锻炼。一种是执行学校规章制度的常规训练；另一种是组织学生参加多种实践活动的锻炼。

第二，将培养青少年学生良好行为习惯，与提高他们的认识、增强他们的情感体验相结合。

第三，要有明确的目的和有序有恒的要求，使学生进行持之以恒的锻炼。

第四，要不断地督促检查，使之坚持。

第五，调动学生实践锻炼的主动性。

（四）陶冶教育法

陶冶教育法是教育者自觉创设良好的教育情境，使受教育者在道德和思想情操方面受到潜移默化的感染和熏陶的方法。陶冶包括人格感化、环境陶冶和艺术陶冶。

陶冶教育法直观具体，形象生动，情理交融。它的影响方法带有愉悦性、非强制性、无意识性等特点，能使学生在潜移默化中受到熏陶、感染。

运用陶冶教育法要注意：

第一，创设良好的教育情境。教育者要加强自身修养，同时注意校园文化建设，丰富校园文化生活，形成良好的班风和校风。

第二，组织学生积极参与情境创设。

第三，与启发说服相互结合，共同促进学生发展。

（五）品德评价法

品德评价法是教育者根据一定的要求和标准，对学生的思想品德进行肯定或否定的评价，促使其发扬优点、克服缺点，督促其不断进步的一种方法。

品德评价法是品德发展的一种强化手段，能够帮助学生提高认识、分清是非，明确自己的优缺点，从而对学生的品德行为产生一定的调节、约束作用。

品德评价法通常包括奖励、惩罚、评比和操行评定等方式。奖励有赞许、表扬和奖赏等。惩罚有警告、记过、留校察看和开除学籍等。评比有单项评比，如卫生、纪律评比，也有总结性全面的评比，如评选三好生、先进班集体等。操行评定是一定时期内对学生思想品德所做的比较全面的评价，一般一个学期进行一次。运用品德评价法应遵循以下要求：

（1）要有明确的目的和正确的态度；

（2）要公正合理，实事求是，坚持标准；

（3）要充分发扬民主，让学生积极参与评价活动；

（4）把奖惩和教育结合起来，坚持育人为目的，不为了奖惩而奖惩。

（六）品德修养指导法

教师指导学生自觉主动地进行学习、自我品德反省，以实现思想转化及行为控制。品德修养是在建立自我意识、自我评价能力发展基础上的，是人的自觉能动性的表现。这种方法可以增强学生的主体意识，促进其自我意识及其自我修养能力的提高，调动他们自觉主动地接受教育，增强他们抵制不良思想道德影响的免疫能力，推动学校德育工作的发展以及学校德育目标、内容的实现。

【典型真题】班主任王老师经常通过立志、学习、反思、箴言、慎独等方式来培养学生形成良好思想品德。这种德育方法是（　　）。

A. 说服教育法　　　B. 榜样示范法　　　C. 陶冶教育法　　　D. 品德修养指导法

【答案】D

【解析】本题主要考查德育方法。品德修养指导法即个人指导修养法，强调采用反思、立志、慎独等方式进行自我教育。

【典型真题】像任何事物的发展一样，学生品德的发展也是由其内部矛盾推动的。学生品德发展的内部矛盾是（　　）。

A. 社会道德要求与学生现有品德发展水平之间的矛盾

B. 社会德育要求与学生现有品德发展水平之间的矛盾

C. 学生品德发展的社会要求与学校德育要求之间的矛盾

D. 学生品德发展的新需要与其现有发展水平之间的矛盾

【答案】D

【解析】德育过程是促使学生思想内部矛盾运动的过程。学生思想心理内部矛盾是指教育者提出的德育要求与受教育者现有思想品德发展水平之间的矛盾，所以学生品德发展的新需要与现有发展水之间的矛盾是学生品德发展的内部矛盾。

【典型真题】简述贯彻科学性和思想性相统一教学原则的基本要求。

【参考答案】

教学中科学性和思想性统一的原则是指教学要以马克思主义为指导，授予学生科学知识，并结合知识教学对学生进行社会主义品德和正确人生观、科学世界观教育。在教学中贯彻科学性和思想性统一原则的基本要求是：

（1）教师要保证教学的科学性，同时要结合教学内容的特点进行思想品德教育；

（2）教师要通过教学活动的各个环节对学生进行思想品德教育；

（3）教师要不断提高自己的业务能力和思想水平。

模块八 　中学班级管理与教师心理

考纲呈现

1. 熟悉班集体的发展阶段。

2. 了解课堂管理的原则，理解影响课堂管理的因素；了解课堂气氛的类型，理解影响课堂气氛的因素，掌握创设良好课堂气氛的条件。

3. 了解课堂纪律的类型，理解课堂结构，能有效管理课堂；了解课堂问题行为的性质、类型，分析课堂问题行为产生的主要原因，掌握处置与矫正课堂问题行为的方法。

4. 了解班主任工作的内容和方法，掌握培养班集体的方法。

5. 了解课外活动组织和管理的有关知识，包括课外活动的意义、主要内容、特点、组织形式以及课外活动组织管理的要求。

6. 理解协调学校与家庭联系的基本内容和方式，了解协调学校与社会教育机构联系的方式等。

7. 了解教师角色心理和教师心理特征。

8. 理解教师成长心理，掌握促进教师心理健康的理论与方法。

复习导引

本章涵盖两个大的知识体系：一是班级管理；二是教师心理。在学习班级管理知识中，要掌握班集体、班级、课堂、纪律的管理方式以及课堂问题行为的正确处理方式；在学习教师心理时要清楚老师出现心理问题的原因是什么、怎么去解决这些问题，这样才能够从整体上把握以上两大考试难点。

📐 知识架构图

```
                                              ┌─ 班集体及其管理
                                              ├─ 班级及班级管理
                                              ├─ 课堂管理
                          ┌─ 考点1 班级及班级管理 ┼─ 课堂气氛
                          │                   ├─ 课堂纪律
                          │                   └─ 课堂问题行为
                          │                   ┌─ 班主任的概念、地位、作用
                          ├─ 考点2 班主任工作 ────┼─ 班主任的基本素养
                          │                   └─ 班主任的工作内容与方法
                          │
中学班级管理与教师心理 ────────┼─ 考点3 中学课内外活动 ── 班级活动、班队活动、课外活动
                          │                        ┌─ 学校与家庭的协调
                          ├─ 考点4 学校与家庭、社会的关系协调 ┤
                          │                        └─ 学校与社会的协调
                          │
                          ├─ 考点5 师生关系 ── 教师、学生、师生关系
                          │                     ┌─ 教师职业发展概况
                          ├─ 考点6 教师职业发展 ──┤
                          │                     └─ 教师专业化的产生与发展、发展阶段、基本策略、途径
                          │
                          └─ 考点7 教师心理 ── 教师的心理特征、教师的教学效能感、教师的心理健康
```

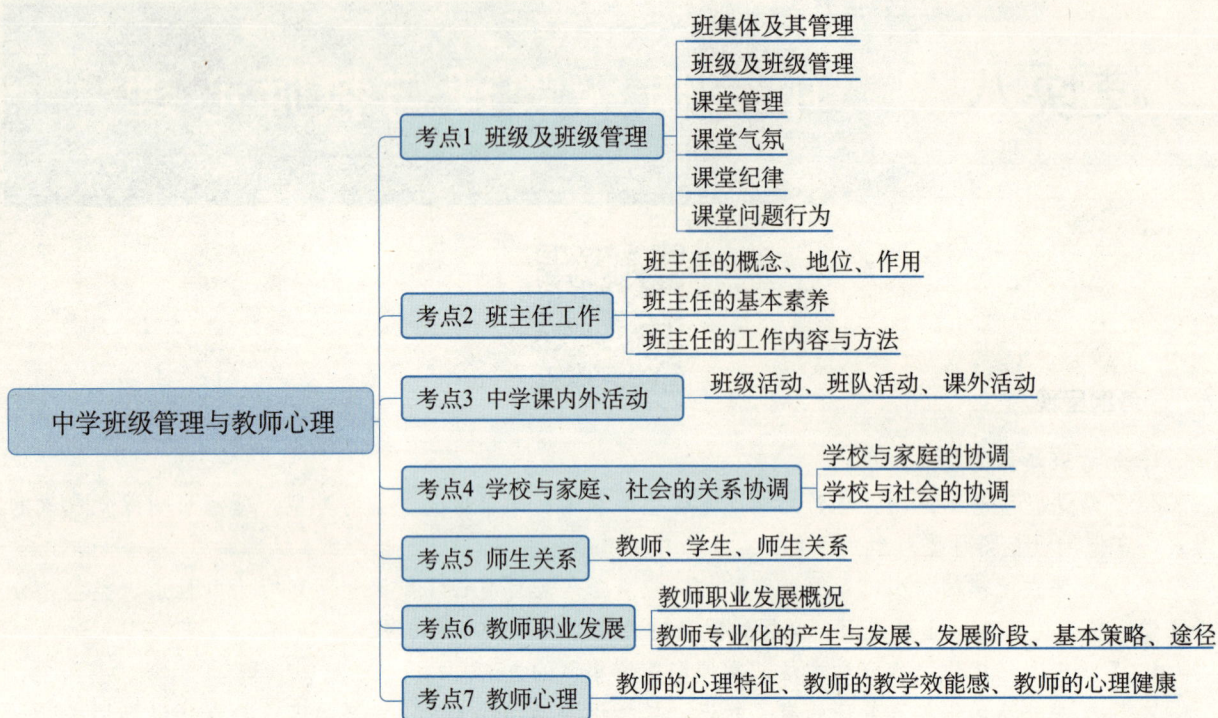

考点 1　班级及班级管理

一、班集体及其管理

(一) 班集体的内涵

班集体是按照班级授课制的培养目标和教育规范组织起来的,以共同学习活动和直接性人际交往为特征的社会心理共同体,是班级学生群体发展的高级阶段,是学校学生集体的基层性集体。

(二) 班集体的形成与发展

班集体是在教育目的规范下,由具有明确的奋斗目标、坚强的领导核心及良好纪律和舆论的班级学生所组成的活动共同体。

1. 班集体的发展过程

(1) 初建期的松散群体阶段。

这一阶段是指班级组建之初,班级成员互不相识,每位同学只是按照课表进入同一教室上课或根据班主任统一安排参与共同活动。同学彼此之间处在新奇而互相观察状态,对班主任的依赖性较强,班级工作主要由班主任主持。这一时期是班主任工作最繁忙的时期。

(2) 形成期的合作群体阶段。

这一阶段的班级学生在经历初始阶段的共同学习与生活后,彼此开始熟悉,并产生了一定人际关系,通过正式与非正式的交往也形成了各种小团体或小交际圈。这一时期是班主任培养班级骨干的重要时期。

（3）成熟期的集体阶段。

这一阶段的班集体已有了明确的、共同认可的奋斗目标，已经形成了坚强的核心，班干部已有了独立主持班务的能力，学生也有了较强的自我教育能力，班集体形成了良好的舆论氛围和民主团结的风气。

2. 班集体形成的标志

（1）共同的奋斗目标。这是班集体发展的方向和动力，是班集体形成的基础条件。

（2）有力的领导集体。班级领导集体包括班委会、小组长和各学科代表，以及班级团队组织等。

（3）健全的规章制度。这有助于学生完成"他律"到"自律"的转变。

（4）健康的舆论与良好的班风。良好班风的形成是班集体形成的重要标志。

（5）学生个性的充分发展。

3. 班集体的特征

（1）明确的共同目标。当班级成员具有共同的目标定向时，班级群体成员在实现目标的过程中便会在整体认识上与行动上保持一致，这是班集体形成的基础。

（2）一定的组织结构。班级中的每个成员都是通过一定的班级机构组织起来的。按照组织结构建立相应的机构，控制着班级成员之间的关系，从而完成共同的任务和实现共同的目标。

（3）一定的共同生活准则。健全的集体不仅有一定的组织结构，而且要受到相应规章制度的约束。集体成员认同的、自觉遵守的行为准则是完成学生共同任务和实现共同目标的保证。

（4）集体成员之间平等、心理相容的氛围。在集体中，成员之间在人格上应处于平等的地位，在思想情感和观点上比较一致；成员个体对集体有自豪感、依恋感、荣誉感等肯定的情感体验。

（三）培养班集体的方法

1. 全面了解和研究学生

全面了解和研究学生是培养良好班集体的先决条件，常用的方法有研究书面材料、观察、谈话、调查等。

2. 确定班集体的奋斗目标

集体奋斗目标是指集体成员在一定时期、一定阶段实现的任务和要求。它是集体形成和发展的动力。确立班集体的奋斗目标：第一，要把握目标的方向性，即每次活动的目的任务要符合党的教育方针，符合社会的要求；第二，要把握目标的激励作用，即符合集体和每个成员的内在需要。

3. 建立班集体的领导核心

坚强的集体领导核心是建立和形成良好班集体的基础和条件。在班集体建立初期，班主任可先指定一些人分别管理各项工作，边工作边考察，然后采用自荐或推荐方式确定候选人，进行全班同学投票选举正式产生班干部。班主任要放手让班干部去开展工作，随时观察他们的表现，给予有针对性的帮助指导，对班干部既要热情鼓励，又要严格要求，使他们树立应有的威信。

4. 建立和谐的人际关系

良好的人际关系是巩固与发展班集体的重要手段，是班集体凝聚力的黏合剂。如果集体成员奋斗目标一致，志同道合，就容易形成密切的人际关系。如果加强共同的理想教育、思想政治教育和开展各种有意义的教育活动，使大家有共同的认识，也有利于发展班级成员之间良好的人际关系，有利于良好班集体的培养。

班集体不同于班级。班级是校内行政部门依据一定的编班原则把几十个年龄和学龄相当、程度相近的学生编成的正式群体。班集体是按照班级授课制的培养目标和教育规范组织起来的，以共同学习活动和直接性人际交往为特征的社会心理共同体。

二、班级及班级管理

(一) 班级的概念

班级是学校为实现一定的教育目的，将年龄和知识程度相近的学生编班分级而形成的，有固定人数的基本教育单位。班级是学校进行教育和教学活动的基本单位，是学生实现社会化发展的重要场所。

(二) 班级的发展历史

16 世纪文艺复兴时期的著名教育家艾拉斯莫斯率先正式使用"班级"一词。

17 世纪捷克教育家夸美纽斯在《大教学论》中对班级进行论证，奠定了班级组织的理论基础。

18 世纪，德国著名教育家和心理学家赫尔巴特进一步完善班级教学理论。

1862 年，清政府创办京师同文馆，标志着我国首次采用班级授课制。20 世纪之后，晚清"废科举，兴学校"口号提出之后，班级组织在全国开始推广。

(三) 班级管理的概念

1. 班级管理的内涵

班级是指为实现教育目的而由学校按照学生的发展水平所组成、进行教育教学和学校生活的基层组织。

2. 班级管理的要素

(1) 管理主体；(2) 管理客体；(3) 管理主要手段，指实施班级管理的各种措施，如计划、组织、协调和控制。

班级管理主体、客体以及手段之间的相互联系和相互作用构成了班级管理系统及其矛盾运动，管理主体和管理客体是对立统一的，并在一定条件下相互转化。

(四) 班级管理的功能

班级是个体学习发展的微观环境。班级所发挥的功能可能是正面的也可能是负面的，班级管理的目的就是最大限度地发挥它的正面功能，限制以至消除其负面功能。班级管理的功能主要体现在以下几个方面。

从社会化角度看，班级具有实现教育目标、提高教学效率的作用。

从班级管理角度看，班级有助于维持班级秩序，形成良好的班风。

从学生发展角度看，班级有助于锻炼学生实践能力，让其学会自治与自理。

(五) 班级管理的目标与任务

1. 班级管理的目标

班级管理目标的建立，是班级管理操作的出发点和归宿。衡量一种管理模式是否成功，关键看其目标组织完成情况，班级管理的目标主要表现在以下几个方面：

(1) 优秀的班级。优秀班级形成的标志主要包括：共同的目标，集体的活动；健全的组织，坚强的核心；正确的舆论，和谐的气氛；真诚的合作，良好的关系；健康的班风，优良的传统。

(2) 良好的师生关系。教师与学生共同构成了班级的主体，两者关系的融洽与否直接影响了班级目标达成结果的好坏。良好的师生关系会促进班级建设，反之则会影响班级管理与发展。

(3) 学生的自主管理。学生是学习的主体，同时也是班级管理的主体。通过学生的自主管理，一方面锻炼学生管理能力的提升；另一方面要求学生学会自律，严格要求自己。

2. 班级管理的任务

(1) 直接任务：建设优秀班级，营造良好的教书育人环境。

(2) 根本任务：培养人，培养现代人。培养现代人就是要培养现代人的特点和素质，其中最基本的是社会责任感、创新精神和鲜明健康的个性。

（3）具体任务：班级的思想管理、学习管理、组织管理与活动管理。

（六）班级管理的内容

1. 班级教学管理

（1）注重学生的学习主体地位，坚持全面发展的质量观，要对学习的全过程实行有效的管理。

（2）兼顾学生的共性和个性。共性主要指同一班级的学生的身心特点、知识基础、接受水平大致相同；个性是指每个学生在学习态度、认识兴趣、智力能力、情感意志、气质性格等方面有明显的个别差异。

2. 班级制度管理

（1）班级制度管理的出发点是规范学生的日常行为，避免意外事件的发生，保证学生在校期间学习与生活的正常秩序和学生的全面发展。

（2）班级制度可分为成文制度和非成文制度，如班级组织制度、行为规范、班风和集体舆论等。

3. 班级组织管理

（1）班级组织管理主要是指对班级组织机构的管理，该机构是班级组织结构形成的基础与前提。班级组织结构包括职权结构、角色结构、师生关系结构和生生关系结构。

（2）班级组织建设的内容包括建立良好的班级、指导班级建设。

4. 班级活动管理

（1）班级活动是在班主任的指导下，根据学校整体安排或学生发展需要而进行全员性活动的总称。班级活动是学校教育活动的重要组成部分，是实现班级教育的重要形式之一。

（2）班级活动是课程教学的有利补充，会对学生智力的开发和能力的发展起到巨大的促进作用。

5. 班级文化管理

（1）班级文化的含义与特点。

班级文化是在师生共同的交往、交流与磨合中形成的价值观、社会舆论、群体意识、团队精神和行为规范的总和。班级文化内容涵盖物质文化、精神文化和制度文化等。班级文化具有教育性、群体性、趋同性、创新性等特点。

（2）班级文化管理的要求。

1）加强班级环境、制度文化建设；

2）丰富学生的课内外生活，促进精神文化的深化。

6. 班级情感管理

（1）班主任要用自身学识与人生阅历，做学生成长路上的引领者与同行者。

（2）班主任要有意识地运用情感的感染作用提高教育工作的有效性；情感教育要适时、宽严有度。

（七）班级管理的主要模式

1. 常规管理

班级常规管理是指通过制定和执行规章制度去管理班级的活动。规章制度是学生在学习、工作和生活中必须遵守的行为准则，它具有管理、控制和教育作用。通过规章制度的制定，使班级各项工作有章可循、有条不紊；通过规章制度的贯彻，可以培养学生良好的行为习惯以及优良的班风。

2. 目标管理

目标管理是由美国管理学家德鲁克率先提出的。班级目标管理是指班主任与学生共同确定班级总体目标，并将其分解为小组目标和个人目标，在与总目标保持一致的前提下形成目标体系，进而推进班级管理活动，实现班级目标的管理方法。

3. 民主管理

班级民主管理是指班级成员在服从班级的正确决定和承担责任的前提下，参与班级管理的一种管理方式。实质上就是培养每个学生的自我教育与自我管理意识，让每个学生都成为班级的主人。

4. 平行管理

班级平行管理是指班主任既通过对集体的管理去间接影响个人，又通过对个人的直接管理去影响集体，从而把对集体和个人的管理结合起来的管理方式。班级平行管理的思想来源于马卡连柯的"平行影响"教育思想。

（八）班级组织的建构原则

1. 有利于教育的原则

班级组织建设的首要原则即为有利于教育的原则。班级是学校开展教育活动的最基本组织形式，班级组织管理的好与坏直接影响到学校的教育质量与学生学习发展。在管理过程中，当其他原则与有利于教育原则相冲突时，其他原则都必须无条件服从这一原则。

2. 有利于身心发展原则

儿童正处于身心发展的关键时期，班级组织的管理与发展不仅要有助于教育教学活动的组织与实施，还要满足学生身心发展的需要，创建良好的物质、精神和文化环境，促进每位学生的身心都能得到充分、健康的发展。

3. 有利于目标一致原则

班级组织建构中的关键点之一即是被组建的人群在基本目标上应该是一致的。学生在整个学习过程中，其基本目标具有一致性，如在小学阶段应该接受知识、技能和良好个人习惯的培养。

三、课堂管理

课堂管理是指教师为有效利用时间、创造愉快的和富有建设性的学习环境以及减少问题行为而采取的组织教学、设计学习环境、处理课堂行为的一系列活动与措施。课堂教学效率的高低，取决于教师、学生和课堂情境三大要素的相互协调。

四、课堂气氛

课堂气氛通常是指在课堂上占优势地位的态度和情感的综合状态，它是学习的重要社会心理环境。良好的课堂气氛有助于学生学习效率的提高，有利于课堂师生互动。

（一）课堂气氛的类型和特征

课堂气氛是一种综合的心理状态，包括知觉、注意、情绪、意志等状态。我国学者依据这些心理状态综合表现的不同特点，将课堂气氛划分为积极的、消极的和对抗的三种类型。

1. 积极的课堂气氛

积极的课堂气氛是恬静与活跃、热烈与深沉、宽松与严格的有机统一。

2. 消极的课堂气氛

消极的课堂气氛常常以学生的紧张拘谨、心不在焉、反应迟钝为基本特征。

3. 对抗的课堂气氛

对抗的课堂气氛实质上是一种失控的课堂气氛。教师失去了对课堂的驾驭和控制能力，学生在课堂学习过程中各行其是，教师因此有时不得不停止讲课而维持秩序。

（二）课堂气氛的影响因素

影响课堂气氛的主要因素可以归纳为三个方面：教师的因素、学生的因素和课堂物理环境因素。

1. 教师的因素

教师的因素主要包括教师的领导方式、教师对学生的期望以及教师的情绪状态。

教师的领导方式是教师用来行使权力与发挥其领导作用的行为方式。勒温曾在 1939 年将教师的领导方式分为集权型、民主型和放任型三种类型。这三种不同的领导方式会使学生产生不同的行为反应，从而形成不同的课堂气氛，其中民主型的课堂气氛最佳。

2. 学生的因素

首先，学生认同集体目标、个人需求与课堂教学目标一致，能使集体的士气高涨，活动效率提高。当学生个人目标融入集体目标之中，良好课堂气氛的形成就有了必要前提。

其次，学生遵守纪律的自觉性高，有良好的品德和守纪律的习惯，有利于形成良好的课堂气氛。

3. 课堂物理环境因素

课堂物理环境是指教学时间和空间因素构成的特定的教学环境，包括教学的时间安排，班级规模，教室内的设备、教具、声响、光线、空气、气温、座位编排等。

(三) 创设良好课堂气氛的条件

影响课堂管理的因素很多，社会和学生对教师的期望、班集体的特点、学校领导的管理类型、教师自身的素质等都在不同程度和不同层次上影响着教师的课堂管理方式。

(1) 正确地鉴定分析课堂气氛，这是营造良好课堂气氛的前提和基础。

(2) 以积极的情感感染学生，师生之间形成情感共鸣。

(3) 抓典型、树榜样、立威信，使学生明确应遵守的行为规范和应追求的发展目标。

(4) 妥善处理矛盾冲突，主动承担责任，给学生做出良好榜样。

五、课堂纪律

(一) 课堂纪律概述

1. 课堂纪律的含义

课堂纪律是指为保障或促进学生的学习而设置的行为标准。课堂纪律具有约束性、标准性和自律性三大特征。

2. 课堂纪律的类型

根据课堂纪律形成的途径，可以将课堂纪律分成以下四种类型：

(1) 教师促成的纪律。

教师促成的纪律是指在教师的帮助指导下形成的班级行为规范。

(2) 集体促成的纪律。

集体促成的纪律主要是指在集体舆论和集体压力的作用下形成的群体行为规范。

集体促成的纪律主要有两类：一是正规群体促成的纪律，如班集体的纪律、少先队的纪律等；二是非正规群体促成的纪律，如学生间的友伴群体的纪律等。教师应着重对非正规群体加以引导，帮助他们形成健康的价值观和行为准则，并使之融合到正规群体中来，使每个学生都认同班集体的行为规范。

(3) 任务促成的纪律。

任务促成的纪律，主要指某一具体任务对学生行为提出的具体要求。这类纪律在学生的学习过程中占有重要地位。

(4) 自我促成的纪律。

自我促成的纪律，简单说就是自律，是在个体自觉努力下外部纪律内化而成的个体内部约束力。自我促成的纪律是课堂纪律管理的最终目的。

（二）课堂结构

课堂的三大要素包含学生、学习过程和学习情境，这三大要素的相对稳定的组合模式就是课堂结构。课堂结构包含课堂情境结构与课堂教学结构，这些都对课堂纪律有着重要的影响。

1. 课堂情境结构

课堂情境结构是指课堂学习情境，在情境的设置上需要考虑以下内容：

（1）班级规模的控制。

班级规模直接影响到课堂情境结构，过大或过小的班级对课堂效果都会有影响。所以，中小学班级最好以 25～40 人为宜。

（2）课堂常规的建立。

课堂常规即教室常规，是每个学生必须遵守的最基本的日常课堂行为准则。从上课、发言、预习、复习、作业，到写字姿势、自修、教室整洁，课堂常规为学生提供了行为标准，具有约束和指导学生的作用。

（3）学生座位的分配。

分配座位时，一方面要考虑课堂行为的有效控制，预防纪律问题的发生；另一方面要考虑促进学生间的正常交往，并有助于学生形成良好的人格特征。

2. 课堂教学结构

课堂教学结构是在一定的教育思想的指导下为完成一定的教学目标，对构成教学的诸因素在时间、空间方面所设计的比较稳定的、简化的组合方式及活动程序。课堂教学结构的安排要考虑以下内容：

（1）教学时间的合理利用。

有人将课堂活动分为学业活动、非学业活动和非教学活动三种类型。通常情况下，用于学业活动的时间越多，学习成绩便越好。因此，不应该使他们把过多的时间花费在等待教师帮助、上课做白日梦以及在课堂里嬉闹等方面。解决这一问题的关键就在于建立完善的课堂秩序，有效地将学生吸引到学业学习上来，使花费在维持纪律上的时间减少到最低限度。

（2）课程表的编制。

课程表是课堂教学有条不紊进行的保证，在编制中要注意：

第一，尽量将语文、数学、外语等核心课安排在学生精力最充沛的上午第一、二、三节课，而将音乐、美术、体育、习字等技能课安排在下午。

第二，文科与理科、形象性与抽象性学科应交错安排，避免学生产生疲劳和厌烦。

第三，新、老教师教平行班的时间间隔要不同，新教师间隔时间短，以保证第二班的教学效果更优；老教师间隔时间长，以避免简单重复产生乏味感。

（3）教学过程的规划。

良好的教学设计是维持课堂纪律的又一重要条件。不少纪律问题是因为教学过程规划不合理造成的。因此无论是教学目标的设立，还是教学方法的选择，教师都应认真对待。

（三）维持课堂纪律的策略

1. 建立有效的课堂规则

课堂规则是课堂成员应遵循的基本行为规范和要求。积极、有效的课堂规则有以下特点：

（1）由教师和学生充分讨论，共同制定；

（2）尽量少而精，内容表达以正面引导为主。

2. 合理组织课堂教学

教师应做到：首先，增加学生参与课堂的机会；其次，保持紧凑的教学节奏，合理布置学业任务；最后，处理好教学活动之间的过渡。

3. 做好课堂监控

教师应能及时预防或发现课堂中出现的一些纪律问题，并采取言语提示、目光接触等方式提醒学生注意自己的行为。

4. 培养学生的自律品质

促进学生形成和发展自律品质，是维持课堂纪律的最佳策略之一。教师应做到：

（1）教师要对学生提出明确的要求，加强课堂纪律的目的性教育；

（2）引导学生对学习纪律持有正确、积极的态度，产生积极的纪律情感体验，进行自我监控；

（3）集体舆论和集体规范是促使学生自律品质形成和发展的有效手段，教师应对其加以有效利用。

六、课堂问题行为

课堂问题行为是指学生在课堂中发生的违反课堂教学规则、妨碍及干扰课堂教学活动的正常进行或影响教学效率的行为，是需要予以控制、矫正和防范的课堂学生行为。课堂问题行为的基本特征为消极性、普遍性，其程度以轻度为主。

（一）课堂问题行为的类型

中外学者从不同角度对课堂问题行为进行了分类。奎伊等人在其研究的基础上，把课堂问题行为分为人格型、行为型和情绪型。

（1）人格型问题行为带有神经质特征，常常表现为退缩行为。

（2）行为型问题行为主要具有对抗性、攻击性或破坏性等特征。

（3）情绪型问题行为主要是由于学生过度焦虑、紧张和情绪多变而导致社会障碍的问题行为。

（二）课堂问题行为产生的原因

1. 学生的因素

（1）适应不良。

学生适应不良又称个体人格的适应不良，是指个体不能很好地根据环境的要求改变自己，或个体不能积极作用于环境并改造环境，由此产生的各种情绪上的干扰。学校中常见学生人格适应不良的症状是注意广度低、多动、寻衅闹事、学术志向水平低和人格的不成熟等。这些都能成为引发课堂问题行为的诱因。

（2）厌烦。

教学内容不适合学生的程度和水平，太难或太容易都会使学生对学习失去信心或兴趣，感到索然无味；而教师教学方法的过于单调或语言平淡，也会使学生感到厌烦，失去学习的积极性。

（3）挫折与紧张。

在课堂教学中，教师提出的学习和行为上的要求，不可能适合每个学生的情况，这就不可避免地会使有的学生面临失败或挫折的威胁。而挫折容易使学生紧张，积累到一定程度就会表现出发泄、寻衅闹事等行为。也有的学生采取逃避的方式，表现出回避批评、嘲笑及被人抛弃的不利情境的退缩性问题行为。

（4）寻求注意与地位。

有些学习差生知道自己在学习方面不可能得到教师和其他同学的注意和认可，但他发现，教师为维持课堂教学秩序对问题行为比较注意，于是他就会故意出现某些问题行为，以引起教师或同学的注意，并获得自己在班级中的地位。

（5）过度活动。

过度活动的学生，有的是由于有情绪冲突，有的是由于脑功能失调，使他们对于刺激过于敏感或有过度反应的倾向，因而在课堂上对一些无关刺激也易做出反应而造成问题行为。主要表现为注意力无法集中在课堂上、行为冲动、容易扰乱课堂秩序。对于由于生理原因造成问题行为的学生要热情交往，帮助他们学会控制自己的冲动，而不要滥用药物。

（6）性别差异。

一般来说，男学生的问题行为比女生要多一些。这既可能是由于男孩语言技能发展较慢，导致其社交学习较晚造成的；也可能是因为低年级中女教师多，而使男生出现了学习适应上的困难。

2．教师的因素

（1）要求不当。

有的教师要求过严，学生动辄得咎，造成师生矛盾和冲突逐渐尖锐化；有的教师则要求过低，只要学生不惹是生非，其他一概不管，这样课堂纪律必然涣散。

（2）滥用惩罚手段。

惩罚虽能迅速而有效地制止课堂问题行为，但若不分青红皂白地惩罚，则会降低教师在学生中的威信，使学生产生怨恨情绪，从而诱发攻击性或退缩性问题行为。

（3）教师缺乏自我批评精神。

当问题行为严重干扰课堂教学时，教师常对学生严厉惩处，而很少引咎自责，这更会加剧学生的不满情绪，导致问题行为变本加厉。此外，教师教学内容与方法不当，营造过于强烈的竞争氛围，也会引起不同的问题行为。

3．环境因素

环境影响包括家庭、大众媒体、课堂内部环境等方面的影响。

（1）家庭因素。单亲家庭的孩子可能自制力差，极易冲动，容易产生对抗性逆反行为。

父母不和、经常打闹的家庭的孩子，在课堂上会表现出孤僻退缩、烦躁不安；有的家长对孩子过于溺爱，容易造成孩子的自我中心、放荡不羁。

（2）大众媒体。现在正处于信息时代，但是大众媒体也对学生产生了消极的影响。一些暴力、色情等低级庸俗的内容激发学生去效仿，这些行为容易延伸到课堂上。

（3）课堂内部环境。课堂内部环境，诸如课堂内的温度、色彩、课堂气氛、课堂座位的编排方式等都会对学生的课堂行为产生十分明显的影响。

（三）课堂问题行为的处置与矫正

1．制订适宜的教学计划

获得学习成就是学生的根本需要。因此，教学计划中的教学目标、内容和方法必须要适合学生的程度和水平，使学生通过学习能取得较满意的成绩或成就，提高学生的自信心和自尊心。同时，较好的学业成就也能缓解学生的焦虑情绪，提高其在班集体和家庭中的地位，改善其人际关系，从而使其能更好地适应课堂环境。

2．帮助学生调整学习的认知结构

教师在引进新知识、新内容时，要交代清楚它的来龙去脉，把新知识与旧知识联系起来，也就是把新知识整合到学生头脑中已有的认知结构中去，使他们具备进行新的学习的知识结构基础。

3．给予精确而严格的指导

教师应给予学生清晰的指导，这样才能使学生得到足够的信息。否则，学生会有一种不确定的感觉，就会反复提出问题或表现出急躁、厌烦和焦虑，甚至产生问题行为。指导除言语方式外，还可以采用写黑板字、放投影或用纸写指导语等多种形式。

4．建立良好的教学秩序

良好的教学秩序会营造出愉快、和谐的课堂气氛，从而使教师与学生情绪平静、思维活跃，减少问题行为的发生。而要建立良好的教学秩序，首先就要建立合理的课堂结构，也就是良好的课堂情境结构和良好的课堂教学结构。

5. 协调同伴关系

教师必须为学生创设一个良好的人际环境，创设更多的让他们在班集体中发挥才能和积极作用的机会，使他们能得到同伴的同情、尊重和认可，从而提高他们的自信心和在班级中的地位，同时，还要注意制止学生中对他们伤害的行为，如讽刺、挖苦、嘲笑等。

6. 与家长合作

亲子关系对于形成和纠正问题行为是十分重要的。所以，教师必须主动地与家长合作，互通信息，共同配合，采取有效措施纠正学生的不良行为，促进学生积极行为的发展。

7. 行为矫正与心理辅导

对已经产生问题行为的学生，就要采取行为矫正和心理辅导的方法来处理。对复杂问题行为，尤其是那些由内在刺激引起与维持的问题行为，矫正效果并不显著，需要心理辅导来解决。心理辅导主要是通过改变学生的认知、信念、价值观念、道德观念来改变学生的外部行为。

【典型真题】目前我国中学普遍采用的主要教学组织形式是（　　）。

A. 班级教学　　　B. 分组教学　　　C. 复式教学　　　D. 个别教学

【答案】A

【解析】本题考查的知识点为班级的概念。课堂教学是目前我国中小学教育教学的基本组织形式，是教师教育教学活动的基本阵地。课堂是以班级为单位组织起来的，因而答案为A。

【典型真题】只有建立了统一的学校集体，才能在儿童的意识中唤起舆论的强大力量，这种舆论的力量，是支配儿童行为并使它纪律化的一种教育因素。提出这一集体教育主张的教育家是（　　）。

A. 加里宁　　　B. 马卡连柯　　　C. 凯洛夫　　　D. 苏霍姆林斯基

【答案】B

【解析】平行教育是苏联教育家马卡连柯提出的集体教育原则的别称，即通过教育集体影响个人，通过教育个人形成集体。题干所述是马卡连柯的集体主义思想，强调集体与个人之间的平衡关系，答案选B。

【典型真题】中国最早采用班级组织形式的是（　　）。

A. 京师大学堂　　　B. 福建船政学堂　　　C. 京师同文馆　　　D. 南洋公学

【答案】C

【解析】在晚清洋务运动中，成立于1862年的京师同文馆最早采用班级这一学校教育的组织形式，故选C。

【典型真题】某班学生以建立融洽的同学关系为行为取向，以"如何才能让同学喜欢或接纳"为行为准则，该班处于课堂纪律发展的（　　）阶段。

A. 自我服务行为　　　B. 人际关系表现　　　C. 自我约束　　　D. 反抗行为

【答案】B

【解析】课堂纪律发展分为四个阶段：阶段一：拒不服从的表现；阶段二：自私自利的表现；阶段三：人际关系表现；阶段四：自我管理。处于阶段三的学生已经培养出了纪律性，他们表现良好是因为环境要求他们这么做。这个阶段是人际交往的时期，他们在意别人如何评价他们，同时也希望别人喜欢他们，故选B。

【典型真题】当教师与学生、学生与学生之间有一定的了解和信任，班级的组织比较健全时，该班级的发展处于（　　）。

A. 自主活动阶段　　　B. 形成阶段　　　C. 组建阶段　　　D. 成熟阶段

【答案】B

【解析】本题考查的知识点为班级的形成与发展。在班级形成阶段，班级学生产生了一定的人际关系，并在班主任指导下，班干部可以独立组织班级活动，故选 B。

【典型真题】 我刚担任初二（3）班班主任时，班级风气较差，我做的第一件事就是组织培养班集体。我是这么做的：

第一，和全班同学讨论确定班集体的发展方向，最终确定了近期（两个月）、中期（一学年）和远期（毕业前）班集体的目标。近期，主要搞好课堂纪律、抓好班级建设；中期，争取成为学校优秀班集体；远期，力求全面提高学习成绩和素质。我没有在第一次班会课上训话，而是对同学们表达了希望和信任，相信经过同学们的努力，一定能把班级建设成优秀班级。同时我深入学生中间，争取大多数同学的支持并制定了《班级管理常规》，严格实行德育考核，奖罚结合，并定期向家长通报，两个月下来，班级风气明显好转，近期目标基本实现了……

第二，在重新组建班委会过程中，学生反映，生活委员翁丽常常在自习课带头讲话，课间吵闹造成不良影响，我和班委会讨论后决定撤换她。当宣布这一决定时，看到她情绪低落，我没有简单批评她，而是关心她，告诉她我这样做，是为班级包括她在内的全体同学着想。经过几次推心置腹的谈话，她在各方面有了较大的提高。同时，在原班委会基础上，我根据各班委的特长进行了适当调整。

第三，组织了"学雷锋日""环保日""篮球赛""社会调查"等一系列活动，在活动组织和实施中，逐渐形成了正确的舆论和良好的班风，激发了学生的集体荣誉感，培养了他们明辨是非、善恶、美丑的能力。

第四，针对后进生，我分别采取了个别谈心、道德谈话等辅导方式，在促进学生转变中起了较好的作用。比如，我班赖明同学脾气暴躁，常仗着大块头与同学打架，与老师顶撞，但他特别擅长体育运动，尤其是篮球打得好。当时恰逢学校组织班级间篮球赛，我意识到转化的机会来了。我找到他研究如何排兵布阵，并请他做班级篮球队队长，他很感动。赛场上，赖明奋力拼搏，表现出色，我班取得了第一的好成绩。我趁热打铁，又推荐他做体育委员，得到全体同学同意。在此基础上，我又找赖明谈话，希望他珍惜大家对他的信任。从此，他从班级"反叛者"变成了"主人翁"，直到初三以良好成绩毕业。

问题：

结合材料说明该班主任老师培养班集体的主要方法。

【参考答案】

（1）全面了解和研究学生。班主任工作对象是学生，全面了解和研究学生是班主任正确而有效地组织班级工作的前提条件，是班主任有的放矢地对学生进行教育和引导的基础。

（2）确定班集体的奋斗目标。与全班同学讨论确定班集体的发展方向，最终确定了近期（两个月），中期（一学年）和远期（毕业前）班集体的目标。

（3）建立班集体的领导核心，注重选拔和培养班干部。在重新组建班委会过程中，在原班委会基础上，根据各班委的特长进行了适当调整。

（4）建立和谐的人际关系，形成正确的集体舆论和良好的班风。组织形式多样的教育活动，如"学雷锋日""环保日""篮球赛""社会调查"等一系列活动；针对后进生分别采取了个别谈心、道德谈话等辅导方式，在促进学生转变中起了较好的作用。

考点 2　班主任工作

一、班主任的概念

班主任是班集体的组织者和领导者，是学校贯彻国家教育方针、促进学生健康成长的骨干力量，负责班级学生的思想、学习和生活等工作。

二、班主任的地位和作用

（一）班主任是班级组织的领导者

班主任在班级管理中的影响力主要表现在两个方面：一是班主任职位赋予其职权影响力，如班主任的权威、地位、职权等；二是班主任个人本身特征表现出的个性影响力，如人格特征和人格魅力等。

在班级管理的过程中，不同的老师会表现出不同的领导风格。班主任的领导方式基本可分为三种类型：权威型、民主型、放任型。

权威型的特征是命令、权威和疏远。班主任在班级管理的过程中拥有绝对的权威。在权威型模式之下，当教师在场时学生的学习成绩高于教师不在场时，说明他们是在教师的权威下才努力学习的，而非自身意愿。

民主型的特征是开放、包容、平等和互助。在民主型模式之下，学生的学习努力程度比较适中，学习成绩比较稳定。

放任型的特征是无序、随意和放纵。在这种模式下，学生的学习成绩在教师不在场时反而更好，这主要归因于学生中的具有领袖才能的人出面进行组织的结果。

（二）班主任是班级建设的设计者

班级建设的设计是指班主任根据学校的整体办学思想，在主客观条件许可的范围内所提出的相对理想的班级模式，包括班级建设的目标、实现目标的途径、具体方法和工作程序。其中，又以班级建设目标的制定最为重要。

班级目标的设计主要依据两个方面因素：从大方向看是国家的教育方针、政策和学校的培养目标；从实际情况看是班级群体的现实发展水平。

（三）班主任是沟通学校与家庭、社会的桥梁（协调者）

班主任主要协调好三大类关系。

第一，协调学校内部各种教育因素之间的关系，主要是协调与任课教师、学校各级领导之间的关系以及协调指导和协助共青团、少先队的工作。

第二，协调学校教育与家庭教育之间的关系。

第三，协调学校教育与社会教育之间的关系。

三、班主任的基本素养

班主任除了具备教师所必需的职业素养外，还要具备其他素养，如思想品德素养、知识素养、决策能力素养、身体素养和心理素养等。

四、班主任的工作内容与方法

（一）班主任工作的前提和基础——了解和研究学生

班主任了解和研究学生包括三个方面：了解和研究学生个人；了解学生的群体关系；了解和研究学生的学习和生活情境。

班主任一般采取多种方法了解和研究学生，如观察法、谈话法、实验法、问卷法、测量法、档案袋法、书面材料和学生作品分析法等。有时候采用单一方法，有时采用几种方法并行，下面介绍几种常用方法：

（1）观察法。这是班主任了解学生最基本的方法，通过注意学生实际发生的动作来了解学生。

（2）谈话法。这是班主任了解学生、管理班级时常用的一种方法。通过集体谈话和个别谈话深入了解真实可靠的信息，进而寻找合适的办法来解决学生目前遇到的问题。

（3）书面材料和学生作品分析法。班主任可以通过书面问卷调查、心理测验等书面材料以及学生的作业了解学生、分析学生的优缺点，进而引导学生。

（4）调查访问。这是一种间接了解学生的方法。班主任可以通过家访、走访学生前任班主任或任课教师等，了解学生个体或群体的成长经历，深入了解有关背景原因进而分析现在出现的问题。

（二）班主任工作的中心环节——组织和培养班级

班主任应有计划、有组织地在短时间内有效地组建班级。班级组织建构的首要原则是有利于教育原则。

（1）确立共同的奋斗目标。

（2）建立健全的组织核心。

（3）制定班级的规则与秩序。

（4）培养正确的班级舆论和优良的班风。

（5）组织开展多种多样班级教育活动。

（三）个别教育

班主任要使每个学生都得到充分和谐发展就必须深入了解每个学生，根据学生的个别特点有的放矢地进行教育。班主任做好个别教育，包括做好先进生的教育工作、中等生的教育工作和后进生的教育工作。

（1）先进生，又称"优秀生"或"优等生"，是指那些品学兼优，在德、智、体、美、劳诸方面都得到发展的学生。

措施：对于优等生，要不断鼓励与严格要求，发挥其优势，使其做好榜样，带动全班发展。

（2）中等生，又叫"一般学生"或"中间生"，是指那些在班级中各方面都表现平平的学生。主要分为三类：第一类是思想基础较好、想干而又干不好的学生；第二类是甘居中游的学生；第三类是学习成绩不稳定的学生。

中等生有两个共同点：一是信心不足；二是表现欲不强。

措施：对于中等生，要重视中等生教育，关心中等生的需求，结合中等生不同的特点予以个别教育，同时充分鼓励他们，帮助他们树立自信心。

（3）后进生是指那些在学业成绩和思想品德等方面均暂时落后的学生。典型特征有：求知欲不强，学习能力较低，意志力薄弱，没有良好的学习习惯；自卑、多疑心理和逆反心理严重；缺乏正确的道德观念和分辨是非、善恶的能力。

措施：后进生通常是指那些学习积极性不高、学习成绩暂时落后、不太守纪律的学生，后进生是一个相对概念，在识记运用时要谨慎。面对后进生，教师一方面要尊重学生的人格，对其关心爱护；另一方面要采取针对性的教学策略，循序渐进进行培养，进而激发学生的学习动机。

（四）组织班会活动和课外活动

班级活动是班级教育的经常性形式，其中最常见的形式为班会和课外活动。班主任不仅要善于组织班级活动，而且要能够开展多种多样、富有教育意义的班级教育活动。

（1）班会是班主任向学生进行教育的一种有效形式和重要阵地，是培养优良班级的重要方法，也是养成学生活动能力的基本途径，所以它成为班主任工作的重要内容。班会活动的特点主要有集体性、自主性和针对性。

班会的种类主要是常规班会、生活班会和主题班会。

（2）课外活动是根据受教育者的需要和教育教学的需要，在教育者的直接或间接指导下实现教育目的的一种活动。

课外活动具有自主性、自愿性、选择性、灵活性。

（五）建立学生成长档案

对于学生的分析与总结不是一时之事，而是需要集中整理与跟踪分析。班主任应该在全面了解学生的基础上，对所获得的学生资料进行整理分析与归档，即建立起学生的档案。学生成长档案分集体档案和个体档案两种，其步骤可分为：收集—整理—鉴定—保管。

（六）协调各种教育影响，形成教育合力

班主任作为各种资源的协调者，主要协调家庭、社会的关系，使各方资源形成教育合力，最终促进学生的发展。

1. 班主任与家庭协调

班主任与教师作为学生的共同教育者，相互信任与相互联系，彼此协调配合，形成家校合力，共同促进学生的健康成长。常见的家庭协调主要包括：家访、家长会、家长委员会及家长沙龙等。

班主任在与家长沟通过程中，应注意以下几点：

（1）在与家长沟通过程中，有目的、有计划、有重点地沟通学生问题，做到有针对性。

（2）在与家长沟通过程中，客观、真实、全面地向家长传递学生在校的学习和生活情况，并给予建议与执行方法等，做到教育与发展并行。

（3）在与家长沟通过程中，班主任要挖掘学生家长中的积极分子，依靠他们做好本班其他学生家长的工作。

2. 班主任与社会的协调

学校必须整合社会各种资源来为学校的发展服务，班主任在其中充分扮演协调和整合者，这就要求班主任主动了解、研究社会资源，并与校外社会教育机构保持联系，主动获取社会对班级工作的配合与支持。

（1）依托社区教育委员会。

社区教育委员会是指在当地政府的领导下，对学校实行教育行政领导与管理的组织机构。该机构的功能是增强学校与社会的联系，改善办学条件，发动社会力量关心和支持学校教育，为学生的社会实践提供广阔的天地，为学生的健康发展创造良好条件。

（2）建立校外教育基地。

校外教育基地是学校对学生在校内实施教育的手段、途径和渠道的延伸和拓展，是帮助学生学知识、提升技能的好场所，在一定程度上弥补了学校教育的不足，在培养儿童和青少年兴趣爱好和特长方面发挥着重要作用。校外教育基地主要涵盖少年宫、少年科技站、博物馆、各种业余学校等。

（七）操行评定

操行评定是学校对学生进行教育的重要方法。操行评定的目的在于教育儿童奋发向上，肯定优点，找出缺点，指出努力的方向，鼓励儿童上进；帮助家长全面了解子女在学校的情况以便与老师密切配合，共同教育儿童；帮助班主任总结工作经验，找出问题以改进工作。

操行评定原则：客观公正；促进学生发展；体现素质教育思想。

操行评定步骤：学生自评；小组评议；班主任评价；信息反馈。等级一般分为优、良、中、差，但"差"等应慎用。

（八）班主任工作计划与总结

班主任工作总结是指班主任对一个时间段（一般是一学期或一学年）的整个班级工作过程、状况和结果根据一定的标准做出全面的、恰如其分的评估。工作计划一般包括三部分：（1）基本情况；（2）

班级工作的内容、要求和措施；（3）本学期的主要活动与安排。班主任工作总结一般分为全面总结和专题总结两种。

【典型真题】 保证班主任工作的科学性、针对性和实效性的前提是（　　）。

A. 辅导学生　　　　B. 指导学生　　　　C. 教导学生　　　　D. 研究学生

【答案】 D

【解析】 本题考查的知识点为班主任工作的内容。做好班主任工作的前提是了解和研究学生。

【典型真题】 班主任有效工作的前提是（　　）。

A. 选好班干部　　　　　　　　　　B. 组织和培养班级

C. 了解研究学生　　　　　　　　　D. 做好思想品德教育工作

【答案】 C

【解析】 本题考查的知识点为班主任工作的内容。班主任工作的中心环节是组织和培养班级，而开展工作的前提是了解和研究学生，包括了解研究学生个人、群体关系及学习和生活环境。

【典型真题】 通过儿童的日记、作文、绘画、各种作业等的分析以了解儿童的研究方法是（　　）。

A. 作品分析　　　　B. 文献分析　　　　C. 行为分析　　　　D. 调查分析

【答案】 A

【解析】 本题考查的知识点为小学班主任了解和研究学生的常见方法。作品分析法又叫产品分析法，是对调查对象的各种作品，如笔记、作业、日记、文章等进行分析研究，了解情况，发现问题，把握特点和规律的方法。题干描述的研究方法就是作品分析法。

【典型真题】 发挥教育合力必须注意三种教育形态的有机结合，这三种教育形态是（　　）。

①家庭教育 ②学校教育 ③社会教育 ④自我教育

A. ①②④　　　　B. ①③④　　　　C. ①②③　　　　D. ②③④

【答案】 C

【解析】 本题考查的知识点为中学教育合力。教育合力指学校、家庭、社会三方面教育在方向上统一要求，时空上密切衔接，互补、协调一致，形成合力，发挥教育的整体效应。

【典型真题】 唐老师布置学生回家用泥巴做手工，要求留意制作的过程和感受，给作文积累素材。谁知不久，小强爸爸气势汹汹地来到办公室，对唐老师大吼："老师，为啥娃儿回家作业不做就玩泥巴?!"唐老师没有生气，和颜悦色地对家长说："您的心情我理解，但我先读一篇作文给您听，可以吗?"于是，唐老师就把小强在作文课上写的作文读了一遍，大致内容是：周末，他用泥巴好不容易制成了一辆"新型坦克"，很是得意，不料老爸一见，就将他的"成果"狠狠地摔个粉碎，还骂自己不务正业，他非常难过……

读罢文章，唐老师给家长讲明为什么要安排孩子回家做这样的作业。家长听后，连声道歉，说："是我不对，我还以为您就是让学生玩呢!"

问题：

（1）评析唐老师与家长沟通的做法。

（2）试述家校合作应遵循的基本要求。

【参考答案】

（1）唐老师与家长沟通的做法秉承了正确的家校沟通理念，值得肯定。

第一，这种做法体现了教师与家长的平等地位。家长和教师都是能够对学生施加教育影响的教育主体，在对学生的教育中具有平等的教育地位。案例中的唐老师在面对家长的质疑时，能够摆正心态，以平和心态去对待家长，体现了民主平等的地位。

第二，这种做法具有很强的教育性。教师具有专业的教育理念、知识和能力，相较于家长而言，具备更好的教育效果。案例中的唐老师针对学生的特殊情况做出了个别、深入细致的指导，不仅有助于学生成长，还能够转变学生家长的观念和认识，起到了良好的教育效果。

（2）家校合作中应遵循以下基本要求：

第一，教育性。家校合作应使学生、家长和教师都能够得到教育意义。

第二，发展性。家校合作应以促进学生发展为目的。

第三，针对性。家校合作应该针对学生的问题进行有针对性的指导。

第四，有效性。家校合作的目的是促进学生发展，最终达到预定目标。

考点 3 中学课内外活动

一、班级活动

（一）班级活动的概念

广义的班级活动是在教育者的组织和领导下，为实现培养目标、完成教育计划而组织的，由班级成员参加的一切活动，包括学习活动、生活活动、班会活动、团队活动、综合实践活动等。

狭义的班级活动指在班主任的组织和领导下，为实现班级教育目标而举行的各种主题教育活动，如主题班会等。

班级活动是班主任向学生进行政治、思想、道德、心理教育的基本形式，是班主任组织、建设学生集体，并通过学生集体来教育和影响学生个体的一种较为普遍采用的教育形式，也是学生个体进行自我教育的一种行之有效的方式。

（二）班级活动的功能

（1）班级活动促使学生提高认知能力。

（2）班级活动促使学生提高实践能力。

（3）班级活动有助于培养学生良好的道德品质。

（4）班级活动有助于形成班级凝聚力。

（5）班级活动有助于培养学生的良好个性。

（三）班级活动的类型和要求

1. 日常性班级活动

（1）班会：班会是学校集体活动中最主要的组织活动之一，指在班主任领导和指导下或者是同学自发的，以班级为单位，围绕一个或几个主题组织的对全班同学开展教育的活动。

（2）晨会：晨会是班主任强化班级管理、加强学生思想品德、学习行为规范的教育课程。晨会内容分两种：固定性的项目；根据临时需要增加的内容。

（3）执勤活动：执勤活动分班级内部执勤和全校性执勤。

（4）班级舆论宣传活动。

2. 阶段性班级活动

（1）工作性活动：全校每个班级在学习不同阶段必须完成的班级活动。

（2）竞赛性活动：阶段性的竞赛活动在丰富学生生活、活跃班级气氛的同时，还能提高班级的凝聚力。

二、班队活动

（一）班队活动的概念

班队活动是指为实现教育目的，在教育者引导下，由班级学生或少先队员共同参与，在学科教学以外时间组织开展的教育活动。

班队活动是进行思想品德教育的有效方式，是促进学生身心健康发展、形成良好个性的主要途径，是学生掌握知识、发展认识能力不可忽视的条件。

（二）班队活动的原则

1. 教育性原则

班队活动的教育性原则是班队活动的最基本原则。要求在组织和开展班队活动时，要以对学生的教育与发展有积极影响为目的。

2. 针对性原则

班队活动要针对班队组织与建设的实际需要、学生的年龄特征以及学生所处的地域环境和条件对学生进行教育。

3. 自主性原则

班队活动要尊重并调动学生在活动中的主动性和积极性。

4. 多样性原则

班队活动的多样性主要体现在两方面：一是活动形式的多样化；二是活动内容的多样化。

5. 计划性原则

班队活动的指导者要对各个学年、各个学期的班队活动做整体考量与规划，认真设计每次活动，以保证活动效能得到充分发挥。

6. 生活化原则

班队活动要以生活为根基、从实际角度深入，使活动符合客观现实发展的真实状况，让学生在真实的情境中理解生活，感悟人生真谛，以达到对学生的自然而然的教育。

（三）班队活动的意义

班队活动是进行思想品德教育的有效形式，是促进学生身心健康发展、形成良好个性的主要途径，是学生掌握知识、发展认识能力的重要条件。

（四）班队活动的类型

1. 主题教育活动

主题教育活动是指在班主任或辅导员的指导下，根据学校教育的计划，针对学生的实际情况，提出一个主题，围绕这一主题而进行的教育活动。其主要形式有：主题班队会、主题报告会、主题座谈会和主题伦理性讲话。

2. 班队例会

班队例会是指以班或队为单位，通过会议形式对学生进行常规教育的活动。班队例会的类型一般有班务会或队务会、民主生活会、月会、晨会等。

3. 班队文艺活动

班队文艺活动形式多样，比如联欢会就包括文艺联欢会、生日联欢会、节日联欢会、毕业联欢会等各种形式。

4. 班队体育活动

班队体育活动是指在学校体育课以外开展的，以增强体质、提高体育技能、促进学生全面发展为主要目的的教育活动。

班队体育活动能够增强学生体质，并以丰富多彩、生动活泼的形式和内容吸引、感染学生。同时在活动中还可以培养学生的良好情操和道德风貌。

开展班队体育活动应注意活动内容的合理搭配，以全面锻炼学生体质。

5. 班队科技活动

班队科技活动的形式有科技班会、科学知识讲座、科学兴趣小组、参观、调查、科技演示、科技知识竞赛和科技游戏等。参观、科学兴趣小组和科学知识讲座是班队会经常开展的科技活动。

6. 班队劳动

从形式上看，班队劳动主要有生产性劳动和自我服务性劳动。适合中学生的主要有社会公益劳动和自我服务性劳动。

7. 班队游戏活动

班队游戏活动主要有智力游戏和体育游戏两类。组织游戏活动的要求有：

（1）不要以"指令"方式布置游戏。

（2）游戏应该是容易被人理解的。

（3）应该正确地说明游戏的规则，且规则不能太多。

（4）游戏内容应该与教学内容和学生水平相适应。

（5）游戏要难易交替、动静结合。

（6）集体游戏不得强迫某些不具备游戏能力的学生参与，否则会伤害他们的自尊。

三、课外活动

（一）课外活动的概念

课外活动是相对课堂教学而言的，它是指在课堂教学之外，学校有目的、有计划地组织学生参加的各种有教育意义的活动。课外活动能促进学生认知能力、实践能力的提高，有利于培养学生良好的道德品质，促进其形成良好的个性，增强班级凝聚力。

（二）课外活动的特点

1. 参与的自愿性、自主性

课外活动是学生自愿选择、自愿参加的活动。它符合学生的需要和特点，能比较充分地照顾学生的兴趣和爱好，有利于发展学生的爱好、特长，使学生具有参加活动的积极性。课外活动基本上是个别化、个性化的，这和课堂教学的标准化、同步化相比是显著不同的。教师可以向学生介绍各种课外活动，诱发学生的动机，给予指导，但参加与否，不要强制。

2. 内容的灵活性、综合性

课堂教学是根据课程计划、课程标准（教学大纲）、教科书和课程表进行的，有相对稳定的内容和形式。课外活动则不同，它不拘一格，灵活生动。课外活动的内容不受课程计划、课程标准的限制，它的内容深度、广度，以及学习的进展速度，是以参加者的愿望、爱好、特长和接受水平来确定的。

3. 过程的开放性、实践性

课外教育的最大特点就是"活动"，注重学生的实践环节。在活动中，学生的知识和技能主要通过自己设计、动手获得。学生可在实践中运用从辅导教师那获得的知识和技能，提高实践能力。

（三）课外活动的主要内容

班级课外活动内容十分丰富，具体包括：学科活动、科技活动、文体活动、节日纪念日活动、社会公益活动、游戏活动、课外阅读活动及其他活动。

其活动形式从参加活动的规模看，主要分为三类：集体活动、小组活动和个人活动。

（四）课外活动的组织形式

1. 集体活动

集体活动是组织多数或全体学生参加的一种带有普及性的活动。

常见的活动有报告和讲座、集会、比赛、参观、访问、旅行、社会公益活动等。

2. 小组活动

小组活动是学校课外活动的基本组织形式。课外活动小组是以自愿结合为主，根据学生的兴趣爱好和学校的具体条件而组成的。课外活动小组大致分为学科小组、劳动技术小组、文艺小组和体育小组等。小组活动的特点是自愿组合、小型分散、灵活机动。

3. 个人活动

个人活动是学生在课外进行单独活动的形式。个人活动是课外活动的基础，充分体现了因材施教的特点。组织和指导好学生的课外个人活动，是课外活动不可忽视的重要形式和方法。

（五）课外活动的管理过程

班级课外活动的设计与组织实施主要分为以下三个步骤：

1. 课外活动选题

选题过程中依据：（1）集体建设过程中对活动内容的实际需要；（2）班集体的现实情况；（3）学校教育计划和活动安排。当选题大方向确认后，教师与学生可就活动进行充分的讨论，最终确认选题细节。

2. 制订课外活动计划

班级课外活动工作管理首先就是制订班级课外活动的规划及计划。学校课外活动工作规划、计划，是学校计划系统中的一个组成部分，它本身也是一个系统。所以，对于课外活动工作计划也应进行系统管理。

活动计划是由班主任和班委会成员共同制订的。计划应该涵盖活动的目的和内容、活动的基本方式和程序、活动的时间和地点、具体准备工作及组织管理等。

在制订活动计划中，还要注意尽可能发动和安排全体学生积极参与。同时考虑适当地借助外力，根据活动的主题和目的，邀请学校领导、科任教师、家长共同参与进来。

3. 课外活动实施与总结

活动实施是课外活动的中心环节。活动组织者应充分重视活动进展的各个环节，确保活动中学生的身心安全，最终促使活动顺利、平稳结束。

课外活动工作的总结与评价是课外活动的终结性环节。在管理周期结束之后，要对学校的课外活动工作的质量、取得成果进行评价，同时还应向家长与社会做必要的展示与反馈，以获得广泛的支持。

（六）课外活动组织管理的要求

1. 明确的目的

课外活动是实现教育目的的重要途径。每项活动都要有明确而具体的目的，能够使学生受到正确的思想品德教育，让其掌握各种类型的知识与能力，最终促进学生的全面发展。

2. 内容要丰富多彩，形式多样，富有吸引力

课外活动的特点要求学生自主、自愿参加，要充分考虑到参加活动的学生的兴趣爱好和特长，要符合他们的年龄特征，同时注重活动形式的多样化，提高学生的参与兴趣。

3. 发挥学生的积极性、主动性与创造精神

学生集体和个人是课外活动的主体，活动的开展主要依靠他们的积极性和主动性。教师在活动中要让学生独立思考，注意培养他们的创造精神和创造能力。同时，在活动中应重视发挥教师的指导作用。当学生遇到困难时，教师要给予鼓励和帮助，为学生创造和提供活动的条件。

【典型真题】由学校组织的社会公益活动、兴趣小组和同伴帮扶等课外活动是属于（　　）。

A. 综合实践活动　　　　　　　　　　B. 教学计划之内的活动

C. 教学计划之外的活动　　　　　　　D. 社会实践

【答案】C

【解析】本题考查的知识点为课外活动的组织形式。课外活动是指在课堂教学之外，由学校或校外教育机构组织指导的，用以补充课堂教学，有目的、有计划地实现教育目的的一种活动。

考点4　学校与家庭、社会的关系协调

一、学校与家庭的协调

班主任与家长合作是指班主任与家长之间双向互动、相互信任，以协调家长和学校的关系，使家庭教育与学校教育协调同步，形成教育合力，彼此协作配合，促进孩子的健康成长。

一般而言，家庭协调的常用方式主要包括：家访、班级家长会、家长学校、家长委员会、家长沙龙。

（一）家访

为了使家访收到实效，要注意以下几点：

（1）明确家访目的，即每次家访不可例行公事，更不可盲目进行。

（2）分析家访对象、确定家访时机，并选择与家长沟通访谈的恰当方式。

（3）注重家访后期追踪，有针对性地调整后续的教育方式。

（二）家长沙龙和家长委员会

家长沙龙是以家长为主体，以学生学习成长为中心，以教师及专家学者为咨询指导，旨在提高家长教育素养，提升教育理念，转变传统教育观念，实现以家庭教育为突破口，最终形成教育合力的一种形式。

家长委员会由关心学校、关心教育事业、具有教育子女经验的家长代表组成，其主要职责是参与学校和班级的教育与管理，协助做好学生教育工作。

（三）班级家长会

这是一种传统的家校合作方式，其主要目的是使家长与班主任及学科教师直接面对面地集中沟通，交流意见或建议，增进互信理解与支持，共同为学生进一步发展协调配合。

（四）家长学校

家长学校是组织学生家长学习进修的教育机构。家长在专业教师的引领指导下，学习教育学、心理学方面的知识，以及教育子女的方法，由此，能更好地配合班主任教育孩子，做好班级管理工作。

二、学校与社会的协调

对于班主任而言，与社会协调，整合社会教育资源，应通过"走出去、请进来"的方式，保持与社会的密切联系，具体可归结为以下两种形式。

（一）社区教育委员会

社区教育委员会是在当地政府领导下，对学校实行教育行政领导与管理的组织机构。教师可以主动邀请他们以多种形式指导并参加班级的某些活动，消除学校与社会之间的屏障，拉近学生与社会的距离，促进学生的社会化发展。

（二）校外教育基地

各种校外教育基地主要是指少年宫、少年科技站、博物馆、各种业余学校等。这些机构在一定程度上弥补了学校教育的不足，在培养儿童和青少年兴趣爱好和特长方面发挥着重要的作用。

考点5　师生关系

一、教师

（一）教师的概念

教师是传递和传播人类文明的专职人员，是学校教育职能的主要实施者。从广义上讲，凡是把知识、技能和技巧传授给别人的人，都可称为教师。从狭义上讲，教师指经过专门训练、在学校从事教育教学工作的专门人员。教师是学校教育工作的主要实施者，根本任务是教书育人。

1. 教师职业是一种专门职业，教师是专业人员

教师职业属于专门职业，教师是从事教育教学工作的专业人员。1994年实施的《教师法》第一次从法律角度确认了教师的专业地位。

2. 教师是教育者，教师职业是促进个体社会化的职业

学生从自然人发展成社会人，是在学习、接受人类经验，消化、吸收人类文化的社会化过程中逐步实现的。教师根据一定社会要求，向青少年一代传授人类长期积累的知识经验，规范他们的行为品格，塑造他们的价值观念，引导他们把外在的社会要求内化为个体的素质，从而实现个体的社会化。其中，教师的特征有以下几点：

（1）专业人员是教师的身份特征；

（2）教育教学是教师的职业特征；

（3）教书育人是教师的天职（使命）。

（二）教师的作用

（1）教师是人类文化知识的传递者，对人类社会的延续与发展有承前启后的桥梁作用。

（2）教师是人类灵魂的工程师，对青少年一代的成长起关键作用。

（3）教师是教育工作的组织者、领导者，在教育过程中起主导作用。

（三）教师的职业责任

教师的职业责任是指教师必须承担的职责和任务。在社会主义国家，教师的根本职责是教书育人、提高民族素质、培养社会主义事业建设者和接班人。

教师的根本任务是教书育人、实现教育目的。

教师的具体任务是做好教学教育工作、关心学生的生活和身心健康、提高自身素养。

（四）教师的职业价值

教师的职业价值在于追求教师职业生活的幸福，并将教师职业的幸福引向人生的价值和归宿的思考轨道上来。教师职业价值主要包括自我价值和社会价值两方面。

自我价值：学生具有无限发展的可能，教师应该尊重每位学生，以学生为本，不断挖掘学生的发展潜能，最终促进学生的全面发展。

社会价值：教师的社会价值也是职业价值的一种体现，教师是文化的传承和传播，社会文明促进、人类智慧开启、人类崇高道德品质塑造、教育工作的组织领导者。

（五）教师的职业角色

教师是教育活动中的一个角色。教师不仅向学生传授某方面的课本知识，还要根据学生的发展实

际以及教育目标、要求，在特定的环境中采用特定的教学方法，通过特定的途径来促进学生成长。教师这种角色是一种性质复杂的职业角色。

1. 传道者的角色

教师是人类灵魂的工程师，担负着两项重要的职能：一是解决人的方向性问题；二是对学生进行思想灌输和改造。教师负有传递社会传统道德、价值观念的使命，教师要积极引导学生，促进学生的全面发展。

2. 授业解惑者的角色

教师将各行各业的知识传递给学生，为社会培养栋梁之材。学生从老师身上学习知识，同时也不断地理解和运用知识。当过程中出现疑惑时，教师负责解除困难，启迪学生智慧，最终把学生培养成社会所需的人才。

3. 示范者的角色

教师的言行是学生学习和模仿的榜样，正因为学生具有可塑性和向师性，所以教师的言行、思维方式、行为方式以及处世态度都会对学生产生潜移默化的影响。

4. 管理者的角色

教师是教学活动的设计者、组织者和管理者。教师是教学活动的主体，负责班级管理、教育活动的计划、实施等。

5. 朋友的角色

教师是教学活动的主体，又是学生学习活动的引导者和辅导者，是除了学生父母之外的另一个社会权威和家长代理人。学生往往将老师当作朋友，同时也期望教师能够把自己当作朋友，希望老师能与其分享生活。

6. 研究者的角色

教师在教学过程当中要以研究者的心态看待教学工作，以研究者的身份去研究教学实际过程中出现的各种问题，进而寻找解决方案。只有不断地研究，不断地提高自己，才能更好地进行教学活动。

7. 促进者的角色

新课程倡导教师要重视学生在教学中的主体地位，充分发挥学生的积极能动性。在这一理念指导下，教师不再是教学过程中的权威者，而是学生学习的引导者，是学生全面发展和个性发展的引导者。

（六）教师的劳动特点

1. 教师劳动的复杂性

教师劳动的复杂性主要表现在三方面，分别是教育目的的全面性、教育任务的多样性和劳动对象的差异性。

教师劳动的目的是培养学生德、智、体等全面发展，而不是学生单方面的发展；教师不仅要传授科学文化知识和训练学生的技能，还要培养学生的思想品德，最终促进学生的身心健康；教师的劳动对象是个性差异明显的学生。教师不仅要经常在同一环境下，面对全体学生，实施统一的课程计划、课程标准，还要根据每个学生的实际情况因材施教。

总之，教师的工作性质、任务过程的特殊性直接决定了教师劳动的复杂性，决定了教师的劳动性质、劳动对象、劳动任务、劳动过程和劳动手段的复杂性。

2. 教师劳动的创造性

教师劳动的创造性主要表现在因材施教、教学方法以及教师的"教育机智"上。

（1）因材施教。每个学生身上都带有自身的个性特征，教师必须灵活地针对每个学生的特点，采用不同的教育教学方法，做到"一把钥匙开一把锁"，使每个学生都能得到发展。

（2）教学方法上的创造性。老师的终极目标是促进学生认知发展和能力发展。为了达到教学目标，教师要尝试新的教学方法，进行教学方法的变换或改革。"教学有法，教无定法"是对教师劳动创造性的最好解释。

（3）教师需要"教育机智"。教育机智是教师在教育教学过程中的一种特殊定向能力，是指教师能根据学生新的特别是意外的情况，迅速而正确地做出判断，随机应变地采取及时、恰当而有效的教育措施的解决问题的能力。教育机智是教师良好的综合素质和修养的外在表现，是教师娴熟运用综合教育手段的能力。教育机智可以用四个词语概括：因势利导、随机应变、掌握分寸、对症下药。理解教育机智的内涵，需要分析它所强调的三个关键词：一是教学的"复杂性"；二是教学的"情境性"；三是教学的"实践性"。

3. 教师劳动的连续性和广延性

（1）教师劳动的连续性。

连续性是指时间的连续性。教师劳动对象的相对稳定性决定教师的劳动没有严格的交接班时间界限。教师对待学生要了解过去，基于现在，预测未来，对学生的动态发展进行把握，保证学生身心健康发展。

（2）教师劳动的广延性。

广延性是指空间的广延性。影响学生发展因素的多样性决定教师没有严格界定的劳动场所，课堂、学校、社会都可能成为教师劳动的空间。学生的成长不仅受学校的影响，还受社会和家庭的影响。教师要协调学校、社会、家庭的教育影响，以便形成教育合力。

4. 教师劳动的长期性和间接性

（1）教师劳动的长期性（延续性）。

长期性指人才培养的周期比较长，教育的影响具有迟效性。教师对学生的培养不是一朝一夕完成的，而是一个长期变化发展的过程，对学生甚至产生终身的影响。因此，教师的劳动具有长期性。

（2）教师劳动的间接性。

间接性指教师的劳动不直接创造物质财富，而是以学生为中介实现教师劳动的价值。教师不能像工人或者其他社会工种直接生产物质财富或精神财富。教师劳动的成果是学生德智体美劳的全面发展，待学生走上社会，由他们来为社会创造财富。

（七）教师的职业角色

教师角色，指教师按照其特定的社会地位承担起相应的社会角色，并表现出符合社会期望的行为模式。

1. 教师角色的形成

（1）角色认知阶段。

角色认知是指角色扮演者对某一角色行为规范的认识和了解，知道哪些行为是合适的、哪些行为是不合适的。

（2）角色认同阶段。

教师的角色认同是指个体接受教师角色所承担的社会职责，并用来控制和衡量自己的行为。

（3）角色信念阶段。

信念是个体确信并愿意以之作为自己行为指南的认识。

2. 教师角色的适应

（1）角色形象适应。

这是指首先在外部形象上要适应社会对教师的期待，其中包括社会其他职业的人和学生对教师角色期待这两个方面。

（2）角色职责适应。

就社会职责与分工而言，教师担任着培养年青一代的任务，其社会职业角色是教育者。因此，教师一方面必须适应职业的要求，明确自己的角色职责，完成知识经验的传递、社会人才的培养等；另一方面，教育者这一角色的教育功能与影响又是多方面的，是知识传授者、集体领导人、学生的表率与知心朋友、家长的代理人等多种具体的教师角色或教育功能的集合与概括。

（3）角色的自我人格适应。

这是指教师从个性上进行个人自我修养，达成教师角色心理的内化与人格化，形成稳固的教育人格。

3. 教师角色意识

（1）角色认知。

角色认知是指角色扮演者对角色的社会地位、作用及行为规范的认识和对与社会的其他角色的关系的认识。

（2）角色体验。

角色体验是指个体在扮演一定角色的过程中，由于受到各方面的评价与期待而产生的情绪体验。

（3）角色期待。

角色期待是指角色扮演者对自己和对别人应表现出什么样的行为的看法和期望。它是因具体人和情境的不同而变化的。

4. 教师角色冲突的解决

为了帮助教师顺利完成角色心理与职业行为的适应，特别是尽量避免并化解他们的角色心理冲突，必须考虑下列几点：

（1）引导人们正确认识教师的角色职能，营造支持教师职业威望的社会心理氛围。

（2）增加教师的职业劳动报酬，提高教师的社会经济地位。

（3）加强对教师劳动过程的管理，及时进行角色活动的成就测评。

（4）学校的人际组织工作要"外开内合"。

（5）教师个人充分认识教育的社会促进作用，对教师职业进行正确的社会价值定向。

5. 教师威信

教师威信是指教师在学生心中的威望和信誉。教师威信实质上反映了一种良好的师生关系，是教师成功地扮演教育者角色、顺利完成教育使命的重要条件。

（1）教师的威信有两种：一种是权利威信；另一种是信服威信。

（2）教师的威信主要包括人格威信、学识威信和情感威信三方面内容。

（3）教师威信形成的过程，一般是由"不自觉威信"向"自觉威信"发展。

（4）建立教师威信的途径：培养自身良好的道德品质；培养良好的认知能力和性格特征；注重良好仪表、风度和行为习惯的养成；给学生以良好的第一印象；做学生的朋友与知己。

二、学生

（一）学生的特点

1. 学生是教育的对象（或客体）

（1）（对外）从教师方面看，教师是教育过程的组织者、领导者，学生是教师教育实践活动的作用对象，是被教育者、被组织者和被领导者。

（2）（对内）从学生自身特点看，学生具有可塑性、依赖性和向师性。

1）学生具有可塑性。学生处于人生发展的初级阶段，身心、认知、个体人格与品德都在急速发展时期，尚未定型，极容易受外部环境因素的影响。

2）学生具有依赖性。学生尚未成年，心理具有很大的依附性。在家里，他们依赖父母，入学后他们将对父母的依赖心理转为对教师的依赖心理。

3）学生具有向师性。学生会对教师产生崇拜感，喜欢亲近、信赖老师，把教师作为获取知识、解决问题、行为举止的榜样。

2. 学生是自我教育和发展的主体

（1）学生是独立的个体，具有强烈的主观能动性，同时学生在接受教育的过程中，也具有一定的基础与素质，可以进行自我教育。

（2）学生的主观能动性主要表现在三个方面：

第一，自觉性，也称主动性，这是学生主观能动性最基本的表现。

第二，独立性，也称自主性，这是自觉性进一步发展的表现。

第三，创造性，这是学生主观能动性的最高表现。

3. 学生是发展中的人

学生正处于人生发展的初级阶段，身心发展迅速，伴随着生理和心理两方面的变化，具有很大的可能性与可塑性。

（1）学生具有和成人不同的身心发展特点。

（2）学生具有发展的巨大潜在可能性。

（3）学生有发展的需要。

（二）现代学生观

1. 学生是发展中的人

（1）学生是处于发展过程中的人。

学生处在一个急速发展的时期，是人生从幼稚走向成熟的必经阶段。教师不能以成人的标准或规则来衡量学生的发展。教师在学生的发展过程中应该积极帮助学生解决问题，帮助学生改正错误，从而不断促进学生的发展。

（2）学生的身心发展是有规律的。

教师在培养学生的过程中，一样要遵循规律办事，即按照学生身心发展的规律来培养学生、管理学生，有效促进学生身心的发展。

（3）学生具有巨大的发展潜能。

在实际生活中，往往有些人按照自己的标准将学生的发展潜力进行定性，觉得学生行或者不行，其实这些都犯了主观主义错误。学生的发展潜能是巨大的，教师要坚信正确的引导与激励。

（4）学生的发展是全面的发展。

在传统教育过程中，往往强调知识本身的重要性而忽视了学生本身的个体需求。在新课改的背景下，学生的发展不仅是知识的发展，还应注重学生能力的提升，从而打造全能型人才。

2. 学生是独特的人

（1）学生是完整的人。

学生是有着丰富个性的完整的人，不仅具备智慧与人格力量，还有丰富的内心体验。教师应该重视学生完整性，促进学生的整体发展。

（2）每个学生都有自身的独特性。

由于遗传物种的多样性，势必造成人与人的不同，这点在学生身上有着完整的体现。独特性是个性的本质特征，重视学生的独特性和培养具有独特个性的人，应成为教师对待学生的基本态度。

（3）学生与成人之间存在巨大的差异。

学生不是成年人，不能一味地按照成人的标准去衡量学生，教师应该认真研究当代学生的特点，采取积极引导措施，才能有效与学生进行沟通，得到学生的认可与配合。

3. 学生是具有独立意义的人

（1）每个学生都是独立的、不以教师意志为转移的客观存在。

教师不可以随意增加额外的知识给学生，因为这样没有尊重学生的主观能动性，可能造成学生学习积极性的挫败。教师应该按照学生的主观能动性开展教学与管理，尊重学生的个体需要才能进一步促进学生的发展。

（2）学生是学习的主体。

学生是具有一定主体性的人，同时学生也是学习活动的主体，教学过程中要注重建构学生主体。

（3）学生是责权主体。

在教育实践中，教师要承认学生权利的主体地位，学校和教师应该保护学生的合法权利，与此同时，学生也应该承担一定的责任与义务。

三、师生关系概述

（一）师生关系的概念

师生关系是指教师和学生在教育教学活动中结成的相互关系，包括彼此所处的地位、作用和态度等。师生关系是教育活动过程中人与人关系中最基本、最重要的关系。师生之间的现实关系是不断变化和丰富多样的，根据不同的层面划分主要有：社会关系、教育关系、心理关系、伦理关系（人际关系）。

（二）两种对立的师生关系

1. 教师中心论

赫尔巴特和凯洛夫是教师中心论的代表人物，他们认为教师在教育教学过程中起主宰作用，强调教师的权威作用。

2. 儿童中心论（学生中心论）

卢梭和杜威是儿童中心论的代表人物。他们认为教育的目的在于促进儿童的成长，因此教育要从学生的兴趣和需要出发，整个教育过程要围绕儿童进行。

教师中心论仅意识到教师的主导作用，忽视了学生的主观能动性，在教育实践中使教育活动脱离学生的实际，以致难以达到预期的结果。学生中心论则过分夸大了学生的主观能动性，忽视了学生作为教育对象这一基本事实，结果会导致教育质量下降。教师和学生的关系是辩证统一的，既要重视教师的主导作用，又要重视学生的主观能动性。

（三）师生关系的内容

1. 师生在教育内容的教学上结成授受关系

在教育活动中，教师是教育教学的主导者。从教育内容的角度来说，教师是知识的传授者，学生是知识的接受者。

2. 师生在人格上是平等的关系

学生是独立的社会个体，在人格上与教师是平等的，教师和学生是一种朋友式的友好帮助关系。

3. 师生在社会道德上是互相促进的关系

从社会学的角度看，师生关系在本质上是人与人的关系，教师对学生的影响既体现在知识上又体现在思想上和人格上。

（四）师生关系的基本类型

1. 专制型师生关系

教师是整个教学活动过程的权威，对学生的需求关注不够；学生对教师更多体现的是被动与服从，不能发挥独立性和创造性。师生缺乏沟通与交流会引起学生的反感，甚至对抗，造成师生关系的紧张。

2. 放任型师生关系

教师缺乏责任心和爱心，对学生没有严格的要求并放松指导；学生对老师感到怀疑与失望，对学习采取散漫自由的态度。师生关系疏远，教学效果较差。

3. 民主型师生关系

师生之间更多体现的是一种平等、自由、互相尊重的关系。教师能力强，善于与学生交流；学生学习积极性高，喜欢与老师共同学习。这类师生关系来源于教师的民主意识、平等观念以及较高的业务素质和强大的人格力量，这是理想的师生关系类型。

（五）师生关系的作用

（1）良好的师生关系是教育教学活动顺利进行的保障。

（2）良好的师生关系是构建和谐校园的基础。

（3）良好的师生关系是实现教学相长的催化剂。

（4）良好的师生关系能够满足学生的多种需要。

（六）我国新型师生关系的特点

1. 尊师爱生

尊师爱生是我国新型师生关系的本质特征，其目的主要是相互配合与合作，顺利开展教育活动。

2. 民主平等

民主平等不仅是现代社会民主化趋势的需要，也是教学生活的人文性的直接要求和现代人格的具体体现。平等不是指教师在知识和能力上与学生平等，主要是就教学过程中师生双方交往与交流中的平等。教师要尊重学生的人格，对学生给予充分的尊重，善于引导他们发现问题，善于调动他们学习的积极性、主动性，善于创设问题情境。

3. 教学相长

教学相长是指教和学两方面互相影响和促进，都得到提高。教学是教与学的交往互动，师生双方相互交流、相互沟通、相互启发、相互补充，在这个过程中教师与学生彼此间进行情感交流，从而达到共识、共享、共进，实现教学相长与共同发展。教学相长包括三层含义：一是教师的教可以促进学生的学；二是教师可以向学生学习；三是学生可以超越教师。

4. 心理相容

心理相容指的是教师与学生之间在心理上协调一致，在教学实施过程中表现为师生关系密切、情感融洽、平等合作。

（七）构建良好师生关系的策略

教师是教育活动的主体，在教育活动中起主导作用。从根本上说，良好的师生关系首先取决于教师。为此，教师要从以下几个方面着手努力：

（1）了解和研究学生。教师可以从三个方面了解和研究学生：1）了解和研究学生个人，比如学生个体的现有知识水平、个性特点、兴趣、思想道德品质、身体状况；2）了解学生的群体关系，比如班级的特点及其形成原因以及如何管理班级学生；3）了解和研究学生的学习和生活环境，如学生的学习态度、家庭环境等。

（2）树立正确的学生观。教师既要把学生当作教育的对象，又要把学生看作学习的主体；既要做好各项指导工作，又要充分调动学生的主动积极性。

（3）热爱、尊重学生，公平对待学生。师德之魂在于"爱"，爱是感情诱导的本源，没有爱便没有真诚，没有爱就没有教育，爱是沟通师生思想情感的桥梁。同时教师处理问题必须公正无私，使学生心悦诚服。

（4）提高教师自身的素质。教师的道德素养、知识素养和能力素养是学生尊重教师的重要条件，也是教师提高教育影响力的保证。教师以其高尚的品德、渊博的知识、高超的教育教学艺术来为学生提供高效而优质的服务，也必然会赢得学生的尊重和爱戴。

（5）发扬教育民主。课堂教学不仅仅是知识传递的过程，也是师生之间人际交往、情感交融、思想共鸣的过程。这就要求我们教师在课堂教学中充分发扬教学民主，营造一种宽松、和谐、民主、高效的课堂氛围，让学生从心理上感受到自由与安全，创新的潜能得以充分地开发。

（6）主动与学生沟通，善于与学生交往并处理好师生矛盾。师生关系一般要经历生疏、接触、亲近、依赖、协调、默契阶段。教师要善于与学生进行沟通，增进师生之间的友谊。教育教学过程中，师生之间难免会发生矛盾，教师要善于驾驭自己的情绪，冷静全面地分析矛盾，正视自身的问题，敢于作自我批评，对学生的错误进行耐心的说服教育或必要的等待、解释等，用真心换真心，才能取得学生的信任与尊重。

（7）提高法治意识，保护学生的合法权利。教师要提高法治意识，明确师生之间的权利义务，切实依法保护学生的合法权利。

（8）学生也应做出相应的努力，正确认识自己，正确认识老师。

（9）加强校园文化建设，确保校园文化的相对独立性、完整性和纯洁性。

考点 6　教师职业发展

一、教师职业发展概况

下面把国内外的教师职业角色分为四个阶段进行梳理：

第一阶段，非职业化阶段：在这个时期，尚未出现教师这一行业或职业，基本是长者为师、以吏为师等。

第二阶段，教师职业化阶段：独立的教师行业，随着春秋时期的私学出现而出现。但是教师并不具备专门化的水平，也不具备从教的专业技能。

第三阶段，专门化阶段：专门培养教师的教育机构的出现标志着教师专门化的形成。1681 年世界上第一所师资训练学校在法国诞生，1897 年我国出现最早的教师培训机构是"南洋公学"（师范院）。

第四阶段，专业化阶段：进入 20 世纪中叶之后，在全球经济发展的大背景下，大家越来越重视对教育的投入，进而认识到教师的价值，从此教师进入专业化热潮。

二、教师专业化的产生与发展

1966 年联合国教科文组织和国际劳工组织提出《关于教师地位的建议》，首次以官方文件形式对教师专业化做出了明确说明，提出"应把教育工作视为专门的职业，这种职业要求教师经过严格的、持续的学习，获得并保持专门的知识和特别的技术"。

1994 年我国开始实施的《教育法》是我国教育史上第一次从法律上确认了教师的专业地位和专业性要求。

教师作为一门职业，具有专业的基本特点，主要表现在以下四个方面：

（1）教师职业具有一定的职业声望；

（2）教师要经过严格的职业前期培训，同时具有专业的自主性；

（3）教师职业有自己的专业标准；

（4）教师实践是现代教育科学重要的专业研究领域。

三、教师的专业发展

教师的专业发展是教师个体在教育教学专业活动中不断发展的过程。要成为一位优秀的教师，应该了解专业发展的目标、阶段、途径和策略等，使自己成长得更快更好。

（一）教师专业发展的概念

教师专业发展是指教师作为专业人员，在专业思想、专业知识、专业能力等方面不断发展和完善的过程，即从新手到专家型教师的过程。

教师专业发展包含以下三方面要点：

首先，教师专业发展是一个自觉的、有意识的过程，是在明确发展目标、做出发展规划的情况下进行的。教师专业发展应是一个自主的过程。学校在教师发展中的号召、组织、指导等作用，都必须转化为教师主动的行为才是有效的。而教师发展的目标不是随意确定的，是根据社会的要求、教育事业的要求、学生的要求和个人的优势与不足而确定的。一些国家则通过制定教师的专业标准引导教师发展的目标。教师发展规划是明确发展目标、措施的设计活动，它对教师发展具有积极的导向、督促作用。

其次，教师专业发展是通过若干活动和途径实现的。常见的途径和活动有读书自学、参加培训、听报告讲座、观摩名师讲课、教学实践、教学研讨、教学行动研究、教学改革实验等。这些活动大体分为两类：一类是学习、输入信息；另一类是实践、输出信息。这两类活动不可分割：学习到的理论和经验必须变成自己的实践，才能产生效果；实践又必须在一定的理论指导下进行。在现实中，存在着两种片面的倾向：一种是单纯地学习，不付诸实践；另一种是单纯地实践，缺乏理论或专家的指导。这都是难以实现专业发展的。

最后，教师专业发展的实现，体现为教育教学水平的提高和发展阶段的递进。教育教学水平的提高有两个维度：横向的维度，即素质的项目上，包括专业精神、专业知识、专业能力、教育观念等；纵向的维度，即素质的水平上，表现为从一个阶段进入更高的阶段。

当然，教师专业上是否真正发展了，归根结底，还要看教师的教育教学是否满足了学生发展的需要，是否适应了学生的特点和实际，是否使学生得到了真正的发展。检验教师的专业发展情况，必须强调这种"适应性"的标准，这是教育上"以人为本""以生为本"的表现。

（二）教师专业化的内容

（1）教师具有法定的专业地位；

（2）教师具有专业标准；

（3）教师具有明确的职业道德规范；

（4）教师有专门的培训培养机构；

（5）教师具有专门的认定制度和聘任制度；

（6）教师具有双学科的专业要求。

（三）中学教师专业发展的基本要求

（1）构建教师职业道德，具备高尚的师德素养；

（2）拓展专业知识，具备广博的知识素养；

（3）提升专业能力，具备良好的教育教学能力素养；

（4）构建专业人格，具备健康的心理素质；

（5）完善专业自我，形成专业素养。

四、教师专业发展阶段

教师的专业发展要跨越若干个阶段，教师的成长意味着他向着更高的阶段迈进。教师若长期处于某一阶段，说明其停滞不前、没有进步。

美国学者福勒根据教师关注的内容，把教师职业生涯分成四个阶段：

（1）学前关注的阶段。由于他们尚未接触到教师这项工作，对教师的教育活动充满期待，更多的是在做观望与准备。

（2）早期生存关注阶段。这指教师刚刚开始教学工作的时期，个人实际经验尚未丰富，因而关注的主要是教师自己的生存问题或别人如何看待自己，比如学校领导的评价、班级管理等。

（3）教学情景关注阶段。这指教师初步熟悉了工作以后的时期，这个阶段教师关注的是各种教学情景或者环境的变化，以及对于教师在知识、技能、能力上的要求，因此教师非常重视教学情景所要求的知识的学习和能力的提高，关心自己的教学表现，即我们所说的教学技能或"基本功"的提高。

（4）关注学生的阶段。这个阶段是在基本具备了一定的教学能力以后的时期，是检验教师是否达到真正成熟阶段的标志。由于积累了实际的工作经验，能够担负比较繁重的工作，因而他们有更多的注意力转移到了学生身上，关注学生的个体需求，尝试和学生建立真正的沟通和交往，并比较好地满足学生的需要。

五、教师专业发展的基本策略

（一）以校为本的教师专业发展

以校为本的教研，是将教学研究的重心下移到学校，以课程实施过程中教师所面对的各种具体问题为对象，以教师为研究的主体，理论和专业人员共同参与。强调理论指导下的实践性研究的主体，理论和专业人员共同参与。强调理论指导下的实践性研究，既注重解决实际问题，又注重经验的总结、理论的提升、规律的探索和教师的专业发展，是保证新课程改革实验向纵深发展的新的推进策略。

在新课改的背景下，开展以校为本的教师专业发展的有效途径主要有两种：一是开展课程改革和教学改革的实验；二是进行校本课程的开发。

（二）教师的自主发展

在新课改的背景下，教师的自主发展强调个体教师专业发展的自主、自律、自觉，使其形成终身发展的专业学习理念。

（三）通过校本研究促进教师专业发展

校本研究的三个基本要素是：教师的个人反思；同伴互助；专业引领。

校本研究是以学校为中心，以教师为主体，将教师专业发展作为主题，校长自主组织，将教师在教育教学实际工作中发现的问题，通过教师个人反思、同伴互助、专业引领等方式等进行专项解决，并有针对性地开展教育专著、专业知识等学习提高教师的理论素养，促进教师专业发展的一种学习、工作、研究三位一体的学校活动和教师行为。校本研究是在新的教师专业发展形势下产生的教师培养新形式，是有效促进教师尽快适应新课程改革而产生的促进教师专业发展的新理念、新思想与新方法。

（四）教师的行动研究

教师行动研究是教师对自己的思想、信念、知识及其实践进行有目的、有系统、批判性研究的方式，是提升自身教育实践理性、获得专业成长的过程，是教师推进校本教研的一种具体的研究方式。教师了解行动研究的意义及发展历程有助于增强其研究信心。教师进行行动研究也需要一定的工具和科学的程序，教师在自省的计划、实施、反思的行动研究的进程中，不断审视自己的实践知识和教学行为，不仅能够提高教师教学质量，还能促进自己教学理论的建构，最终促进学生的全面发展。

六、教师专业发展的途径

（一）终身学习——教师专业发展的前提保证

知识迅猛更新客观上要求教师学会学习，养成学习的习惯。教师必须不断更新自己的知识结构，使自己课堂常教常新；要树立较强的教育科研意识，认真学习和掌握教育研究的基本方法和相关的理论知识，并自觉地在研究中应用；要在教书育人的实践中学习、学习、再学习；要做教学实践中的"有心人"，在实践中不断地探究，积极探索，锲而不舍，勇于革故鼎新。

（二）行动研究——教师专业发展的基本途径

行动研究是指教师在实际教育中，基于学校，源于教师教育教学行为，研究教学实际中出现的问题，通过制订计划、系统地收集资料、分析问题、提出改进方案、付诸实施、检验和反省成果，把学习与培训、学习与行动结合起来。研究的成果直接用于学校教学实践的改进和教师教学实践能力的提高，并以研究成果为依据，进行教育改革，提升教学质量。实现教师学习培训和教学过程相统一，促进教师专业成长。因此，近年来，行动研究已经成为教师专业成长、课程改革的重要手段之一。

（三）教学反思——教师专业成长的必经之路

教师反思是指教师以自己的教育教学实践活动为认知对象，有意识地对教育教学活动过程中的教育理念、教育思维方式和教育行为方式进行批判性地分析和再认知，从而实现自身专业发展的过程。

（1）波斯纳提出教师成长的公式：经验＋反思＝成长。

（2）布鲁巴奇提出了教学反思的四种方法：

反思日记：教师在一天的教学活动结束之后写下自己的经验，与指导教师共同分析。

详细描述：教师相互观摩彼此的教学，详细描述所看到的情景，并对此进行讨论分析。

交流讨论：来自不同学校的教师就课堂上发生的问题进行讨论，提出解决方案，并为所有教师所共享。

行动研究：教师及研究者为弄清课堂上出现的问题实质，探索更先进的教学方案，采取调查和实验研究的方法，直接着眼于教学实践的改革。

（3）在教学实践当中，根据反思的源起，我们可以将反思策略分为两大类：内省反思法和交流反思法。

1）内省反思法。内省反思法是指教师主动地对自己的教学实践进行反思的方法。根据反思对象及反思载体的不同，内省反思法又可分为以下几种具体的方法。

● 反思总结法。反思总结法主要是指通过自己的记忆，对教学实践予以总结、反思的方法，从而进一步使教学实践中的"灵感"内化，也使教学实践中出现的问题得到考虑。

● 录像反思法。录像反思法是通过录像再现自己的教学实践，教师以旁观者的身份反思自己的教学过程的方法。这种方法最大的优点就是能客观地对自己的教学过程进行评价，这样能更好地强化自己已有的经验，改正和弥补自己的不足。

● 档案袋反思法。档案袋反思法则是以专题的形式为反思线索对教学实践进行反思，包括课堂提高的形式是否多样，课堂提问的内容是否是课堂的重点、难点，对某学生的提问的形式、难度是否符合该学生的实际能力等。

2）交流反思法。交流反思法可以就某一问题与其他教师进行交流，也可以是在听完某教师的一堂课以后，针对这堂课而进行交流。这样可以反观自己的意识与行为，加深对自己的了解，并了解其他与自己不同的观念，进而取他人之长，补自己之短。

（四）同伴互助——教师专业成长的有效方法

新的课程计划的颁布、新教材的推行、新的课程理念的逐渐渗透、不同学科的相互融合，以及与现代信息技术的整合等，这些都要求教师间彼此合作，共同提高。

（五）专业引领——教师专业成长的重要条件

教师必须向专业人士和成功人士学习，不断接受先进理论、技术、方法和经验的专业引领。提倡校本教研与大学牵手，各级中小学教研部门、教师进修院校和教育科研机构专业研究人员与中小学教师共同研究，建立起平等交流、共同成长、互补互益的伙伴关系。

（六）课题研究——教师专业成长的有效载体

课题是某一领域里具有普遍意义的，有明确而集中的研究范围、研究目的和研究任务的研究项目，它有效整合了教师专业成长的基本途径，是教师专业成长的有效载体，能促进教师自主成长，提升教师的自我更新能力和可持续发展能力，最终使学生获益。

考点 7　教师心理

一、教师的心理特征

教师的心理特征是指教师在教育教学实践活动中长期扮演的各种不同的角色并随之逐渐形成的特有的心理品质。教师的职业特点、社会角色决定了教师应具备一系列特定的心理品质，主要包括教师的认知特征、人格特征和行为特征。

（一）教师的认知特征

教师的认知特征包括其知识结构和教学能力。

一般认为，教师的知识结构主要包括专业学科内容知识、教育教学、心理学的知识和实践性知识；教学能力包括组织和运用教材的能力、言语表达能力、组织教学的能力、对学生学习困难的诊治能力、教学媒体的使用能力以及教育机智等。

（二）教师的人格特征

教师的人格特征是影响教学的重要因素，包含的内容是多方面的，如教师的职业信念、教师的性格特点和教师对学生的理解等。

在教师的人格特征中，有两个重要特征对教学效果有显著影响：一是教师的热心和同情心；二是教师富于激励和想象的倾向性。

（三）教师的行为特征

教师的行为特征一般包括教师教学行为的明确性、多样性、启发性、参与性、任务取向性和及时的教学效果评估及其对学生产生的期望效应。

1. 首因效应和近因效应

首因效应是指人们比较重视最先得到的信息据此对他人作判断。近因效应则是指最后得到的信息对他人的印象形成较强作用的现象。首因效应的存在表明第一印象至关重要。

2. 晕轮效应

晕轮效应又称光圈作用，指他人的某种品质或特征非常突出，给人以清晰鲜明的印象，以致掩盖了对他的其他品质和特征的判断，即像晕轮一样，一点发亮，照亮四周，"以点概面"了。

3. 刻板效应

刻板效应又称定型，指社会对某一对象有一种固定的看法。这就是对一群人的动机或特征加以概括，然后把同一特征归属于群体中的每一个成员，而不管群体成员的实际差异。

4. 投射效应

投射效应是指一个人由于自己的需要和情绪倾向，而将自己的特征投射到别人身上的现象。投射作用使得人们将自己本来具有的东西看成是别人具有这些东西。

二、教师的教学效能感

(一) 教学效能感的含义

心理学上，把人对自己进行某一活动的能力的主观判断称为效能感，效能感的高低往往会影响一个人的认知和行为。教师在进行教学活动时也有一定水平的效能感。所谓教师的教学效能感，是指教师对自己影响学生学习行为和学习成绩的能力的主观判断。这种判断会影响教师对学生的期待、对学生的指导等行为，从而影响教师的工作效率。

(二) 教学效能感的分类

根据班杜拉的自我效能感理论，可以把教师的教学效能感分为个人教学效能感和一般教育效能感两个方面。

1. 个人教学效能感

个人教学效能感指教师认为自己能够有效地指导学生，相信自己具有教好学生的能力。教师的教学效能感是解释教师动机的关键因素。它影响着教师对教育工作的积极性，影响教师对教学工作的努力程度，以及在碰到困难时他们克服困难的坚持程度等。

2. 一般教育效能感

一般教育效能感指教师对教育在学生发展中作用等问题的一般看法与判断，即教师是否相信教育能够克服社会、家庭及学生本身素质对学生的消极影响，有效地促进学生的发展。这与班杜拉理论中的结果预期相一致。

三、教师的心理健康

(一) 影响教师心理健康的主要因素

1. 职业压力

教师的职业压力主要是由工作引起的，是教师对来自教学情境的刺激而产生的情绪反应。

了解教师职业压力的来源，帮助教师有效地应对，是维护和促进教师的心理健康的重要途径。

伍尔若和梅将教师职业压力按性质的不同分为五类：

(1) 中心压力：较小的压力及日常的麻烦，例如，某次课的幻灯片丢了。

(2) 外围的压力：教师经历的重大生活事件或压力情节，例如，换到一所新的学校或长期的人际关系冲突。

(3) 预期性压力：教师预先考虑到的令人不愉快的事件，例如，与校长将要进行一次谈话。

(4) 情境压力：教师现在的心境。

(5) 回顾压力：教师对自己过去的压力事件及相关经历进行的评价。

2. 职业倦怠

职业倦怠是指个体在长期的职业压力下缺乏应对资源和应对能力而产生的身心耗竭状态。职业倦怠所产生的生理、情绪、认知和行为等方面的问题，会导致教师产生严重的身心疾病。

玛勒斯等人认为职业倦怠主要表现在三个方面：

一是情绪耗竭，主要表现在生理耗竭和心理耗竭两个方面，如极度的慢性疲劳、力不从心、丧失工作热情、情绪波动大等。

二是去人性化，即刻意在自身和工作对象间保持距离，对工作对象和环境采取冷漠和忽视的态度。教师以一种消极的、否定的态度和情感对待学生。

三是个人成就感低，表现为消极地评价自己，贬低自己工作的意义和价值。

中学教师的职业倦怠和其所拥有的社会支持之间有显著的相关。也就是说，教师所拥有的社会支持越多，就相应地表现出更少的职业倦怠，同时，教师的教学成就感越强，其倦怠感越低。教龄越长的教师，一般所承担的教学任务及担负的责任相对越多，但他们的体力和精力相对欠缺，特别是那些已为人父母者，工作之余的大量时间都用于孩子的抚养和教育上，因而对于健康问题的关注就没有未婚者明显，这可能使他们在工作中更易表现出较多的情绪衰竭。

（二）教师心理健康的维护

1. 个体积极地自我调适

个体自我调适的目的是通过改变个体自身的某些特点来增强适应工作环境的能力。

个体自我调适的主要方法有放松训练、认知压力管理、时间管理、社交训练、压力管理和态度改变等。

（1）观念的改变。

教师要学会正确看待自己的工作，培养乐观的人生态度，要认识到教师工作的复杂性，也要树立信心，正确认识自己，结合自身实际，对工作做出合理期望，勇于接纳自己。既要努力工作，也要学会休闲，张弛有度。

（2）积极的应对策略。

努力使自己成为更加内控的人，把原因归结为个体可以控制的因素。注意培养良好的意志品质，当自己有职业倦怠的症状时，要勇于面对现实，主动应对，反思自己的压力来源，积极认知，理智、客观地看待压力对自身的影响，形成面对压力的良好心态。如有必要，应主动寻求专业人士的帮助。

（3）合理的饮食和锻炼，保持健康的身体。

合理的饮食和锻炼，尤其是锻炼，是一种精神娱乐法，可以分散教师的注意力，从而让教师放松紧张的情感和身体。

2. 组织的有效干预

组织干预的思路是通过削减过度的工作时间、降低工作负荷、明确工作任务、积极沟通与反馈、建立有效的社会支持系统来防止和缓解教师的心理压力。

校长和教育管理者为了增进教师心理健康，可以在以下几个方面做出贡献：

（1）学校领导要树立良好的学校风气，在教师中形成高昂的士气。教师的工作动机和积极性只有靠领导有效激励，才能变成教师工作的动力，才能使教师在身心愉悦的心情中成长与发展。

（2）校长及管理人员的领导作风与工作方法，影响着学校群体中的人际关系。研究表明，教师在民主、友善的领导气氛中，容易发挥积极性。反之，则容易产生心情压抑、郁闷等消极情绪。

（3）校长和教育行政机构应设法协助教师解决物质生活上的困难。

（4）减轻课业负担不仅是学生的要求，也是教师的愿望。减少课业负担，表现为减少不必要、纯形式的会议，减少班级人数，减少无意义的评比、考核等。

（5）为教师提供更多的娱乐的时间与场所。

（6）增加教师进修机会。

【典型真题】 丁老师在工作中常以自己的想法代替学生的想法，以自己的思维方式推测学生的思维方式。丁老师的行为体现了（　　）。

A. 首因效应　　　　B. 晕轮效应　　　　C. 刻板效应　　　　D. 投射效应

【答案】D

【解析】投射效应，是指以己度人，认为自己具有某种特性，他人也一定会有与自己相同的特性，把自己的感情、意志、特性投射到外部世界的人、事、物上，并强加于人的一种心理。

【典型真题】中学生晓华喜欢帮助有困难的人，他认为其他同学与他一样也喜欢帮助有困难的人。这种现象属于（　　）。

A. 退行　　　　B. 投射　　　　C. 升华　　　　D. 文饰

【答案】B

【解析】晓华采用的防御机制属于弗洛伊德自我防御机制中的投射作用。这种投射作用将个人的思想感情赋予外部世界。一个人感到幸福时，便以为其他人也很愉快；当他感到痛苦时，便认为人世本来就是一个悲惨世界。

吃不着葡萄说葡萄酸，得不到的东西不是好的，这种心理防御方式称为文饰，是个体无法达到目标时而产生的一种防御心理。通常用似是而非的理由证明行为的正确，从而掩盖其错误或失败，以保持内心的平衡。如阿Q精神就是这一心理的反映；考试不及格，则说考试太难超出要求也是这一心理的反映。

退行（regression），是指人们在受到挫折或面临焦虑、应激等状态时，放弃已经学到的比较成熟的适应技巧或方式，而退行到使用早期生活阶段的某种行为方式，以原始、幼稚的方法来应付当前情景，降低自己的焦虑感。这种现象，各年龄阶段均可看到。例如，有一个5岁的孩童，本来已经学会了自行大小便，后来突然开始尿裤、尿床。为此，其母烦恼异常。经过仔细分析，才了解到这家新近添了一个婴儿，母亲把全部精力放到这个小弟弟身上，整天"端屎端尿"，而无暇顾及"不惹麻烦""能自己照顾自己"的"乖哥哥"。这个男孩子发觉不能像从前一样获得父母的照顾，便出现退行。成人也常有退行现象。例如，某些病人经过死里逃生的车祸或危险的大手术之后，虽然躯体方面已经复原，但是，内心却一直担心，认为身体还没好，想方设法留在医院，不敢出院去面对现实。这是因为病人经此变故，精神上受到打击，害怕再负起成人的责任及随之而来的恐惧和不安，而退行成孩子般的依赖了。

【典型真题】李老师坚信自己能教好学生，在教育教学中表现出很高的热情。这主要反映了他具有较高的教学（　　）。

A. 认知能力　　　　B. 监控能力　　　　C. 操作能力　　　　D. 教学效能感

【答案】D

【解析】教学效能感是指教师对自己影响学生学习行为和学习成绩能力的主观判断。题中李老师坚信自己能教好学生，在教学中表现出很高的热情，反映了他具有较高的教学效能感。

【典型真题】王老师是数学老师，相当自信。他认为，只要他努力，就能提高数学学习困难学生的成绩。这说明王老师（　　）心理特征较好。

A. 教学监控能力　　B. 教学应变能力　　C. 角色认同感　　D. 教学效能感

【答案】D

【解析】概念心理学上，把人对自己进行某一活动能力的主观判断称为效能感，效能感的高低往往会影响一个人的认知和行为。教学效能感，是指教师对自己影响学生学习行为和学习成绩能力的直观判断。这种判断，会影响教师对学生的期待、对学生的指导等行为，从而影响教师的工作效率。

附录一 "教育知识与能力"（中学）考试大纲

一、考试目标

1. 理解并掌握教育教学和心理学的基础知识、基本理论，能运用这些知识和理论分析、解决中学教育教学和中学生身心发展的实际问题。

2. 理解中学生思想品德发展的规律，掌握德育原则和德育方法，具有针对性地开展思想品德教育活动的能力。

3. 掌握中学生学习心理发展的特点和规律，能指导学生进行有效的学习。

4. 理解中学生生理、心理的特性和差异性，掌握心理辅导的基本方法。

5. 掌握班级日常管理的一般方法，了解学习环境、课外活动的组织和管理知识，具有设计一般课外活动的能力。

6. 掌握教师心理，促进教师成长。

二、考试内容模块与要求

（一）教育基础知识和基本原理

1. 了解国内外著名教育家的代表著作及主要教育思想。

2. 掌握教育的含义及构成要素；了解教育的起源、基本形态及其历史发展脉络；理解教育的基本功能，理解教育与社会发展的基本关系，包括教育与人口、教育与社会生产力、教育与社会政治经济制度、教育与精神文化等的相互关系；理解教育与人的发展的基本关系，包括教育与人的发展，教育与人的个性形成，以及影响人发展的主要因素——遗传、环境、教育、人的主观能动性等及它们在人的发展中的各自作用；了解青春期生理的变化，包括中学生的身体外形、体内机能、脑的发育、性的发育和成熟。

3. 理解义务教育的特点；了解发达国家学制改革发展的主要趋势；了解我国现代学制的沿革，熟悉我国当前的学制。

4. 掌握有关教育目的的理论；了解新中国成立后颁布的教育方针，熟悉国家当前的教育方针、教育目的及实现教育目的的要求；了解全面发展教育的组成部分（德育、智育、体育、美育、劳动技术教育）及其相互关系。

5. 了解教育研究的基本方法，包括观察法、调查法、历史法、实验法和行动研究法等。

（二）中学课程

1. 了解不同课程流派的基本观点，包括学科中心课程论、活动中心课程论、社会中心课程论等；理解课程开发的主要影响因素，包括儿童、社会以及学科特征等。

2. 掌握基本的课程类型及特征，其中包括分科课程、综合课程、活动课程，必修课程、选修课程，国家课程、地方课程、校本课程，显性课程、隐性课程等。

3. 了解课程目标、课程内容、课程评价等含义和相关理论。

4. 了解我国当前基础教育课程改革的理念、改革目标及基本的实施状况。

（三）中学教学

1. 理解教学的意义，了解有关教学过程的各种本质观。

2. 熟悉和运用教学过程的基本规律，包括教学过程中学生认识的特殊性规律（直接经验与间接经验相统一的规律）、教学过程中掌握知识与发展能力相统一的规律、教学过程中教师的主导作用与学生的主体作用相统一的规律、教学过程中传授知识与思想教育相统一的规律（教学的教育性规律），分析和解决中学教学实际中的问题。

3. 掌握教学工作的基本环节及要求；掌握和运用中学常用的教学原则、教学方法；了解教学组织形式的内容及要求。

4. 了解我国当前教学改革的主要观点与趋势。

（四）中学生学习心理

1. 了解感觉的特性；理解知觉的特性。

2. 了解注意的分类，掌握注意的品质及影响因素；了解记忆的分类，掌握遗忘的规律和原因，应用记忆规律促进中学生的有效学习。

3. 了解思维的种类和创造性思维的特征，理解皮亚杰认知发展阶段论和影响问题解决的因素。

4. 了解学习动机的功能，理解动机理论，掌握激发与培养中学生学习动机的方法。

5. 了解学习迁移的分类，理解形式训练说、共同要素说、概括化理论、关系转换理论、认知结构迁移理论，掌握有效促进学习迁移的措施。

6. 了解学习策略的分类，掌握认知策略、元认知策略和资源管理策略。

7. 理解并运用行为主义、认知学说、人本主义、建构主义等学习理论促进教学。

（五）中学生发展心理

1. 掌握中学生认知发展的理论、特点与规律。

2. 了解情绪的分类，理解情绪理论，能应用情绪理论分析中学生常见的情绪问题。

3. 掌握中学生的情绪特点，正确认识中学生的情绪，主要包括情绪表现的两极性、情绪的种类等。

4. 掌握中学生良好情绪的标准、培养方法，指导中学生进行有效的情绪调节。

5. 理解人格的特征，掌握人格的结构，并根据学生的个体差异塑造良好人格。

6. 了解弗洛伊德的人格发展理论及埃里克森的社会性发展阶段理论，理解影响人格发展的因素。

7. 了解中学生身心发展的特点，掌握性心理的特点，指导中学生正确处理异性交往。

（六）中学生心理辅导

1. 了解心理健康的标准，熟悉中学生常见的心理健康问题，包括抑郁症、恐怖症、焦虑症、强迫症、网络成瘾等。

2. 理解心理辅导的主要方法，包括强化法、系统脱敏法、认知疗法、来访者中心疗法、理性-情绪疗法等。

（七）中学德育

1. 了解品德结构，理解中学生品德发展的特点。

2. 理解皮亚杰和柯尔伯格的道德发展理论，理解影响品德发展的因素，掌握促进中学生形成良好品德的方法。

3. 熟悉德育的主要内容，包括爱国主义和国际主义教育、理想和传统教育、集体主义教育、劳动教育、纪律和法制教育、辩证唯物主义世界观和人生观教育等。

4. 熟悉和运用德育过程的基本规律（包括德育过程是具有多种开端的对学生知、情、意、行的培养提高过程；德育过程是组织学生的活动和交往，对学生多方面教育影响的过程；德育过程是促使学生思想内部矛盾运动的过程；德育过程是一个长期的、反复的、不断前进的过程），分析和解决中学德育实际中的问题。

5. 理解德育原则，掌握和运用德育方法，熟悉德育途径。

6. 了解生存教育、生活教育、生命教育、安全教育、升学就业指导等的意义及基本途径。

（八）中学班级管理与教师心理

1. 熟悉班集体的发展阶段。

2. 了解课堂管理的原则，理解影响课堂管理的因素；了解课堂气氛的类型，理解影响课堂气氛的因素，掌握创设良好课堂气氛的条件。

3. 了解课堂纪律的类型，理解课堂结构，能有效管理课堂；了解课堂问题行为的性质、类型，分析课堂问题行为产生的主要原因，掌握处置与矫正课堂问题行为的方法。

4. 了解班主任工作的内容和方法，掌握培养班集体的方法。

5. 了解课外活动组织和管理的有关知识，包括课外活动的意义、主要内容、特点、组织形式以及课外活动组织管理的要求。

6. 理解协调学校与家庭联系的基本内容和方式，了解协调学校与社会教育机构联系的方式等。

7. 了解教师角色心理和教师心理特征。

8. 理解教师成长心理，掌握促进教师心理健康的理论与方法。

三、试卷结构

模块	比例	题型
教育基础知识和基本原理 中学教学 中学生学习心理 中学德育	68%	单项选择题 辨 析 题 材料分析题
中学课程 中学生发展心理 中学生心理辅导 中学班级管理与教师心理	32%	单项选择题 简 答 题 材料分析题
合计	100%	单项选择题：约30% 非选择题：约70%

四、题型示例

1. 单项选择题

（1）1958年我国曾提出过"两个必须"的教育方针。"两个必须"是指（　　）。

A. 教育必须为当前建设服务，必须与生产劳动相结合

B. 教育必须为阶级斗争服务，必须与社会活动相结合

C. 教育必须为无产阶级政治服务，必须与生产劳动相结合

D. 教育必须为社会主义建设服务，必须与工农相结合

（2）人在心理活动和行为中表现出的稳定的动力特点是（　　）。

A. 人格　　　　　　B. 性格　　　　　　C. 能力　　　　　　D. 气质

2. 辨析题（判断正误，并说明理由）

（1）美育就是指艺术教育。

（2）负强化等同于惩罚。

3. 简答题

（1）我国中学应贯彻哪些基本的教学原则？

（2）如何组织有效的复习？

4. 材料分析题

（1）阅读下列材料，运用教育与社会发展相互关系的有关理论进行简要评析 。

我国著名平民教育家晏阳初在 20 世纪 30 年代曾提出过"教育救国"的理论。他认为中国落后的主要原因是因为当时农民存在贫、愚、弱、私四大病害，只要我们的教育工作者、仁人志士深入到广大农村推行相应的四种教育，即生计教育、文艺教育、卫生教育和公民教育，就可以克服上述四大病害，中国自然就富强了。但实践证明，这种设想只是善良的愿望，并未成功，正如毛泽东同志所说，"教育救国"，唤来唤去还是一句空话。

（2）阅读下列材料，回答问题。

李明学习非常用功，平时各科成绩都还不错，但每逢大考前他就非常紧张、烦躁、害怕，前一天晚上睡不好觉，第二天进入考场头脑就一片空白，结果成绩总是不理想。老师与同学都认为，李明的考试成绩与平时的努力程度不相称。

问题：

1）运用情绪相关知识分析李明同学面临的问题。

2）作为教师，你会采取什么措施来帮助他？

附录二　国家教师资格考试题型解析

一、本科目考情分析

依据历年教师资格"教育知识与能力"（中学）考试考题可知：该考试时间为 120 分钟，满分 150 分，考试题型和形式相对比较稳定，考试模块包括教育基础知识和基本原理、中学教学、中学生学习心理、中学课程、中学生发展心理、中学生心理辅导、中学德育、中学班级管理与教师心理。

1. 试卷结构及题型分布

序号	题型	题量	分值	总分
1	单项选择题	21 道	2 分/题	42 分
2	辨析题	4 道	8 分/题	32 分
3	简答题	4 道	10 分/道	40 分
4	材料分析题	2 道	18 分/道	36 分
合计				150 分

从该表中可以看出，科目"教育知识与能力"（中学）考试的题型与结构相对简单，没有出现难度比较大的多项选择题、填空题等题型，所以各位在备考过程中，必须熟悉各类题型的出题思路、解题思路以及答题技巧，以便能在考场中稳而不慌。

2. 本科目历年考题各模块分值数据统计情况

序号	模块	出题占比
1	教育基础知识与基本原理	19%
2	中学教学	14%
3	中学生学习心理	18%
4	中学德育	17%
5	中学课程	5%
6	中学生发展心理	9%
7	中学生心理辅导	8%
8	中学班级管理与教师心理	10%
合计		100%

从历年考题汇总后数据分析可以发现，教育基础知识与基本原理、中学教学、中学生学习心理及中学德育四部分内容在考试考题中占比较大，建议各位考生在复习时要经常思考：为什么这四部分在考试中占比很重？是不是在现实生活中，这四部分内容也扮演重要的作用？大家在学习系统知识的同

时，务必将所学理论联系实际，这样才能把知识学牢，考试过程中才能稳操胜券。

二、考题分析

1. 单项选择题

在本科目考试中，单项选择通常是以两类题型出现：第一类题型是对具体知识的直接考查，即考查知识的概念、原理、分类、特性等；第二类题型则侧重于对知识的理解与运用，通常情况下是以案例作为题干，来考查大家对于所学知识的运用。

【典型真题】在科学分类中，首次将教学作为一门独立的学科划分出来的学者是（　　）。

A. 卢梭　　　　　　B. 培根　　　　　　C. 康德　　　　　　D. 洛克

【答案】B

【解析】本题出题方式侧重于对固定知识的考查，确切说是对人物、作品及观点的考查。在备考此类知识时，强调知识的准确性。

【典型真题】张校长特别重视学校文化建设，提出"让学校的每一面墙都开口说话"，以此来促进学生品德的发展。张校长强调的德育方法是（　　）。

A. 陶冶法　　　　　B. 示范法　　　　　C. 锻炼法　　　　　D. 说服法

【答案】A

【解析】本道题的考查方式与上一例题考查形式不同，本题并没有直接考查陶冶法的含义，而是利用现实生活中的一个案例来考查。这道题从另外一个角度也给出各位足够的暗示，在学习知识的时候不能只学"死"知识，要将这些"死"知识有效地与实际生活相联系，做到知识的活学活用，方可在考场中旗开得胜。

2. 辨析题

辨析题又称判断说明题，是一种先判断正误再作判断解释的题型。这类题目要求考生对某一个概念或者某几个概念作区分，考生需要对每一个概念作准确的解释，考查学生对知识的识记能力。通常辨析题的基本答题步骤如下：

第一步：判断，要求规范化——这个观点是正确的（错误的，片面的）。

第二部：说理，针对对或错进行原因分析，要求条理清楚，有理有据。

第三部：结论，每个辩题都有其目的，给出最后结论或指出下一步该怎么做。

【典型真题】教育具有历史继承性。

【参考答案】正确。

教育的社会属性包括：永恒性、历史性、相对独立性。其中相对独立性包括三方面，分别是质的规定性、历史继承性、与社会生产力和政治经济制度发展的不平衡性。

总之，任何教育都具有历史继承性，教育要注意继承与发扬本民族的传统。

3. 简答题

简答题是按照命题人规定的答题角度、内容、表述格式及字数要求等，以命题为依据，根据自己对命题的理解进行简明扼要的回答的一种题型。这种题型介于纯主观表述题和客观题之间，命题时在题干中作了一定的提示和限制，答案既要依据学习的理论观点，又允许一定程度的自由发挥，因而答案是半开放性的。简答题型可以分为以下几类：

（1）直问型简答题一般是对某个基本概念、基本原理或基本观点的理解为命题内容，提问比较直接，一般只要求从一个角度回答，可依据教材内容直接回答即可。

（2）列举式简答题要求答题者对命题阅读及个人的观点、材料等依照一定的标准或角度进行分类概括，然后归纳成几个方面，分点作答，一般也不要求做出阐释。这种题型在议论文的阅读中较为常见。

（3）材料型简答题会提供背景材料，并依据材料提出一系列问题。一般要求考生读懂题意，分步回答即可。

【典型真题】加涅将学习结果分为哪几类？

【参考答案】

加涅根据学生的学习结果，把学习分为如下五类：

（1）言语信息的学习即掌握以言语信息传递的内容，学习结果是以言语信息表现出来的，帮助学生解决"是什么"的问题。

（2）智慧技能分为辨别、概念、规则、高级规则（解决问题）等。

（3）认知策略是学习者用以支配他自己的注意、学习、记忆和思维的有内在组织的才能，这种才能使得学习过程的执行控制成为可能。

（4）态度指对人、事物及事件所采取的行动，包括对家庭、社会关系的认识，对某种活动产生的情感等。

（5）动作技能又称运动技能，如体操运动、写字技能，它也是能力的一个组成部分。

4. 材料分析题

材料分析题是一种主观性试题，其设计表现为：在试题中引出一段或几段材料，要求应试者在读懂试题材料的前提下，依据课文所体现的知识网络，从提供的种种材料中获取有效信息，逐一解答试题中提出的各个问题。材料分析题的答题模板如下所示：

第一段：指出材料中所体现的理论。

第二段：详细解释所体现理论的含义或特点＋材料中如何体现……

第三段：总结或者提出正确的解决方案……

【典型真题】开学不久，班主任贾老师发现明朗同学不喜欢学习，上课不认真听讲，经常做小动作，不按时完成作业。贾老师经过一段时间的了解，发现明朗虽然有不少缺点，但也有优点，需要肯定和鼓励。于是，贾老师找他谈话说："你有缺点，但也有优点，可能你自己还没有发现。这样吧，我限你在两天内找找自己的优点，如实向我汇报，不然我可要批评你了。"第三天，明朗找到贾老师，很不好意思地说："老师，我心肠好，力气大，毕业后想当兵。"贾老师说："这就是了不起的长处。心肠好，乐于助人，到哪里都需要这种人。你力气大，想当兵，保卫家园，是很光荣的事，你的理想很实在。不过当兵同样需要学习科学文化知识，需要有真才实学。"听了老师的话，明朗脸上露出了微笑。从此，明朗严格要求自己，认真学习，养成了良好的习惯，各方面都有了很大的进步。

结合材料，谈谈贾老师主要遵循了哪一德育原则。

【参考答案】

（1）（总括）材料中体现的德育原则是依靠积极因素，克服消极因素。

（2）（解释理论）依靠积极因素，克服消极因素原则是指在德育工作中，教育者要善于依靠、发扬学生自身的积极因素，调动学生自我教育的积极性，克服消极因素，长善救失，发扬优点克服缺点。（材料中……）材料中贾老师能够了解并认可学生心肠好、乐于助人、力气大等优点，同时也教导学生要严格要求自己，养成良好的学习习惯体现了这一原则。

（3）（总结）该教师的行为体现了德育原则中的依靠积极因素，克服消极因素原则，值得我们学习。

图书在版编目（CIP）数据

中学教育知识与能力/《中学教育知识与能力》编写组主编 . 一修订本 . 一北京：中国人民大学出版社，2020.3
（国家教师资格考试丛书）
ISBN 978-7-300-26663-3

Ⅰ.①中… Ⅱ.①中… Ⅲ.①中学教师-教学能力-资格考试-自学参考资料 Ⅳ.①G635.1

中国版本图书馆 CIP 数据核字（2019）第 016393 号

国家教师资格考试丛书
中学教育知识与能力（最新修订版）
《中学教育知识与能力》编写组　主编
Zhongxue Jiaoyu Zhishi yu Nengli

出版发行	中国人民大学出版社		
社　　址	北京中关村大街 31 号	邮政编码	100080
电　　话	010－62511242（总编室）	010－62511770（质管部）	
	010－82501766（邮购部）	010－62514148（门市部）	
	010－62515195（发行公司）	010－62515275（盗版举报）	
网　　址	http://www.crup.com.cn		
经　　销	新华书店		
印　　刷	涿州市星河印刷有限公司	版　　次	2016 年 2 月第 1 版
规　　格	205 mm×280 mm　16 开本		2020 年 3 月第 2 版
印　　张	14.75	印　　次	2020 年 3 月第 1 次印刷
字　　数	414 000	定　　价	49.00 元